BEITRÄGE ZUR HISTORISCHEN THEOLOGIE

HERAUSGEGEBEN VON JOHANNES WALLMANN

66

Kreuz und Kritik

Johann Georg Hamanns
Letztes Blatt

Text und Interpretation

von

Oswald Bayer

und

Christian Knudsen

J. C. B. Mohr (Paul Siebeck) Tübingen 1983

CIP-Kurztitelaufnahme der Deutschen Bibliothek

Bayer, Oswald:
Kreuz und Kritik: Johann Georg Hamanns Letztes Blatt; Text u. Interpretation /
Oswald Bayer u. Christian Knudsen. – Tübingen: Mohr, 1983. –
   (Beiträge zur historischen Theologie; 66)
   ISBN 3-16-144638-0

NE: Knudsen, Christian; Hamann, Johann Georg: Letztes Blatt; GT

Gedruckt mit Unterstützung der Deutschen Forschungsgemeinschaft.

Vorwort

I.

Sein Leben und Werk hat Johann Georg Hamann (1730–1788) in einen knappen Text konzentriert, den er kurz vor seinem Tode Marianne von Gallitzin ins Stammbuch schrieb.

Dieses „Letzte Blatt" Hamanns, in seiner Bedeutung dem „Mémorial" Pascals vergleichbar, ist nicht weniger als eine *theologia in nuce*.

Der Autor dieser geballten Theologie war kein akademisch zünftiger Theologe oder ordentlich berufener Diener des Wortes, sondern ein homme de lettres, der als Zollbeamter im preußischen Königsberg seiner Liebe zum Wort lebte.

Hamann verstand sich als „Philologe". Im Entscheidenden galt seine Liebe dem Wort vom Kreuz; er war *philologus crucis*, Kreuzesphilologe. Nichts anderes und niemand anderen wollte er bezeugen als den Mensch gewordenen und gekreuzigten Gott, der „den Juden ein Ärgernis und den Griechen eine Torheit" ist (1Kor 1,23); in solcher Zeugenschaft war er „Liebhaber des lebendigen nachdrücklichen, zweyschneidigen, durchdringenden, markscheidenden und kritischen Worts" (vgl. Hebr 4,12).

Dieses kritische „Wort vom Kreuz" (1Kor 1,18) hörte und lernte Hamann in intensiv wahrgenommener Zeitgenossenschaft. Er ließ sich, als Zeitgenosse im Widerspruch, „metakritisch" auf sein Jahrhundert ein, das sich selbst als Zeitalter der Kritik und der Aufklärung sah.

Keine Kritik ohne Kreuz. Die eschatologisch und zugleich schöpfungstheologisch zu bedenkende Bestimmung des Menschen zu kritisch-politischer Freiheit erfährt in der Verschränkung von Schöpfung und Gericht ihre Ausrichtung am Kreuz dessen, der als Knecht Herr ist. Gottes Entäußerung und Erniedrigung gewährt die Freiheit, an der Welt, wie sie ist, teilzunehmen und dabei zu leiden.

Solche Freiheit und Liebe lebt aus dem Glauben in der Hoffnung, die Welt durch leidendes sich Einlassen zu überwinden: in einer „Ästhetik" und Ethik der Nachfolge; die Wahrnehmung der Welt und meiner selbst in der Erfahrung Gottes geschieht als Lernen durch Leiden.

„Kreuz und Kritik". Der Titel nennt die Mitte dessen, was diese Monographie zu studieren gibt. Sie gibt es auf dem Wege exemplarischen

Lesens – in der Erforschung der Genese und Bedeutung eines knappen Stammbucheintrags.

Er ist für Hamanns Autorschaft darin bezeichnend, daß er seine Entstehung einer „zufälligen" Gelegenheit verdankt. Auf ihn trifft in besonderem Maße zu, was Friedrich Roth, der erste Herausgeber von Hamanns Schriften, zu deren Charakterisierung überhaupt sagt: „... wahre Gelegenheitsschriften, voll Persönlichkeit und Örtlichkeit, voll Beziehung auf gleichzeitige Erscheinungen und Erfahrungen, zugleich aber voll Anspielungen auf die Bücherwelt, in der er lebte."

Einen solchen Gelegenheitstext wie Hamanns Stammbucheintrag historisch-kritisch zu rekonstruieren, erfordert jahrelange Mühe. Sie hat sich gelohnt, wenn der Text zu sprechen beginnt und seine Kraft darin erweist, daß er die Theologie bei ihrer Sache hält.

Hamanns Letztes Blatt gehört zu den Texten, die die Bemühung Systematischer Theologie dadurch fördern, daß sie „dem allgemeinen Geschwätze und schön aus der Ferne her, in die weite Welt hinein, zielenden Zeigefinger ... nichts bessers als die genaueste Localität, Individualität und Personalität entgegen" setzen (Hamann).

II.

Nachdem ich im Pfarramt in Täbingen auf Hamann gestoßen war, habe ich das Letzte Blatt – zusammen mit Hamanns „Metakritik über den Purismum der Vernunft", an deren Kommentierung ich seit zehn Jahren arbeite – 1974 in der ersten Bochumer Vorlesung über Prinzipienfragen der Ethik, 1975 dann in einem Hamann-Seminar behandelt. Die vorliegende Monographie wurde im Sommer 1976 entworfen und in weiten Teilen ausgearbeitet. Christian Knudsen, seit 1979 mein Assistent am Institut für Christliche Gesellschaftslehre in Tübingen und bald von Hamann fasziniert, trat im Herbst 1980 in die Arbeit am Letzten Blatt ein. Gemeinsam haben wir sie weitergetrieben und 1981 zu Ende geführt. In der Gestalt, in der das Buch jetzt vorliegt, hätte es keiner von uns allein schreiben können.

Oswald Bayer schrieb die Kapitel I, IV.1–3, IV.5.e3 und IV.6, Christian Knudsen die Kapitel II.1.a, II.2–3, III, IV.4 und 5 (außer IV.5.e3), gemeinsam: II.1.b und c.

III.

Bei der herrschenden Hamannvergessenheit eine Monographie wie diese zu verlegen, ist kein kleines Risiko. Daß die Odyssee der Drucklegung zu einem guten Ende gekommen ist, verdanken wir außer einer

Druckbeihilfe der Deutschen Forschungsgemeinschaft vor allem der Freundlichkeit des Verlegers, Herrn Georg Siebeck, und seiner Mitarbeiter sowie des Herausgebers dieser Reihe, Herrn Professor Dr. Johannes Wallmann.

Das Entgegenkommen der Universitätsbibliotheken von Erlangen und Münster erlaubt uns die Veröffentlichung der Faksimilia.

Für die Hilfe bei der Anfertigung der Reinschrift danken wir Frau Lieselotte Bölstler und Herrn Helmut Kieninger. Unser besonderer Dank gilt Herrn cand. phil. et theol. Frank Simon, der weit über technische Hilfe hinaus an unserer Forschungsarbeit teilgenommen hat.

Tübingen, im Februar 1983   Oswald Bayer und Christian Knudsen

Inhaltsverzeichnis

Lesehinweise

Die *Bezugstexte* – die Stammbucheinträge Sophie la Roches und Hamans von 1787 – und die beiden *Entwürfe* zum Letzten Blatt werden nach unserer Edition des Folioblattes R. II. 8 (S. 52–61) durch bloße Zeilenangabe zitiert. Das Faltblatt enthält die Originalhandschrift R. II. 8 in Faksimile und Transkription. Aus Raumgründen kann auf dem Faltblatt die Transkription der Zeilen 1–10 nicht erscheinen (siehe aber S. 52).

Die *Endfassung* des Letzten Blattes (erhalten in einer Abschrift, die Hamann am 18. Mai 1788 an Friedrich Heinrich Jacobi sandte) ist abgedruckt bei Arthur Henkel im siebenten Band der Kritischen Gesamtausgabe von Hamanns Briefwechsel (ZH VII, 482, 7–28). Wir übernehmen diesen Text in leichter Revision (S. 63), geben ihm die Originalhandschrift in Faksimile bei (S. 62) und zitieren ihn mit dem Siglum H samt Zeilenangabe (nach der Zählung Henkels).

Sämtliche Verweise auf Bezugstexte, Entwürfe und Endfassung des Letzten Blattes erscheinen nicht als Anmerkungen, sondern werden – versehen mit runden Klammern – in den laufenden Text eingeschoben; z. B.: (33) oder (H 26).

Die Anlage des Buches ermöglicht dem Leser eine Zusammenschau der Entwurfstexte und der Endfassung des Letzten Blattes in Original und Transkription. Er kann also die Texte, die der Interpretation zugrunde liegen, selbst prüfen und vergleichen.

In den Anmerkungen werden die Titel einiger Hamannschriften gekürzt aufgeführt. Den vollständigen Wortlaut der Titel samt den Angaben zu Erscheinungsort und Erscheinungsjahr enthält die alphabetisch angeordnete Liste der zitierten Hamannschriften im Anhang (S. 155–158).

Im Anmerkungsapparat werden folgende Abkürzungen verwendet:

R I–VII = Hamann's Schriften. Herausgegeben von Friedrich Roth, 7 Bde.: Bd. 1–6, Berlin 1821–1824; Bd. 7, Leipzig 1825.

Wiener 1–2 = Hamann's Schriften. Ergänzungsband (VIII) zur Rothschen Ausgabe, hg. v. G. A. Wiener. Erste Abteilung: Nachträge, Erläuterungen und Berichtigungen, Berlin 1842. Zweite Abteilung, Register, Berlin 1843.

N I–VI   =   Johann Georg Hamann, Sämtliche Werke. Historisch-kri-
                       tische Ausgabe von J. Nadler, 6 Bde., Wien 1949–1957
                       (jeweils zitiert unter Angabe von Seiten- und Zeilenzahl).

ZH I–VII   =   Johann Georg Hamann, Briefwechsel, Bd. I–III, hg. v.
                       W. Ziesemer und A. Henkel, Wiesbaden 1955–1957; Bd.
                       IV–VII, hg. v. A. Henkel, Wiesbaden 1959, Frankfurt
                       1965–1979 (jeweils zitiert unter Angabe von Seiten- und
                       Zeilenzahl).

HH I–VII   =   Johann Georg Hamanns Hauptschriften erklärt, Bd. I–III,
                       hg. v. F. Blanke und L. Schreiner; Bd. IV–VII, hg. v. F.
                       Blanke und K. Gründer, Gütersloh 1956–1963; bisher er-
                       schienen: Bände I, II, IV, V, VII (zitiert unter Voranstel-
                       lung des Namens des Erklärenden).

I. Hamann und sein Leser

Hamann habe „nur die ‚geballte Faust' gemacht und das Weitere . . .,
‚sie in eine flache Hand zu entfalten', dem Leser überlassen"[1].
Dieses Urteil Hegels, zu dessen Formulierung Hegel ein von Hamann
gebrauchtes altes Bild aus der Geschichte der Philosophie[2] aufnimmt,
entspricht dem Selbstverständnis Hamanns und der Absicht seiner
Autorschaft. Im Urteil Hegels jedoch durchdringen sich Anerkennung
und Kritik.

Anerkennend hebt Hegel den „Gehalt" in Hamanns Schriften hervor
als „das Tiefste der religiösen Wahrheit"[3]. Diese Tiefe sei bei Hamann
nicht, wie Hegel an den Romantikern kritisiert, leer, sondern von
„konzentrierter Intensität"[4].

Gleichwohl – und diese Kritik ist stärker als die Anerkennung – bleibe
Hamanns Tiefe ohne Weite; sie „gelangt zu keiner Art von Expansion"[5],
bleibe „partikular"[6]. „Hamann hat sich seinerseits die Mühe nicht gege-
ben, welche, wenn man so sagen könnte, sich Gott, freilich in höherem
Sinne, gegeben hat, den geballten Kern der Wahrheit, der er ist (alte
Philosophen sagten von Gott, daß er eine runde Kugel sei[7]), in der

---

[1] G. W. F. Hegel, [Rezension von] Hamann's Schriften. Hrsg. v. Friedrich Roth, VII
Teile, Berlin 1821–25, zuerst in: Jahrbücher für wissenschaftliche Kritik 1828, Nr. 77–80,
Sp. 620–640, Nr. 107–114, Sp. 859–900; zitiert nach G. W. F. Hegel, Suhrkamp-Werk-
ausgabe Bd. 11, 1970, (275–352) 330.

[2] N III, 289,20–24 (Metakritik): „Was die Transcendentalphilosophie metagrabolisirt,
habe ich um der schwachen Leser willen, auf das Sacrament der Sprache, den Buchstaben
ihrer Elemente, den Geist ihrer Einsetzung gedeutet, und überlasse es einem jeden, die
geballte Faust in eine flache Hand zu entfalten. – –" Das Bild von der Faust und der flachen
Hand findet sich schon bei dem Stoiker Zenon für das Verhältnis von Dialektik und
Rhetorik (Stoicorum Veterum Fragmenta, Vol. 1, hg. v. J. v. Arnim, Stuttgart 1964, 21 f.;
Fragment I, 75).

[3] Hegel, aaO. (s. Anm. 1), 321.

[4] Ebd., 318.

[5] Ebd., 318.

[6] Ebd., 280,318 und 336.

[7] Zur Kugelgestalt Gottes vgl. Cicero, De natura deorum, I, 24: „Quae vero vita
tribuitur isti rotundo deo?" Die in diesem Kapitel von dem Epikureer Velleius vorgebrachte Polemik bezieht sich auf Platon, Timaeus, 33 b, wo allerdings nicht der Welt-
schöpfer selbst, sondern eben das All kugelförmig ist. Den Demiurgen Platons kritisiert
Velleius De nat. deor. I, 19–21 (zit. nach: M. Tullius Cicero, Vom Wesen der Götter,
hg., übers. und erl. v. W. Gerlach und K. Bayer, München 1978, 33,26–28).

Wirklichkeit zu einem Systeme der Natur, zu einem Systeme des Staats,
der Rechtlichkeit und Sittlichkeit, zum Systeme der Weltgeschichte zu
entfalten, zu einer offenen Hand ..."[8]

Was Hegel anerkennt und was er kritisiert, wird von Kierkegaard
gegeneinander ausgespielt. Das geschieht so, daß er dabei zugleich
Hegel als den „Systemdenker" kritisiert: Hamann „ist mit Leib und
Seele bis zu seinem letzten Blutstropfen in einem einzigen Worte
konzentriert, in dem leidenschaftlichen Protest eines hochbegabten
Genies gegen ein System des Daseins"[9].

Kierkegaard nimmt Hamann aber nicht ohne Vorbehalt zum Bundesgenossen für seine Hegelkritik. Er bemängelt, daß Hamanns Protest
gegen das System nicht systematisch genug sei und „der Elastizität
seiner Gedanken Gleichmaß und seiner übernatürlichen Spannung
Selbstbeherrschung fehlt, wenn er nämlich hätte zusammenhängend
arbeiten sollen"[10].

Was Hegel und Kierkegaard zu Hamanns konzentrierter Sprache
(Kern, Intensität, Partikularität, „Prägnanz der Form"[11]) bemerkt haben,
ist festzuhalten, ihr Gesamturteil jedoch zu revidieren.

Sosehr es zutrifft, daß Hamann sich nicht im Sinne des Hegelschen
Philosophierens in der „Form von Allgemeinheit" und der „Expansion
denkender Vernunft"[12] bewegt, sowenig besagt dies, wie Hegel unter-
stellt, daß Hamann „in einer Konzentration seiner tiefen Partikularität
beharrte" und somit ein „Original" sei[13].

Wäre Hamann ein „Original", könnte er nicht so sehr vom Zitat
leben, wie er es tut – es sei denn, man ginge davon aus, daß die Art des
Umgangs mit Zitaten[14] das Original ausmache. Hamanns Stil ist durch
und durch von der Einsicht bestimmt, daß der „Reichtum aller mensch-

---

[8] Ebd., 330.

[9] S. Kierkegaard, Abschließende unwissenschaftliche Nachschrift, Erster Teil Jena
1910, 322: „Ich will nicht verhehlen, daß ich Hamann bewundere, während ich gerne
einräume, daß der Elastizität seiner Gedanken Gleichmaß und seiner übernatürlichen
Spannung Selbstbeherrschung fehlt, wenn er nämlich hätte zusammenhängend arbeiten
sollen. Aber geniale Ursprünglichkeit ist in seinem ganzen Worte, und die Prägnanz der
Form entspricht ganz dem desultorischen Herausschleudern eines Gedankens. Er ist mit
Leib und Seele bis zu seinem letzten Blutstropfen in einem einzigen Worte konzentriert, in
dem leidenschaftlichen Protest eines hochbegabten Genies gegen ein System des Daseins.
Aber das System ist gastfrei: armer Hamann, du bist von Michelet auf einen Paragraphen
reduziert worden. Ob dein Grab jemals ausgezeichnet gewesen ist, weiß ich nicht, ob es
jetzt niedergetreten ist, weiß ich nicht, aber das weiß ich, daß du mit des Teufels Gewalt
und Macht in die Paragraphenuniform gesteckt und ins Glied gestellt bist."

[10] S. Anm. 9.

[11] S. Anm. 9.

[12] Hegel, aaO. (s. Anm. 1), 280.

[13] Ebd., 280.

[14] V. Hoffmann, J. G. Hamanns Philologie, Stuttgart 1972, hat Hamanns besondere

lichen Erkenntnis ... auf dem Wortwechsel" beruht[15]. Deshalb ist das
Zitat nicht Ornament oder äußerlicher Ausweis der Gelehrsamkeit,
sondern das Zeichen einer elementaren und unaufhebbaren Abhängig-
keit. Der Autor ist primär Hörer und Leser; seine Schriften sind „daher
ein treuer Abdruck der Fähigkeiten und Neigungen, mit denen man
gelesen hat und lesen kann"[16]. Wenn, nach einer zutreffenden Bemerkung Hegels, Hamanns Schriften nicht einen eigentümlichen Stil *haben*,
sondern durch und durch Stil *sind*[17], dieser Stil aber nicht nur gelegentlich und am Rande Centonenstil[18] ist, dann stünde es nicht nur gegen
Hamanns Selbstverständnis, sondern gegen seinen analysierbaren Stil,
gegen das, was sich „objektiv" in Texten zeigt, ihn als „Original" zu
bezeichnen. Hamanns „Autorhandlungen" bewegen sich nicht nur faktisch, sondern gewollt und bewußt in einem Zusammenhang, der sich
im Centonenstil als solchem ausweist.

Dieser Zusammenhang erstreckt sich nicht nur nach rückwärts,
worin der Bezug auf die Quelle seiner Autorschaft und Autorität
anschaulich wird, sondern auch seitwärts und vorwärts auf Zeitgenossen und Adressaten.[19]

Hamann ist darin systematisch, daß er den Zusammenhang von
Autor und Leser im Auge hat, der nicht durch eine apriorische Allgemeinheit des Denkens oder durch starre Wortbedeutungen garantiert
ist, sondern sich erst herstellt. Dazu, daß die beabsichtigte Kommunikation gelingt, gehört ja, daß der Autor mit seinem Text noch nicht den
Zusammenhang herstellt, den er erst zusammen mit seinem Leser bilden
kann: „Schriftsteller und Leser sind zwo Hälften, deren Bedürfnisse sich
aufeinander beziehen, und ein gemeinschaftliches Ziel ihrer Vereinigung

---

Zitations- und Notentechnik im Blick auf ihre publizistische Wirkung und die „philologische Autorschaft" Hamanns überhaupt untersucht; vgl. bes. 119 ff.

[15] N II, 129,6 f. (Vermischte Anmerkungen).

[16] N II, 341,16−18 (Leser und Kunstrichter).

[17] HEGEL, aaO. (s. Anm. 1), 281. Vgl. aus der von Hamann veröffentlichten Buffon-
Übersetzung „Über den Styl" (N IV, 419−425; vgl. 493 f.) vor allem: *„der Styl ist der
Mensch selbst ganz und gar"* (424,34). Hamann selbst merkt dazu an: „Das Leben des Styls
hängt folglich von der Individualität unserer Begriffe und Leidenschaften ab . . ."
(424,43−50). Hegel kennt diese Übersetzung samt Hamanns Anmerkungen aus der
Ausgabe von Roth (s. Anm. 1), Vierter Theil (451−467), 463 f.

[18] Das lateinische Wort „cento" (m.) meint zunächst ein aus verschiedenen Stücken
zusammengeflicktes Zeug, wird dann aber auch zur Bezeichnung von Gedichten verwendet, die aus einzelnen Versen verschiedener anderer Dichtungen zusammengestellt sind.

[19] Vgl. Ed. Wild, 14,29−16,5; N III, 358,10−17 (Fliegender Brief, 1. Fassg.), wo sich
die Proportion: Götter-Opferer = Leser − Autor herstellt. Hamann kritisiert die Abhän-
gigkeit des Autors vom Leser nicht in der Annahme, daß sie aufzuheben und die
entsprechende Rücksicht zu vermeiden sei. Vielmehr ist der Leser nicht wegzudenken; er
ist „die Muse und Gehülfin des Autors" (N II, 348,10 [Leser und Kunstrichter]). Die
Dialektik von Autor und Leser (s. Anm. 20) ist jedoch zwiespältig; sie besteht in einem
gebrochenen Verhältnis.

haben."[20] Den Zusammenhang, das System, will Hamann nicht – wie Hegel – gleichsam vordenken, so daß der Leser nur noch nachdenken könnte.

Hamann stellt in Zusammenhänge, die keine Verallgemeinerungen sind in dem Sinne, daß sie sich abheben ließen von der von Hegel an Hamann so sehr kritisierten Partikularität und von den in seinen Schriften gefundenen Partikularitäten. Sind seine Schriften doch „wahre Gelegenheitsschriften, voll Persönlichkeit und Örtlichkeit, voll Beziehung auf gleichzeitige Erscheinungen und Erfahrungen, zugleich aber voll Anspielungen auf die Bücherwelt, in der er lebte"[21].

Halten sich diese Schriften in konkreten Bezügen, sind sie daraufhin angelegt, aufgenommen zu werden, Anstoß zu bereiten, wollen sie zu denken geben, Mut machen oder erschüttern, stiften sie Beziehungen, sind sie offen für das Eingreifen des Lesers, schneiden sie ein Weiterspinnen nicht durch eine systematische Entfaltung im Sinne eines perfekten „Ausdenkens" ab, dann haben sie ihre kommunikative Kraft gerade durch ihre „Partikularität". Partikular ist der Autor wie dessen Autorität, die Gelegenheit des Sprechens, der „Sitz im Leben" des Textes, seine Veranlassung, sein Ort, sein erster Adressat sowie der spätere Leser, der als weiterer Adressat erreicht wird.

„Unsystematisch" und ohne „Entfaltung" wird man eine an solchen Partikularitäten haftende Kommunikation nur dann nennen können, wenn man sie am philosophischen Denken Hegels mißt. In ihr geschieht das, was Hegels systematische Entfaltung gerade verhindert. Sie läßt sich von konkreter Erfahrung, Gelegenheit und Lokalität nicht lösen[22]. Damit verweigert sie sich einem abstrahierenden, ins Allgemeine fliehenden Denken – selbst dem Denken Hegels, der das Endliche ernst nehmen will, es aber faktisch überspielt.

Hegels Urteil über Hamanns Werk, in dem er Entfaltung und Allgemeinheit vermißt, spiegelt sich exakt in seiner Einschätzung der man-

---

[20] N II, 347,22–24 (Leser und Kunstrichter). Zum Verhältnis von Autor und Leser sind folgende Briefstellen zu vergleichen: „ . . . Autor, Buch und Leser. Wo liegt aber das Räzel des Buchs? In seiner Sprache oder in seinem Inhalt? Im Plan des Urhebers oder im Geist des Auslegers?" (ZH V, 272, 16–18; an Jacobi am 1. 12. 1784). Vgl. ZH III, 78,28–30 (an Herder am 3. 4. 1774): „Verdient es wol daß Sie es lesen und entziffern. Quod scripsi, scripsi. Es ist ein Selbstgespräch zwischen Ich und Du." „Quod scripsi, scripsi ist das Mysterium magnum meiner epigrammatischen Autorschaft" (ZH IV, 4,19f.; an Lavater am 18. 1. 1778).

[21] HEGEL, aaO. (s. Anm. 1), 319. Hegel zitiert Friedrich Roth (s. Anm. 1), Erster Theil, VIII (Vorbericht).

[22] Ed. Wild 7,22–26; N III, 352,23–26 (Fliegender Brief, 1. Fassg.): „Ich weiß dem allgemeinen Geschwätze und schön aus der Ferne her, in die weite Welt hinein, zielenden Zeigefinger eines politischen Mitlauters, nichts bessers als die genaueste Localität, Individualität und Personalität entgegen zu setzen . . ."

gelnden Wirkung und Erfolglosigkeit von Hamanns Autorschaft:
„Keine Wirkung keiner Art, weder bei den Einfluß habenden Individuen noch beim Publikum, konnten dergleichen Aufsätze hervorbrin-
gen; die Partikularität des Interesses ... ist hier vollends zu sehr über-
wiegend und weiter sonst kein Gehalt zu ersehen."[23] Hegel beklagt die
„Widerborstigkeit" Hamanns als dessen „feindselige Empfindung ...
gegen das Publikum, für das er schreibt; indem er in dem Leser ein tiefes
Interesse angesprochen und so sich mit ihm in Gemeinschaft gesetzt hat,
stößt er ihn unmittelbar durch eine Fratze, Farce oder ein Schimpfen,
das durch den Gebrauch von biblischen Ausdrücken eben nichts Besse-
res wird, oder irgendeinen Hohn und Mystifikation wieder von sich
und vernichtet auf eine gehässige Weise die Teilnahme, die er erweckt,
oder erschwert sie wenigstens ..."[24].

Wenn man sich jedoch nicht im Allgemeinen eines Denkens ohne
Widerstand – gleichsam schwerelos – bewegt, sondern ändern, erschüttern, trösten, zugleich aber den Leser nicht an die Person des Autors
binden will, dann ist ein verfremdender Stil nötig, der es dem Leser
ermöglicht, sich nicht mit dem Autor zu identifizieren, sondern zu
eigenem Urteil zu kommen, weil ihm vom Autor selbst Distanz gelassen, ja geradezu aufgenötigt wird. So dient gerade das „Widerborstige"
dem Kommunikationsprozeß und ist kein Ausweis unsystematischen
Denkens.

Hamann nimmt nicht an, sich mit seinem Leser von vornherein im
Einverständnis zu befinden. Er greift auch nicht auf eine letztlich
gelingende Verständigung vor – auf einen idealen Konvergenzpunkt der
Kommunikation, einen imaginären, gleichwohl aber notwendig vor-
auszusetzenden Punkt der Einheit und der Übereinstimmung. Vielmehr
erhofft er ein Verstehen durch den Widerspruch und die Krisis hindurch; dabei trägt ihn die Hoffnung auf das barmherzige Gericht Gottes.

Es ist Hamanns schriftstellerische Eigenart und bewußte Absicht, nur
die geballte Faust zu machen und es dem Leser zu überlassen, sie in die
flache Hand zu entfalten. Die „geballte Faust", der Kern der Wahrheit,
liegt für Hamann im Detail: in der verallgemeinerndem Denken uner-
träglichen Zufälligkeit des Ortes, der Zeit, der Personen und der

---

[24] Ebd., 332.
[23] HEGEL, aaO. (s. Anm. 1), 320. Zum Zusammenhang von „fehlender Ausführung" und
Entfaltung mit der „Widerborstigkeit ... gegen das Publikum" vgl. bes. 321: Die Form der
Hamannschen Schriften bringe „statt einer Ausführung nur eine Ausdehnung hervor, die
aus subjektiven Partikularitäten, selbstgefälligen Einfällen und dunklen Schraubereien
nebst vielem polternden Schimpfen und fratzenhaften und selbst farcenhaften Ingredienzien
zusammengesetzt ist, mit denen er sich selbst wohl Spaß machen, die aber weder die
Freunde noch viel weniger das Publikum vergnügen oder interessieren konnten".

Handlung. Die Zufälligkeiten und Partikularitäten werden ernst genommen und sprachlich inszeniert. Dementsprechend will Hamann mikrologisch gelesen und entschlüsselt sein. In dem Vorgang solchen Lesens entfaltet sich die Wahrheit – freilich in anderer Weise, als Hegel sie entfaltet sieht und als System denkt[25].

---

[25] Die fundamentaltheologische Bedeutung der Art und Weise, in der sich Hamann als Autor in ein Verhältnis zu seinem Leser setzt, ist – unter dem Titel „Kommunikative Urteilsform" – erläutert in: O. BAYER, Umstrittene Freiheit. Theologisch-philosophische Kontroversen (UTB 1092), Tübingen, 1981, 152–161. Vgl. DENS., Johann Georg Hamann, in: Gestalten der Kirchengeschichte, Bd. 8 (Aufklärung), hg. v. M. Greschat, Stuttgart, 1983, 347–361. Hamanns Leben und Werk sind hier durchgehend unter dem Gesichtspunkt „Leser und Autor" dargestellt.

II. Hamanns Letztes Blatt

Unter den vielen Hamann-Texten, die das Ganze repräsentieren, jeweils eine theologia in nuce sind und in der genannten Weise gelesen werden wollen und können, ragt einer besonders hervor – das von Josef Nadler, dem Herausgeber der Werke Hamanns, entdeckte, in seiner besonderen Bedeutung erahnte und glücklich so genannte „Letzte Blatt"[26].

Die vorliegende Monographie will die Einzigartigkeit dieses von Hamann kurz vor seinem Tode verfaßten Textes erweisen und zeigen, daß er in der Tat in einem qualifizierenden Sinne Hamanns „Letztes" Blatt genannt zu werden verdient.

Im ersten Abschnitt dieses Kapitels wird der historische Rahmen des Letzten Blattes erstellt (II.1.a), dann nach dem ursprünglichen Sitz im Leben – nach Form, Absicht und Wirkung des Textes – gefragt (II.1.b) und schließlich auf seinen Kontext geachtet (II.1.c). Dies geschieht im Vorgriff auf die historisch-kritischen Einzeluntersuchungen, die in den Abschnitten II.2 und in Kapitel III vorgenommen werden.

Vorab geben wir einen kurzen Überblick über die Geschichte der Erforschung des Letzten Blattes[27].

Nadler druckte aus dem Textkomplex des von ihm entdeckten Letzten Blattes zwei Textentwürfe und zwei Bezugstexte auseinandergerissen und sukzessive in verschiedenen Bänden seiner kritischen Hamannausgabe ab[28]. In seinem Buch „Johann Georg Hamann 1730−1788. Der Zeuge des Corpus mysticum", einer im Jahre 1949 erschienenen Hamannbiographie, bot Nadler zudem eine deutsche Übersetzung des im dritten Band seiner Werkausgabe abgedruckten Textteils[29].

Wilhelm Koepp[30] begann die kritische Auseinandersetzung mit Nad-

---

[26] N III, 409; J. NADLER, Johann Georg Hamann 1730–1788. Der Zeuge des Corpus mysticum, Salzburg 1949, 446. Wie noch zu zeigen sein wird, verwechselte Nadler jedoch Entwurf und Endfassung des Letzten Blattes.

[27] Siehe dazu auch R. WILD, Die neueren Hamann-Kommentare, in: Johann Georg Hamann, Wege der Forschung, Bd. 511, hg. v. R. Wild, Darmstadt 1978, (420–439) 437 f.; vgl. Anm. 39.

[28] N III, 410; N IV, 462; N V, 369,35–370,8. Die Bände erschienen in den Jahren 1951 (Bd. III), 1952 (Bd. IV), 1953 (Bd. V).

[29] NADLER, aaO. (s. Anm. 26), 446–448.

[30] W. KOEPP, Das wirkliche „Letzte Blatt" Johann Georg Hamanns, in: Wissenschaftli-

lers Edition des Letzten Blattes und der von Nadler in seiner Hamann-
biographie gelieferten Übersetzung des französisch-lateinischen Mischtextes; er versuchte darüberhinaus, die Nadlertexte in Beziehung zu
einem Eintrag Hamanns in das Stammbuch der Fürstin Amalia von
Gallitzin zu setzen, bestimmte die Abschrift in einem Brief Hamanns an
Jacobi vom 18. Mai 1788 als den „wahren Text"[31] und legte ein Faksimile sowie eine Transkription dieser Fassung vor, die er auch zu
übersetzen versuchte[32]. Den Kontext der Entstehung des Letzten Blattes
nahm Koepp zum Rahmen für seine Interpretation. Entstanden aus der
seelsorgerlichen Bemühung um die Fürstin Gallitzin, ist es „Hamanns
letztes und endgültiges ‚Bekenntnis' zur Torheit des Evangeliums als
der Gottesweisheit des Ewigen Wortes"[33]. In einer späteren Studie
versuchte Koepp aufgrund einer weiteren Durchdringung des Textes
das Verhältnis des Letzten Blattes zu Hamanns „Fliegendem Brief"
(1786) zu klären[34].

Martin Seils führte die Forschungen Koepps weiter[35]. Er verbesserte
Koepps Transkription und kam aufgrund intensiver philologischer
Bemühungen zu der These, daß in einer Notiz Hamanns der Eintrag in
das Stammbuch der Fürstin Gallitzin vom 17. Oktober 1787 erhalten
ist, dem er am 17. Mai das Letzte Blatt als interpretierende und wesentlich ergänzende Nachschrift anfügte.

Auf der Basis des von Nadler in N III, 410 abgedruckten Textes hatte
Seils bereits in einer im Frühjahr 1953 geschriebenen Dissertation eine
Interpretation des Letzten Blattes versucht und diesem Text theologi-
sche Hauptaspekte zur Hamanndeutung entnommen[36].

---

che Zeitschrift der Universität Rostock 3 (1952/53), Gesellschafts- und sprachwissenschaftliche Reihe, Heft 1, 71–79. Dieser Aufsatz stammt also noch aus der Zeit vor
Erscheinen des fünften Bandes der Nadlerschen Ausgabe (1953).

[31] Ebd., 74.   [32] Ebd., 75.   [33] Ebd., 78.

[34] W. Koepp, J. G. Hamanns „Letztes Blatt" im Verhältnis zu seinem Schrifttum, in:
Forschungen und Fortschritte. Nachrichtenblatt der deutschen Wissenschaft und Technik
28 (1954), 312–315. Vgl. dens., Der Magier unter Masken. Versuch eines neuen Hamannbildes, Göttingen 1965, 227–229.

[35] M. Seils, Die Grundlage von J. G. Hamanns „Letztem Blatt" im Stammbuch der
Fürstin Gallitzin, in: Forschungen und Fortschritte. Nachrichtenblatt der deutschen
Wissenschaft und Technik 29 (1955), 178–184.

[36] M. Seils, Theologische Aspekte zur gegenwärtigen Hamanndeutung, Göttingen
1957, 11–15; Seils stellte dabei die Nadlersche Transkription der ihm seinerzeit nicht
zugänglichen Kopie des Originals unter Vorbehalt (vgl. aaO., 13). In seiner schönen
Sammlung von Hamannschriften (Johann Georg Hamann. Entkleidung und Verklärung.
Eine Auswahl aus Schriften und Briefen des „Magus in Norden" hg. v. M. Seils, Berlin
1963) druckte Seils die Abschrift des Letzten Blattes aus dem Brief Hamanns an Jacobi, mit
einem kurzen Kommentar versehen, ab (aaO., 503 f.). Hier deutete Seils bereits an, daß es
sich bei dem Letzten Blatt um eine Stammbucheintragung für die Tochter der Fürstin
Amalia von Gallitzin, nicht für die Fürstin selbst handelte.

Aus neuerer Zeit liegen von Georg Baudler[37] ein systematischer Interpretationsversuch und von Volker Hoffmann eine wertvolle Detailuntersuchung zum Letzten Blatt vor[38]. Reiner Wild betitelt sein Kommentarwerk zu Hamanns „Fliegendem Brief" mit einer Hamannschen Selbstbezeichnung aus dem Letzten Blatt und versucht diese im Blick auf Hamanns eschatologisches Selbstverständnis auszulegen[39].

1. *Historischer Rahmen und Sitz im Leben*

a) Hamanns Besuche in Pempelfort und Münster und seine Begegnung mit der Fürstin Amalia von Gallitzin (1787/1788)

Den historischen Rahmen für das Letzte Blatt bilden die Begegnungen Hamanns mit der Fürstin Amalia von Gallitzin in Pempelfort bei Friedrich Heinrich Jacobi und in Münster, wo Hamann mit dem „Kreis von Münster" zusammentraf.

Der Kreis von Münster und Amalia von Gallitzin

Der Kreis von Münster[40], innerhalb dessen der Fürstin Gallitzin eine besondere Rolle zufiel, entstand im Zusammenhang mit den staatspoli-

---

[37] G. BAUDLER, „Im Worte sehen". Das Sprachdenken Johann Georg Hamanns, Bonn 1970, 287 ff.

[38] HOFFMANN, aaO. (s. Anm. 14), 226 f. Hoffmann untersucht hier Hamanns Selbstbezeichnung „Philologus Seminiverbius".

[39] R. WILD, ‚Metacriticus bonae spei'. Johann Georg Hamanns ‚Fliegender Brief'. Einführung, Text und Kommentar, Bern-Frankfurt 1975; hier S. 228 f. Wild schildert auch übersichtlich die Forschungsgeschichte zum Letzten Blatt (ebd., 226 f.).

[40] Zur Geschichte des Kreises von Münster seien die folgenden wichtigsten Titel genannt:
[S. Sudhof,] Der Kreis von Münster. Briefe und Aufzeichnungen Fürstenbergs, der Fürstin Gallitzin und ihrer Freunde, hg. v. S. Sudhof, 1. Teil (1769–1788), mit einem Vorwort von E. Trunz, 1. Hälfte: Texte, Münster 1962; 2. Hälfte: Anmerkungen, Münster 1964 [= Veröffentlichungen der Historischen Kommission Westfalens XIX. Westfälische Briefwechsel und Denkwürdigkeiten, Bd. V, Der Kreis von Münster, 1. Teil].
S. SUDHOF, Artikel „Münster, Kreis von", in: Reallexikon der deutschen Literaturgeschichte, 2. Aufl., hg. v. W. Kohlschmidt und W. Mohr, Bd. 2, Berlin 1965, 439–443 [Lit.].
S. SUDHOF, Von der Aufklärung zur Romantik. Die Geschichte des „Kreises von Münster", Berlin 1973 [Lit.].
[E. Trunz,] Fürstenberg, Fürstin Gallitzin und ihr Kreis. Quellen und Forschungen zusammengestellt von E. Trunz [= Sonderheft: Westfalen 33, 1955, Heft 1].
[E. Trunz – W. Loos,] Goethe und der Kreis von Münster. Zeitgenössische Briefe und Aufzeichnungen, in Zusammenarbeit mit W. Loos hg. v. E. Trunz [= Veröffentlichungen

tischen Reformen des Ministers Franz von Fürstenberg (1729–1810), der im Auftrag des Kölner Kurfürsten das Fürstbistum Münster verwaltete (1762–1780). Seine Bestrebungen, die sich besonders auf eine allseitige Neuordnung des geistigen Lebens richteten, wurden in der Gründung der Universität Münster (1773) und in der Konzipierung einer neuen allgemeinen Schulordnung (1776) sichtbar. Fürstenbergs einflußreiche politische Stellung hat seine geistigen Bemühungen wesentlich unterstützt. Das Ziel der Bestrebungen war, ein Bildungsideal zu verwirklichen, das in der christlichen Offenbarung und in der katholischen Orthodoxie begründet war.

In seiner ersten Entwicklungsperiode zeichnete sich der Kreis von Münster[41] durch seine Aufgeschlossenheit gegenüber den fortschrittlichen Tendenzen des Zeitalters aus. Wo immer es möglich war, suchte man persönliche Verbindungen zu bedeutenden Geistern der Zeit aufzunehmen, wie etwa zu Frans Hemsterhuis, Karl Theodor von Dalberg und Friedrich Heinrich Jacobi. Der Münsteraner Dichter, Jurist und Historiker Anton Matthias Sprickmann (1749–1833) suchte den Kontakt vornehmlich zu Dichtern und Schauspielern, so zu Gottfried August Bürger, Matthias Claudius und Friedrich Gottlieb Klopstock. Der junge Gymnasiast Franz Kaspar Bucholtz (1759–1812) stellte Beziehungen zu Johann Gottfried Herder, Johann Friedrich Kleuker, Johann Caspar Lavater und Ferdinand Adrian von Lamezan her.

Amalia von Gallitzin wurde 1748 als Tochter eines Generals, des Grafen Schmettau, und seiner katholischen Gemahlin in Berlin geboren. Mit zwanzig Jahren heiratete sie den Fürsten Dimitri von Gallitzin, den russischen Gesandten in Den Haag. 1769 wurde ihre Tochter Marianne, 1770 ihr Sohn Dimitri geboren. Die Ehe mit dem Fürsten Gallitzin entwickelte sich nicht glücklich. Es kam zur Trennung.

---

der Historischen Kommission Westfalens XIX. Westfälische Briefwechsel und Denkwürdigkeiten, Bd. VI], Münster[1] 1971.

Die folgende Kurzdarstellung stützt sich auf SUDHOF, Artikel „Kreis von Münster", in Reallexikon der deutschen Literaturgeschichte, 2. Aufl., Bd. 2, Berlin 1965, 439–443 und auf die Kurzbiographie „Amalia Fürstin Gallitzin", in: E. TRUNZ-W. LOOS, Goethe und der Kreis von Münster, 199–204.

[41] Es ist üblich, in der Geschichte des Kreises von Münster drei Entwicklungsstufen voneinander zu unterscheiden (vgl. SUDHOF, Artikel „Kreis von Münster", 439ff.). Die erste Epoche, die um etwa 1770 begann, endete 1788 mit Hamanns Tod. Diese Epoche ist für unseren Problemzusammenhang ausschließlich von Interesse. Die zweite Epoche, die sehr stark von den innerkirchlichen katholischen Bestrebungen des Kreises getragen war und in deren Verlauf die Konversion Friedrich Leopold Stolbergs und seiner Gattin Sophie Stolberg fiel, endete im Jahre 1806, dem Todesjahr der Fürstin Amalia von Gallitzin. Die dritte Epoche des Kreises, der vor allem durch den weitreichenden Briefwechsel Stolbergs Verbindung zu den romantischen Kreisen bekam, erstreckte sich etwa bis in die zwanziger Jahre des 19. Jahrhunderts. In die Ausgangsphase des Kreises gehören noch die dichterischen Anfänge der Annette von Droste-Hülshoff.

In Den Haag begegnete die Fürstin Denis Diderot, der sich dort im Jahre 1773 für drei Monate aufhielt. Besonders stark hingezogen fühlte sie sich zu dem niederländischen Philosophen Frans Hemsterhuis, der zu ihrem geistigen Führer wurde.

Aus pädagogischer Sorge für ihre Kinder übersiedelte Amalia von Gallitzin im Jahre 1779 nach Münster, nachdem sie durch Hemsterhuis Fürstenbergs Schulordnung kennengelernt hatte.

In Münster gehörten Hemsterhuis und Friedrich Heinrich Jacobi zu ihren steten Korrespondenten und ständigen Besuchern.

Die Fürstin kam mit Fürstenberg in ein enges persönliches und geistliches Verhältnis. Doch bat sie ihn darum, sie nicht bekehren zu wollen. Es blieb aber nicht aus, daß sie seine Lebensform, zu der Breviergebet, Meditation und Beichte gehörten, kennenlernte und überhaupt in Münster einen lebendigen Katholizismus wahrnahm, nachdem sie bei ihrer Mutter nur höchst unklare und bruchstückhafte Vorstellungen von der katholischen Kirche erhalten hatte und am Berliner Hofe und in Den Haag dem christlichen Glauben ganz entfremdet worden war. In Münster begann sie mit der ihr eigenen Gründlichkeit die Bibel und Werke der katholischen Literatur zu lesen und sich theologisch zu bilden. In den Jahren 1784 bis 1786 vollzog sich dann bei der Fürstin eine geistige Wende hin zu bewußtem katholischen Glauben.

Die Rückkehr der Fürstin Gallitzin zum katholischen Glauben ist neben dem Einfluß Fürstenbergs vornehmlich dem Overbergs zuzuschreiben[42]. Während Fürstenberg und die Fürstin durch alle Probleme der Aufklärung hindurch unter Mühen zum christlichen Denken und Glauben hin gefunden hatten, war Bernhard Overberg, ein katholischer Priester, der 1783 zum Kreis von Münster stieß, von Anbeginn eine schlichte Gestalt von unkomplizierter Gläubigkeit und zugleich von großem pädagogischen Talent. Fürstenberg berief ihn in das Amt des Lehrers an der soeben neugegründeten „Normalschule" und machte ihn zu seinem engen Vertrauten. Er führte ihn der Fürstin Gallitzin zu, die ihn später zum Seelsorger und Beichtvater erwählte.

Das enge persönliche und geistliche Verhältnis, das sich zwischen Fürstenberg und Amalia von Gallitzin bildete, wirkte sich prägend auf das geistige Gesamtgeschehen in Münster aus. Ihr Briefwechsel, der im Jahre 1780 begann, und ihre Tagebücher aus dieser Zeit stellen die wichtigsten und aufschlußreichsten Quellen für die geistige Situation des Kreises von Münster dar[43].

Im Jahre 1780 fiel Fürstenberg, der allgemein als der nächste Anwär-

---

[42] Die Beziehungen der Fürstin zu Overberg hat gründlich SUDHOF, Von der Aufklärung zur Romantik, 162–166 untersucht.

[43] Eine detaillierte Übersicht über die ungedruckte und gedruckte Quellenliteratur bietet SUDHOF, Von der Aufklärung zur Romantik, 207 f.

ter auf den Bischofsstuhl in Münster galt, bei der Koadjutorwahl durch. Als Minister wurde er abberufen. Er behielt nur das Amt des Generalvikars und die Leitung der Schulaufsicht. Fürstenberg zog sich mehr und mehr aus dem öffentlichen Leben zurück und arbeitete an seiner „inneren Verbesserung". In seinen Briefen aus dieser Zeit treten immer stärker Meditationen über das Thema Sünde und Gnade hervor.

Der ganze Münsteraner Kreis folgte Fürstenberg in einem unablässigen Ringen um Vollkommenheit und ständiger Prüfung des Gewissens. Namentlich die Fürstin ließ sich von religiösem Perfektionsstreben bestimmen. Jedoch hegte sie schon sehr bald eine gewisse Skepsis gegen eine auf vollkommene Demut drängende Frömmigkeit[44].

Hamann kam mit dem Kreis von Münster dadurch in Berührung, daß er mit Claudius in Wandsbeck, Kleuker in Osnabrück und Lavater in Zürich Briefe wechselte. Über Claudius wurde Hamann im Jahre 1782 zunächst mit Jacobi bekannt. Claudius vermittelte einen Brief Jacobis an Hamann, mit dem der große Briefwechsel zwischen diesen beiden Männern begann. In diese Korrespondenz mit Jacobi sind Hamanns wichtigste philosophische und theologische Gedanken seiner letzten sechs Lebensjahre eingegangen[45].

---

[44] Das geht aus einem Brief der Fürstin (nach dem 23. 2. 1784) an Fürstenberg hervor. Vgl. SUDHOF, Von der Aufklärung zur Romantik, 161 f. Der Text dieses Briefes in: Der Kreis von Münster I, 1,161; zur Datierung siehe: Der Kreis von Münster I, 2,123.

[45] Die folgenden Schilderungen orientieren sich an der Darstellung von K. GRÜNDER, Hamann in Münster, in: Fürstenberg, Fürstin Gallitzin und ihr Kreis. Quellen und Forschungen, zusammengestellt von E. Trunz, Münster 1955, 74–91 (= Johann Georg Hamann. Wege der Forschung, Bd. 511, hg. v. R. Wild, Darmstadt 1978, 264–298). Diese Darstellung verdient klassisch genannt zu werden. Lediglich an einigen Stellen ist sie aufgrund einer Verwertung neu edierter Briefdokumente zu ergänzen. Wo Gründers Text wörtlich übernommen wird, werden die nötigen Verweise auf Hamanns Briefwechsel nach der mittlerweile vollständig vorliegenden kritischen Ausgabe Ziesemers und Henkels (= ZH) verifiziert. Innerhalb der Zitate sind nicht alle Anmerkungen Gründers übernommen.

Die Korrespondenz Hamanns mit Jacobi findet sich in den Bänden ZH V–VII dieser chronologisch angelegten Ausgabe. Siehe auch schon ZH IV, 416 f. (Hamann an Jacobi am 12. 8. 1782). Das Verhältnis Hamanns zu Jacobi hat R. KNOLL, Johann Georg Hamann und Friedrich Heinrich Jacobi, Heidelberg 1963 (= Heidelberger Forschungen, 7. Heft) an Hand des Briefwechsels gründlich untersucht.

Die Begegnung Hamanns mit der Fürstin Gallitzin schildern:

J. GALLAND, Die Fürstin Gallitzin und ihre Freunde, Köln 1880; Kapitel VI: „Der Magus im Norden" (105–125);

G. GUDELIUS, J. G. Hamann und die Fürstin Amalia von Gallitzin, in: Auf Roter Erde 10 (1934/35), 1–4;

I. RÜTTENAUER, Hamann und die Fürstin Gallitzin, in: Hochland. Monatsschrift für alle Gebiete des Wissens, der Literatur und Kunst, 36 (1938/39), 203–213;

F. BLANKE, Johann Georg Hamann und die Fürstin Gallitzin, in: DERS., Hamannstudien, Zürich 1956 (= Studien zur Dogmengeschichte und systematischen Theologie, Bd. 10), 113–123;

Es war im selben Jahre 1782, als bei der Fürstin Gallitzin und bei Franz Kaspar Bucholtz das Interesse an Hamann erwachte. Das belegt eine Episode, die Jacobi, der mit den Münsteranern des öfteren zusammentraf, in einem Brief an Hamann so schildert:

„Einmahl da ich in Münster war u Kleuker mich dort besuchte (A⁰ 82 im Herbst) kam an einem Abend die Rede von Ihnen. Die Prinzeßinn wurde sehr begierig etwas von Ihnen zu lesen. Ich rieth es ihr ab. Kleuker meinte, die Sokratischen Denkwürdigkeiten könnten allenfalls für sie noch genießbar seyn. Auch das wollte ich nicht zugeben; u die Prinzeßinn ließ beynah ab v dem Manne, der sich unterstanden hatte Sokratische Denkwürdigkeiten zu schreiben. Unterdeßen blieb ihr der Hamann doch im Sinne, der so viel bey mir galt, u ihr ganz ungenießbar seyn sollte. Sie verlangte, ich sollte ihr wenigstens einige von Ihren Schriften verschaffen. Es war auch mein Vorsatz, ihr zu willfahren, aber ich versäumte es. So gieng es jedesmahl daß sie mich daran erinnerte. Den vorigen Sommer zu Hofgeismar fand ich einige Ihrer Hefte bey Ihr, die ihr Buchholtz geliehen hatte, u sie war von den Sokratischen Denkwürdigkeiten u manchen andern sehr erbaut."[46]

In der Folgezeit beschaffte sich Bucholtz weitere Hamannschriften, las sie und war von ihnen so angetan, daß er zu Kleuker nach Osnabrück fuhr, um möglichst viel über Hamann, seine Person und seine Lebensumstände in Erfahrung zu bringen.

Am „7. August 1784 schrieb er einen Brief an Hamann, den Kleuker einem eigenen einlegte. Er ist nicht erhalten; soweit aus der Antwort und anderen Briefen Hamanns zu entnehmen, hat Bucholtz in diesem ersten Brief seine Dankesschuld für das durch Hamanns Schriften Erfahrene bekannt, seine inneren Nöte bloßgelegt und Hamann gebeten, ihn zum Sohn aufzunehmen. Hamann ging in einer Mischung von Freude über solch Vertrauen und Verwunderung über dies ‚Ebentheuer' darauf ein und antwortete mit einem Brief[47], in dem er seinen Lebensgang und seine gegenwärtige Lage vorstellt, rührend in seiner Offenheit und Bescheidenheit.

Hamanns Brieffreunde wußten wohl sämtlich von seiner wirtschaftlichen Notlage, besonders seine Sorge um die Erziehung der Kinder hatte er geklagt. Bucholtz, begütert als Herr von Welbergen (einem Wasserschloß zwischen Burgsteinfurt und Ochtrup), entschloß sich zu helfen, fragte Lavater um Rat, in welcher Form das am besten geschehe, und Lavater setzte ihm einen Brief an Hamann auf und bereitete Hamann

---

SUDHOF, Von der Aufklärung zur Romantik, 192–206. Diese Arbeit verdient besondere Beachtung, weil sie auf intensivem Studium bisher ungedruckten Quellenmaterials beruht.

[46] ZH V, 345,15–28 (von Jacobi an Hamann am 1. 2. 1785)

[47] ZH V, 206–210 (an Bucholtz am 7. 9. 1784); vgl. den Bericht Hamanns an Herder vom 13. 9. 1784: ZH V, 218,11–31.

andeutungsweise vor. So bekam Hamann im November 1784 von Bucholtz eine Anweisung über 800 Friedrichsdor oder 4000 Reichstaler auf ein Königsberger Bankhaus; von den Zinsen konnte er die Erziehung seiner Kinder bestreiten. Das war für Hamann Rettung aus großer Not, er strömt über in Dankbarkeit, aufgeregt davon sind seine Briefe aus diesen Tagen."[48]

Wie Bucholtz, so zeigte sich die Fürstin Gallitzin intensiv darum bemüht, sich Hamann zu nähern. Sie wandte sich Anfang Dezember 1784 nach Königsberg an die ihr bekannte Gräfin Kayserlingk mit folgender Bitte:

„Vous possedez a Konigsberg un Homme de Lettre nommé Haamann, dont les ouvrages assez multipliées, toujours sans Nom – sont très difficile a avoir, j'en ai lue une partie – mais d'emprunt, et ce que j'en ai lu a fait naitre en moi un vif désir de les lire non seulement – mais de les posseder *tous*. Ce plaisir Madame augmentera de prix a mes yeux si c'est à Vos bontés que je puis esperer le devoir. je suppose qu'aportée de l'auteur comme Vous l'ètes Madame – il Vous sera facile (si ce n'est de me procurer tous ce qu'il a ecrit, du moins, une instruction de sa part, sur les moyens d'y parvenir – et une Liste exacte de tout ce qu'il a donné au Public, il est peu d'hommes que je desirerois autant connoitre que lui, et Vous ajouterez Madame aux obligations que je Vous ai, en contentant autant que Vous le pouvez ma curiosité que j'ai d'apprendre de sa maniere d'Etre, de son Caractère, et de son Ton – tous ce que Vous en savez."[49]

Die Beweggründe, die die Fürstin zu ihrer dringlichen Anfrage bei der Gräfin Kayserlingk trieben, erläuterte sie ausführlich ihrem Freunde Jacobi. Sie schrieb ihm:

„Ich las vor ungefähr 8 Monaten das 1ᵗᵉ Werk v Hamann. Es waren die Sokratischen Denkwürdigkeiten. Manches darinn war mir unverständlich – was ich aber darinn verstand, machte mich begierig alles zu verstehen. Ich las sie zum 2ᵗᵉⁿ mahl – verstand mehreres – zum 3ᵗᵉⁿ mahl – verstand wieder mehr, u doch sind für mich noch dunkele Stellen ⟨über⟩ darinn, die ich aber zum Theil für Beziehungen auf Bücher halte, die ich (sehr unbelesenes u zum viel lesen untüchtiges Geschöpf) nicht gelesen hatte. – Ich war von manchem in diesem Buche so getroffen – so äußerst angezogen, daß ich mir nun alle Mühe gab, mir je mehr u mehr Werke v. diesem Mann zu verschaffen. Je mehr ich neue sammlete (ich habe ihrer ungefähr 15) desto mehr entwickelte sich meine attraction zum Verfaßer u zugleich die Begierde etwas näheres von ihm zu wißen, da ich theils aus seinen Werken, theils durch Menschen die mit ihm im Verhältniß stehen oder gestanden haben, eine ziemliche Menge einzelner, aber ganz unverbundener data gesammlet hatte. Zum Beyspiel, daß sein Schicksal nicht glücklich wäre, ohne daß ich von diesem Schicksal etwas bestimmtes

---

[48] GRÜNDER, aaO. (s. Anm. 45), 273 f., 292. Vgl. ZH V, 243,33–244,12 und ZH V, 245, 23–27 (Lavater an Hamann am 20. und 27. 10. 1784).

[49] ZH V, 487 (beachte zu diesem Brief die Angaben HENKELS, ebd.).

erfahren konnte. – was mich vollends gewaltig an Haman zog, waren unsere gemeinschaftlichen Freunde: Plato, Homer, Socrates, u vor allen die H. Schrift, v. der sein ganzes Wesen impregnirt ist. Mit dieser – mit der Schrift insonderheit, die in den letzteren Jahren für mich die reichste Quelle des Lebens, fast die einzige würkliche Nahrung meiner Seele geworden ist; die mir nach der 20ten Lecture noch eben neu bleibt, u bey jeder ein neues Licht in meiner Seele ansteckt, die mir an u für *sich selbst* ein größeres Wunderwerk ist, als alle Wunder, deren Urkunde sie ist – mit dieser hat Hamann sich in meiner Vorstellung dergestalt, u auf eine Art, die ich mit Worten in einem Briefe nicht zu sagen vermag, eingewebet, daß ich wie an einem heimlichen Ansatz von Liebe zu ihm krank ward, der mich trieb etwas näheres von ihm zu erfahren."[50]

Ende Dezember 1784 wurde Hamann in das Kayserlingksche Haus geladen. Die Gräfin eröffnete ihm die Bitten der Fürstin Gallitzin und zeigte Hamann deren Brief. Sie tat das, indem sie ihrer Verwunderung darüber Ausdruck gab, wie jemand an Diderot und zugleich an Hamann Interesse haben könnte. Bald hatte Hamann die meisten seiner Schriften zusammengebracht. Er übergab sie der Gräfin, die für die weitere Übermittlung Sorge trug[51].

Seine „Lettre perdue", eine Schrift aus dem Jahre 1773, in der Hamann unter deutlichem Hinweis auf seine kargen Einkünfte die „arithmétique politique" des friderizianischen Preußen angeprangert hatte, versah er bei dieser Gelegenheit mit einem „Certificat de l'Auteur". Es nahm Bezug auf die wunderbare Rettung aus höchster finanzieller Not, die ihm durch Franz Kaspar Bucholtz zuteil geworden war, und lautete:

„L'Eternel lui a rendu comme à Iob (XLII. 10) le double de ce qu'il a eu. Gloire soit à Dieu dans les lieux très-hauts, que la paix soit sur la terre et la bonne volonté dans les hommes. Amen.

J'ai 3 filles et 1 fils, qui me vaut mieux que 7 (Ruth IV. 15) *saluo errore calculi*.

L'Eternel soit loué. Amen! [Johann Georg Hamann]."[52]

„Eine große Reise nach Westen, vor allem um Herder in Weimar zu besuchen, gehörte schon lange zu den Herzenswünschen Hamanns. Nun drängten auch Jacobi, Claudius und schließlich die Münsteraner. Aber Hamann war Beamter und konnte nicht ohne weiteres losfahren, er brauchte Urlaub, und der war schwer zu bekommen. Hamann beantragte ihn Jahre hindurch immer neu, er wurde abgelehnt oder mit schikanösen Bedingungen verknüpft. Auch den Bemühungen seines Berliner Freundes Reichardt und des Bruders der Fürstin Gallitzin, des Grafen Schmettau, gelang es erst 1787, Hamanns Pensionierung zu

[50] ZH V, 490 (beachte zu diesem Brief die Angaben HENKELS, aaO., 489).
[51] Vgl. ZH V, 313,8–314,3; 314,30–315,19.
[52] ZH V, 348,23–29.

erreichen. Nach Beseitigung von Mißverständnissen und Schwierigkeiten, die noch zu guter Letzt alles wieder zunichte zu machen drohten, konnte er endlich reisen, begleitet von seinem inzwischen 20jährigen Sohn und dem befreundeten Arzt Lindner, der ihn betreuen mußte, denn er war krank.

Nach einer beschwerlichen Reise[53] kam Hamann am 16. Juni 1787 in Münster an, von Bucholtz und seiner jungen Frau herzlich empfangen. Bald kam auch die Fürstin, ihn zu begrüßen, und Hamann fühlte sich in soviel Freundschaft und Fürsorge beglückt aufgehoben. Die Briefe dieser Tage sind voll der Bewunderung für die Fürstin und sorglicher Teilnahme für den nervösen Bucholtz und seine Frau[54]. Am 23. Juli kam Jacobi nach Münster[55], blieb bis zum 4. August, und da Frau Marianne Bucholtz ein Kind erwartete und dabei Hamann, so sehr man sich über ihn gefreut hatte, im Wege war, beschloß man, er solle zunächst Jacobi in Düsseldorf besuchen und nach Münster zurückkehren, wenn die Niederkunft glücklich vorüber sei[56].

So fuhr Hamann am 11./12. August nach Düsseldorf, wo ihn Jacobi in seinem vor der Stadt gelegenen Landhaus Pempelfort erwartete. Völlig erschöpft richtet er sich zunächst im Bett ein, erst allmählich erweitert er wieder seine Kreise, in die Bibliothek, das Haus, den berühmt schönen Garten. Die Jacobis waren reiche Fabrikanten – Hamann fand sich in einer Welt, die von seiner kleinbürgerlichen in Königsberg so abstach, daß er sich wie im Himmel fühlte und gar nicht genug tun konnte, in Briefen, die er ‚Elysium/Pempelfort‘[57] datierte, die Herrlichkeiten zu schildern, die er genoß.“[58]

Die Begegnung in Pempelfort

Vom 13. bis 18. Oktober war Amalia von Gallitzin zu Besuch in Pempelfort. Die Fürstin befand sich auf dem Rückweg von einer größeren Reise, die sie zusammen mit ihrer Tochter Marianne und ihrem Sohn Dimitri in Begleitung von Fürstenberg in die Rhein-Maingegend unternommen hatte[59].

Auf ihrer Reise hatte die Familie das Stammbuch Mariannes mitge-

---

[53] Die Reise schildert Nadler, aaO. (s. Anm. 26), 425.

[54] Vgl. etwa ZH VII, 248,8–12 (an Reichardt am 18. 7. 1787); ZH VII, 250, 29f.; 251,11–14 (an Jacobi am 18. 7. 1787); ZH VII, 271,13–16 (Hamann an Sophie Marianne Courtan am 18. 8. 1787).

[55] Vgl. ZH VII, 255,4ff. (an Hartknoch am 31. 7. 1787).

[56] Vgl. ZH VII, 284,12–18 (an Herder am 1. 9. 1787).

[57] Vgl. Anm. 84.

[58] Gründer, aaO. (s. Anm. 45), 275f., 292f.

[59] Die Reise schildert Sudhof, Von der Aufklärung zur Romantik, 189–191; siehe auch die Einzelrekonstruktionen von Seils, aaO. (s. Anm. 35), 182.

führt[60]. Die ersten Einträge waren von Mariannes Mutter und ihrem Bruder Dimitri, wohl noch in Münster, gemacht worden. Weiter von Casimir Schnesenberg, der seinen Eintrag am 9. 9. 1787 in Münster unterschrieben hatte[61]. Am 25. September folgte Fürstenberg mit einem Eintrag in Frankfurt am Main, am 26. September Sophie La Roche ebenda, am 30. September Dalberg in Aschaffenburg, Anfang Oktober F. v. Schmitz in Mannheim.

In Pempelfort wurde nun die ganze dort versammelte Gesellschaft ebenfalls um Einträge in dieses Stammbuch gebeten. Als erster schrieb Hamann hinein; er tat dies am 17. Oktober, gefolgt von seinem Sohn Johann Michael, der seinen Eintrag aber unvollständig ließ, ihn weder datierte noch unterschrieb. Tags darauf, am 18. Oktober, trugen sich Friedrich Heinrich Jacobi und seine beiden Halbschwestern Helene und Charlotte ein[62].

Johann Georg Hamann nahm seinen Stammbucheintrag auf demselben Blatt vor, auf welches Sophie la Roche geschrieben hatte:

„Freuen Sie sich immer über das Glück wahrer Kenntnisse – und erhalten Sie sich immer dabey die Güte des Herzens, welche ich in Ihnen sah –

D. 26 7br 1787. In Frf. am Mayn.   Sophie la Roche."[63]

---

[60] Stammbücher haben ihre Wurzel in den „Libri gentilitii", genealogischen Sammlungen, die im Mittelalter von Fürsten und Rittern zusammengestellt und mit den Wappen der Angehörigen des jeweiligen Fürsten- und Ritterhauses versehen wurden. Bei öffentlichen Festen wurden neugewonnene Freunde gebeten, ihr Wappen darin einzuzeichnen, meist verbunden mit einem kurzen Wahlspruch, Datum und Unterschrift. In der Folgezeit wurde das Stammbuch literarisch vervollkommnet durch die an den Höfen der Fürsten lebenden Gelehrten. An die Stelle einfacher Wahlsprüche traten Denk- und Sinnsprüche, meist Zitate aus klassischer Literatur. Nachgeahmt und besonders intensiv gepflegt wurde die Stammbuchsitte von der akademischen Jugend, die sich in ihren Stammbüchern Eintragungen berühmter Gelehrter sammelte. Patrizierfamilien in den Reichsstädten kultivierten das Stammbuch mit prächtigen Wappen und wertvollen Malereien.

Im 18. Jahrhundert war die Stammbuchsitte weit verbreitet. Auch die Kinder Hamanns besaßen Stammbücher, in die sich Hamanns Freunde und Bekannte eintragen mußten; vgl. ZH VII, 398,12–17 und 428,15f. Zu einem Stammbuchblatt Hamanns für Elisa von der Recke (vgl. ZH V, 169,27–33) siehe die Studie von A. WARDA, Zu einem Stammbuchblatt von J. G. Hamann, in: Altpreußische Monatsschrift 45 (1908), 606–614.

Zur Geschichte des deutschen Stammbuches vgl. R. KEIL, Die deutschen Stammbücher des sechzehnten bis neunzehnten Jahrhunderts, Berlin, 1893, bes. 1–12; A. FIEDLER, Vom Stammbuch zum Poesiealbum, Weimar, 1960.

Zu allen Details, die das Stammbuch der Marianne von Gallitzin betreffen s. unten Abschnitt II.3.

[61] Siehe dazu die Untersuchungen in Abschnitt II.3.

[62] Siehe dazu die Untersuchungen in Abschnitt II.3.

[63] Vgl. unten S. 50 und 52. Wie aus der im folgenden gegebenen detaillierten Beschreibung des Stammbuches hervorgeht, wurde von den Eintragenden nicht strikt die Seitenfolge eingehalten. So befindet sich beispielsweise der Eintrag der Sophie la Roche auf der

Sophie la Roche, geboren am 6. 12. 1731 in Kaufbeuren, war die Jugendge-
liebte Wielands, heiratete 1754 den kurmainzischen Hofrat Georg Michael Frank
von Lichtenfels, genannt La Roche, lebte bis 1786 in Mainz, dann in Offenbach.
Ihre Tochter Maximiliane, die spätere Frau des Kaufmanns Pietro Antonio
Brentano, wurde die Mutter von Clemens und Bettina Brentano. Sophie la
Roche ist die erste deutsche Unterhaltungsschriftstellerin. Ihr von Wieland
herausgegebener Briefroman „Geschichte des Fräuleins von Sternheim" (1771)
lehnt sich formal und inhaltlich an die Romane S. Richardsons und O. Gold-
smiths an. Das Buch wurde viel gelesen und von Goethe und Herder sehr
geschätzt[64].

Die Fürstin Gallitzin hatte im Zuge ihrer Reise auch Sophie la Roche
in Offenbach und Frankfurt besucht und war am 26. September mittags
von Frankfurt abgereist, dem Datum eben dieses Stammbucheintrags[65].
Hamanns Pempelforter Stammbucheintrag vom 17. Oktober 1787
hatte folgenden Wortlaut:

„– en s'écartant des Systemes, on se rapproche de l'intention de ceux
qui les ont inventé.

Les Sexes se denaturent, les hommes s'effeminent et les femmes
s'homassent

L'esprit fait des chefs de secte et la bonté des dupes.

L'étude en nous fixant sur les pas d'un maitre, nous éloigne de la
Nature, qui est la source de tous les talens et de tous le Biens – – –

Jacques-Henry-Bernardin de Saint-Pierre

Ego ${}^{exilé}_{malade}$ au Paradis de Pempelfort ce 17 8br. 87."[66]

Exkurs:

Die Eintragung Hamanns in das Stammbuch der Prinzessin Marianne
von Gallitzin vom 17. Oktober 1787 in Pempelfort

Von der Unterschrift abgesehen handelt es sich bei diesem Stammbucheintrag ausschließlich um Zitate aus dem damals eifrig gelesenen

---

Seite 189, der zeitlich unmittelbar vorhergehende Fürstenbergs (25. 9. 1787) auf der Seite
5. Hamann selbst hielt sich an die Seitenfolge.
    [64] Vgl. Art. „Sophie La Roche" in: Brockhaus Enzyklopädie in zwanzig Bänden, 17.
völlig neubearbeitete Auflage des Großen Brockhaus, Bd. 11, Wiesbaden 1970, 149 [Lit.].
Für die Begegnung der La Roche mit der Fürstin Gallitzin vgl. besonders H. JANSEN,
Sophie von La Roche im Verkehr mit dem geistigen Münsterland, Münster 1931, 27–31.
    [65] Die Einzelnachweise bei SEILS, aaO. (s. Anm. 35), 182; vgl. Kreis von Münster I, 1,
378 f.; I, 2, 228 f.   [66] Vgl. Textedition Z. 5–10.

und heftig diskutierten Werk „Etudes de la Nature" von Jacques Henri
Bernardin de Saint-Pierre[67], an denen auch Hamann sich in Pempelfort
zunächst nicht „satt lesen"[68] konnte und deren Kenntnis er bei Sophie la
Roche und bei der Fürstin voraussetzen durfte[69].

Jacques Henri Bernardin de Saint-Pierre[70], geboren am 19. 1. 1737 in
Le Havre, war Ingenieur; „berufliche Gründe und die Hoffnung, seine
sozialreformerischen Ideen verwirklichen zu können, führten ihn in
verschiedene Länder und auf die Isle-de-France (Mauritius). Er hat der
französischen Literatur das Feld der exakten Naturbeobachtung eröffnet, indem er mit dem Notizbuch alle physikalischen Erscheinungen der
Umwelt studierte und in Reiseberichten, Studien und Erzählungen
beschrieb". Sein Bemühen, eine auf den Menschen zielende Ordnung in
der Natur zu erkennen, zeigt ihn als Menschen des 18. Jahrhunderts.
Mit Rousseau, dessen Schüler er war, verband ihn Freundschaft und das
besondere philosophische Interesse an der Natur. „Die Erzählung ‚Paul
et Virginie' (1787) ... gehörte lange zu den bekanntesten Werken der
Weltliteratur; in ihr suchte er zu zeigen, daß menschliche Tugend nur in
natürlichem Leben fern der Zivilisation gedeihen könne" – ein naturro-
mantischer Zug, der auch in seinen „Etudes de la Nature" durchgängig
zu finden ist. Der Einfluß des rührenden und naiven Romans war
besonders stark auf die französischen Romantiker, etwa auf Alphonse de
Lamartine und François René de Chateaubriand. Saint-Pierre starb am
21. 1. 1814 in Eragny-sur-Oise.

Die „Etudes de la Nature", aus denen von Hamann Zitate ausgewählt
und zu einem Stammbucheintrag zusammengestellt wurden, lagen
Hamann entweder in der ersten Auflage (Paris 1784) oder in der zweiten
Auflage (Paris 1786) vor[71].

[67] J. H. B. DE SAINT-PIERRE, Etudes de la Nature, 3 vol., Paris 1784; deutsche Zitate
daraus in eigener Übersetzung.

[68] „La *diete des alimens* nous rend la santé du corps et *celle des hommes* la tranquilleté des
ames, sagt ein sehr liebenswürdiger Freund des JJ Rousseau, ein Saint-Pierre in seinen
⟨Epoques⟩ Etudes de la Nature an denen ich mich nicht satt lesen kann" ZH VII,
311,18–21 (an G. I. Lindner am 16. 10. 1787).

[69] Hamann hatte das Buch aus dem von Sophie la Roche herausgegebenen Journal
„Pomona" kennengelernt; vgl. ZH VII, 327,34–36. Bis zum 11. Dezember 1787 hatte
Hamann nur den ersten Teil des Werks gelesen: ZH VII, 371,33f. Hamann las auch die
Reiseberichte SAINT-PIERRES: „Voyage à l'Isle de France", 2 Bde., Paris 1773; vgl. ZH VII,
363,32–34; 463, 21.

[70] Vgl. Artikel „Saint-Pierre, Bernardin", in: Brockhaus Enzyklopädie in zwanzig
Bänden, 17. völlig neubearbeitete Auflage des Großen Brockhaus, Bd. 16. Wiesbaden
1973, 356. [Lit.]; ebd. auch die folgenden Zitate.

[71] Wahrscheinlich ist, daß Hamann die erste Ausgabe (1784) benutzte, wie aus einem
Brief an Jacobi vom 10. 3. 1788 indirekt hervorgeht: „Wie lieber Jonathan, wenn Du Dir
die neue Ausgabe in 4 Theilen der Etudes [gemeint ist die 1786 in Paris erschienene
2: Ausgabe] anschafftest u mein angestrichenes Exemplar für meine Lisette Reinette
ausmustertest" (ZH VII, 427,18–21).

Das Werk umfaßt vierzehn „Etudes". In der „Etude I" (Unermeßlichkeit der Natur; Plan meines Werkes) bestimmt Saint-Pierre die Begrenztheit verschiedener wissenschaftlicher und metaphysischer Methoden der Naturerkenntnis angesichts der Unendlichkeit der Natur. Er stellt diesen Methoden seine eigene gegenüber und tut das in eben dem Abschnitt, der das erste von Hamann – in leichter Veränderung – entnommene Zitat (5) enthält[72]. Sodann stellt Saint-Pierre den Plan seines Werkes vor: In einem „Ersten Teil" stellt der Autor die von der Natur dem gegenwärtigen Zeitalter erwiesenen Wohltaten dar (Etude II) samt den in diesem Zeitalter aufgekommenen Einwänden gegen die Providenz des Urhebers der Natur (Etude III)[73]. „Ich werde, um sie [sc. die Einwände] zu destruieren, nicht wiederum metaphysische Vernunftüberlegungen aufbieten, Überlegungen solcher Art also, aus denen die Einwände gegen Gottes Providenz selbst gebildet sind – diese haben allemal noch nie irgendeinen Streit beenden können, sondern die Fakten der Natur selbst, die keine Replik mehr erlauben."[74] Das wird im einzelnen in den Etudes IV–VIII ausgeführt[75]. Etude VII[76] enthält die Antworten auf Einwände gegen die göttliche Providenz, welche „aus den Übeln genommen sind, die dem Menschengeschlecht eigen sind". Aus diesem Textzusammenhang stammen die übrigen drei Zitate Hamanns. Den Abschluß des „Ersten Teils" bilden Untersuchungen der menschlichen Vernunft, Einwände gegen ihre Methoden und die Prinzipien der Wissenschaften. „Aus der Untersuchung unserer Fähigkeiten und den Wirkungen der Natur, wird die Evidenz einer Anzahl von physikalischen Gesetzen resultieren, die konstant auf ein Ziel gerichtet sind, und die Evidenz eines Moralgesetzes, das nur dem Menschen angehört und von dem das Gefühl universell zu allen Zeiten und bei allen Völkern vorhanden gewesen ist."[77]

Die übrigen vier Teile (Teil 2–5) handeln, unter Anwendung der besagten von Saint-Pierre entwickelten Gesetze, von der Erde, den Pflanzen, den Tieren und schließlich vom Menschen[78].

Die Saint-Pierre-Zitate im Kontext:

1. Zitat:

„-en s'écartant des Systemes, on se rapproche de l'intention de ceux qui les ont inventé".

Nach Saint-Pierre haben die wissenschaftlichen Methoden der Naturerforschung einen begrenzten Wahrheits- und Nützlichkeitswert. „Alle Kreise, in denen wir die höchste Macht umschreibend fassen wollen, zeigen lediglich die Grenzen unseres eigenen Verstandes auf ... Die Natur selbst ist die Quelle all dessen, was es an Genialem, Nützlichem, Liebenswertem und Schönem gibt. Indem wir ihr mit Gewalt die Gesetze aufzwingen, die wir uns vorstellen, oder indem wir alle Operationen der Natur durch solche interpretieren, die uns

---

[72] AaO. (s. Anm. 67), Bd. 1, 42–47.
[74] Ebd., 50.
[76] Ebd., 403–566.
[78] AaO. (s. Anm. 67), Bd. 2 und 3.

[73] Ebd., 144–167.
[75] Ebd., 168–621.
[77] Ebd., 50.

bekannt sind, verdecken wir die bewundernswürdigsten Operationen, die uns gar nicht bekannt sind …

Welcher Mühen bedurfte es, um in Frankreich die Metaphysik des Aristoteles auszurotten, welche eine Art Religion geworden war! Die Philosophie des Descartes, die jene zerstörte, bestünde dort noch weiter, wenn sie ebenso wohl ausgestattet gewesen wäre. Und diejenige Newtons, mit ihren Anziehungskräf ten, ist auch nicht auf festerem Boden gegründet. Ich achte unendlich das Andenken dieser bedeutenden Männer; selbst ihre Irrtümer haben dazu gedient, um uns Hauptwege auf dem weiten Felde der Natur zu bahnen. Doch bei mehr als einer Gelegenheit werde ich ihre Prinzipien bekämpfen und vor allem die Anwendungen, die man gemeinhin davon machte – dies in der festen Überzeugung, daß *ich mich ihrer Absicht nähere, indem ich mich von ihren Systemen entferne"* [= 1. Zitat]. Ihr ganzes Leben lang haben sie danach getrachtet, den Menschen durch ihre feinen Entdeckungen zur Gottheit empor zu heben – ohne zu ahnen, daß die Gesetze, die sie in der Physik aufstellten, eines Tages dazu dienen würden, diejenigen der Moral zu zerstören"[79].

2. Zitat:
„Les Sexes se denaturent, les hommes s'effeminent et les femmes s'hommassent".

Widernatürliche Bedingungen bewirken nach Saint-Pierre eine Nivellierung der Geschlechtsunterschiede: der kirchliche Zölibat und die gegenwärtige Gesellschafts- und Wirtschaftsordnung mit Fabriken und Industrien verstellen den Frauen ihre natürlichen Lebensbedingungen. Sie müssen in ursprünglich männliche Berufe gehen, Männer übernehmen Frauenberufe. *„Auf diese Weise denaturieren die Geschlechter, Männer verweiblichen, Frauen vermännlichen"* [= 2. Zitat]. Streitereien und Unfrieden in den Familien sind die Folgen. Weiter betont Saint-Pierre, daß es nicht natürliche, unausweichliche Übel sind, die die Providenz eines Urhebers leugnen lassen könnten, sondern vom Menschen selbst verschuldete, aus einem falschen Umgang mit der Natur resultierende[80].

3. Zitat:
„L'esprit fait des chefs de secte et la bonté des dupes."

In Ländern wie Holland und Flandern werden die Kinder liebevoll und natürlich erzogen, mit entsprechendem Erfolg; in Frankreich aber ziehen es die Väter vor, ihre Kinder eher geistgebildet als herzensgut zu sehen. Denn „in einer auf sozialer Konkurrenz beruhenden Gesellschaft *schafft der esprit Sektenhäupter und die Herzensgüte Geprellte"* [= 3. Zitat]. In Frankreich haben die Väter zwar Sammlungen von Epigrammen ihrer Kinder; doch ist dabei der Geist nichts anderes als die bloße Wahrnehmung gesellschaftlicher Beziehungen. Die Kinder leben nahezu immer nur aus dem Geiste Fremder[81].

---

[79] AaO. (s. Anm. 67), Bd. 1, 44f. Der Satz, den Hamann als Zitat herausnahm, lautet dort: „ . . . si je m' écarte de leurs systèmes, je me rapproche de leur intention" (ebd., 45).
[80] Vgl. ebd., 524.
[81] Vgl. ebd., 558f.

4. Zitat:

„L'étude en nous fixant sur les pas d'un maitre, nous éloigne de la Nature, qui est la source de tous les talens – – – et de tous les Biens – ".

Saint-Pierre bezeichnet Liebe und Ehrgeiz als die beiden Hauptleidenschaften, von denen der Ehrgeiz (ambition) die dauerhafteste und schädlichste ist. Das staatliche Erziehungssystem basiert in Frankreich auf nichts als Ehrgeiz. „Es ist der rivalisierende Wettstreit [emulation], der die Talente hervortreibt, sagt man. Es wäre leicht zu zeigen, daß die berühmtesten Schriftsteller aller Gattungen niemals auf einem Kolleg unterrichtet worden sind; von Homer, der nur seine eigene Sprache kannte, bis J. J. Rousseau, der das Lateinische kaum beherrschte ... Italien ist voll von Kollegs und Akademien: findet man dort heutzutage einen wirklich berühmten Mann? Sieht man dort nicht vielmehr die Talente schwinden und verderben ...?". Einen weiteren Grund für den Verfall der Talente sieht Saint-Pierre darin, daß ausschließlich Methoden studiert werden. *„Dieses Studium aber, indem es uns an die Fersen eines Lehrers heftet, entfernt uns von der Natur, die die Quelle aller Talente ist"* [= 4. Zitat][82].

Die Unterschrift des Stammbucheintrags:

„Ego $^{\text{exilé}}_{\text{malade}}$ au Paradis de Pempelfort ce 17 8br 87"

In den Wochen vor dem Besuch der Fürstin Gallitzin in Pempelfort hatte Hamann krank gelegen. Nur langsam erholte er sich und bald konnte er seinen Lese- und Arbeitshunger nicht länger unterdrücken. Am 16. Oktober, einen Tag vor seiner Stammbucheintragung, schreibt Hamann an G. I. Lindner: „Der *Eremita peregrinans* und reconvalescens möchte gern ein Zeichen seines *Daseyns* von sich geben, wenn es seine Kräfte und Aertzte erlauben. Ich erwarte zuförderst von Ihnen veniam concionandi, nicht mehr in der Wüsten, sondern im Elysio – ."[83]

Diese Briefstelle wirft Licht auf die Unterschrift Hamanns unter seinen Stammbucheintrag. Er sieht sich als „Eremita peregrinans", krank, aber in der Hoffnung auf Genesung, in paradiesischer Umgebung[84].

Soviel zu Hamanns Stammbucheintragung vom 17. Oktober 1787 in Pempelfort.

---

[82] Vgl. ebd., 541. Hamann verändert „nature" in „Nature" und erweitert dieses Zitat um „et tous les Biens –". Letzteres ist dem Sinn nach in einem Satz enthalten, der in den Kontext des ersten Zitats gehört: „La nature est elle même la source de tout ce qu'il y a d'ingénieux, d'utile, d'aimable et de beau." (ebd., 44)

[83] ZH VII, 310,34–37.

[84] Die Bezeichnung „Elysium" für Pempelfort verwendete Hamann in mehreren Briefen, die er von dort schrieb: ZH VII, 276,17; 283,2; 287,15; 302,17; 309,13. – Auch Goethe nennt in „Campagne in Frankreich" Jacobis Haus in Pempelfort „ein Paradies": GOETHES Werke, Sophienausgabe, I. Abt., 33. Bd., Weimar 1898, 199,14f.

Mit der Zeit muß Hamann die Fülle der Wohltaten in Jacobis Haus als bedrückend empfunden haben. Jedenfalls hat er sich, als seine Rückkehr nach Münster verabredungsgemäß fällig war, „polnisch verabschiedet"[85], d. h. er ist ohne Abschied weggefahren, hat Jacobi erst von Münster aus gedankt und ihn zugleich in Bucholtz' Namen zu einem Gegenbesuch in Münster eingeladen[86].

Die Begegnung in Münster

Anfang November 1787 kam Hamann nach Münster zurück und blieb dort bis Anfang Dezember. In dieser Zeit wurde er mit dem Kreis von Münster näher bekannt. Er wohnte in Bucholtzens Stadthaus am Alten Fischmarkt; dort und bei der Fürstin in der Grünen Gasse oder in Angelmodde kam man zusammen.

In diesen Wochen begann auch die Freundschaft zwischen Hamann und der Fürstin.

Entscheidend dafür war anscheinend ein Besuch, den Hamann am 30. November 1787 gemeinsam mit dem Ehepaar Bucholtz in Angelmodde machte, einem kleinen Dorf etwa sechs Kilometer östlich von Münster, wo die Fürstin in einem gemieteten Bauernhaus die Sommermonate, manchmal auch noch längere Zeit des Jahres, zubrachte. Dieser Besuch ist im Tagebuch der Fürstin festgehalten. Sie berichtet von einem langen quälenden Streit zwischen Hamann und Bucholtz und schreibt, daß Hamann bei dieser Gelegenheit einen Satz sagte, der ihr „tief ins Herz fuhr" und den sie in ihrem Bericht wörtlich wiederzugeben versucht:

„Wenn ich einen Samen in die Erde säe, so bleib ich nicht stehen und horche und sehe zu, ob er auch wachse, sondern ich säe und gehe von dannen, weiter zu säen, und überlasse Gott das Wachsen und Gedeihen. Ich mische mich in ihre Händel nicht anderst, als wenn ich etwa in der Stille etwas zum Guten beitragen kann; glaubt man mir nicht, so kann mich das nicht bekümmern; was geht das mich an?"[87]

Unmittelbar nach der Angelmodder Begegnung bat die Fürstin Hamann in einem Brief, der nicht erhalten ist, diese ihr so wichtigen Sätze näher zu erläutern. Hamann, der sich inzwischen allein auf das Bucholtzsche Wasserschloß Welbergen zurückgezogen hatte, antwortete der Fürstin in einem Brief vom 11. Dezember 1787.

„So wenig ich auch im stande bin, Gnädige Fürstin, den in Angelmodde

---

[85] So heißt es im Brief Hamanns vom 2. 11. 1787 an Bucholtz (ZH VII, 316,9).
[86] Im Brief vom 17. 11. 1787 an Jacobi. Vgl. dort ZH VII, 334,29–335,9; 338,34–37.
[87] Vgl. Briefwechsel und Tagebücher der Fürstin Amalie von Gallitzin, hg. v. C. B. Schlüter, Neue Folge, Münster 1876, 268 f. Das Zitat findet sich aaO., 268. Auch Hamann berichtet von diesem Besuch; vgl. ZH VII, 361,19–370,17 (an Jacobi am 2. 12. 1787).

gehabten Genuß weder mündlich noch schriftlich zu erkennen, und so sehr ich
mich auch genöthigt fühle, wegen meiner Unvermögenheit und Schwäche mich
alles Umganges annoch zu entäußern bis zu beßerer Erholung meiner erschöpf-
ten Kräfte, die ich mehr wünsche als hoffe: so halte ich es doch für eine Art von
Gewißenspflicht einen verlornen Einfall, den Ew. Durchlauchten einer zu
günstigen Aufmerksamkeit gewürdigt haben, und zu einem Grundsatze aufzunehmen geruhen, näher zu bestimmen[.]

,Ein Ackermann muß freylich auf die köstliche Frucht der Erde warten, und
so lange gedultig seyn, bis er den Morgen- und Abendregen empfahe', wie es in
der Epistel Jac. V,7. ausdrücklich geschrieben steht. Dies versteht sich aber nur
unter zwey vorausgesetzten Bedingungen: nemlich wenn er

1.) sein Feld nach den *verschiedenen Eigenschaften* des *Bodens* gehörig zuberei-
    tet, und
2.) demselben *guten* und *reinen* Saamen anvertrauet hat. Matth. XIII.24.

Gleichwohl scheint derselbe Apostel gegen das Ende seiner Epistel anzudeu-
ten, daß die physischen Erscheinungen mit den moralischen Begebenheiten
dieser Welt in weit näherer Verbindung und Beziehung stehen, als es unserer
heutigen Philosophie kaum möglich seyn wird einzusehen und zu glauben,
indem er eine Theurung von 3¼ Jahren dem ernsten Gebete zuschreibt, das dem
Feuereifer eines Propheten entfuhr, der in einer durch sein Wort veranlaßten
Hungersnoth, sich nur der armen Wittwe zu Sarepta annahm.

Diesem zwar sonderbaren und außerordentl. Beyspiel zu folge, glaube ich,
daß alle *Grundsätze* der Oeconomie rurale, dieser Mutter aller Künste u Wißen-
schaften, nebst jeder menschl. u irrdischen Arithmetique politique höheren
Maasregeln unterworfen, aller Vernunft und Erfahrung unerforschlich und
unauflöslich sind. Eine willige Ergebung in den Gottlichen Willen der Vorsehung, und eine muthige Verleugnung unserer eigensinnigsten Schoosneigungen
bleibt also wohl das kräftigste Universalmittel gegen jeden Wechsellauf der
Dinge und menschl. Urtheile, sie mögen für oder wider uns scheinen. Ohne
sich also auf *Grundsätze* zu verlaßen, die mehrentheils von Vorurtheilen des
Zeitalters abgezogen sind, noch selbige ohne Prüfung zu verschmähen, weil sie
zu den Elementen der gegenwärtigen Welt und unsrem Zusammenhange mit
derselben gehören ist wohl der unerschütterlichste Grund einer sichern Ruhe:
[am Rande:] 1 Petri. V.6 alle unsere Sorgen auf Den zu werfen, der uns zugesagt
hat, daß Er für uns sorgen, weder uns noch die unsrigen verlaßen ⟨noch⟩ und
versäumen [am Rande:] Matth. XXVIII.20 den Geist und Einfluß Seiner
Gegenwart uns gönnen wird – alle Tage bis an der Welt Ende. [am Rande:] 1
Petr. II.2 Wir haben an der logischen lautern Milch des Evangelii ein festes
prophetisches Wort, [am Rande:] 2 Petr.I. 19. deßen Leuchte die Dunkelheit
unsers Schicksals vertreibt bis der Tag anbrechen und der Morgenstern aufgehn
wird. Wir haben einen Versöhner und Fürsprecher, der uns erlöst hat von dem
eiteln Wandel nach väterl. Weise, und deßen Blut beßere Dinge redt als des
ersten Märtyrers und Heiligen – Ihm trauen Sie, daß Er jedes *Werk des Glaubens,*
jede *Arbeit der Liebe* und die *Gedult* unserer *Hoffnung* [am Rande:] 2 Thess.I.3.
ans Licht bringen treu und reichlich vergelten wird.

Hierinn besteht das Alpha und Omega meiner ganzen Psilosophie[88], an der ich

---

[88] HENKEL (ZH VII, 377,24) und SUDHOF (Kreis von Münster, I, 1,388,55) lesen gegen

täglich zu meinem Troste und Zeitvertreibe saugen und kauen muß. Mehr weiß ich nicht, und verlange auch nichts mehr zu wißen. Trotz meiner unersättl. Lüsternheit und Neugierde finde ich nirgends – als in diesem Einzigen das wahre göttliche *All* und *Ganze* für Jedermann, ohne Ansehn der Person und des Geschlechts."[89]

In Hamanns Antwortbrief liegt durchaus ein kritischer Zug. Er richtet sich gegen die Art und Weise, in der die Fürstin seine Worte zu verarbeiten gedachte. Hamann hält es für eine „Art von Gewißenspflicht einen verlornen Einfall, den Ew. Durchlauchten einer zu [!] günstigen Aufmerksamkeit gewürdigt haben, und zu einem Grundsatze aufzunehmen geruhen, näher zu bestimmen"[90].

In der Tat hatte die Fürstin in ihrer Tagebuchaufzeichnung Hamanns Äußerung aus dem Angelmodder Gespräch als einen „Grundsatz" reflektiert:

„Ich fühlte mich in meinem Innersten durch Hamann's erhabenen Grundsatz gerührt und getroffen, als wenn ein helles Licht in meine Seele käme und erleuchtete mit einmal meine schon längst gefühlte dunkle Ahndung. Ich las nun diese Ahndung in deutlichen Worten: ‚Unglauben ist es im Grunde, versteckter Unglaube und Genußsucht, was deine viele eigene Anstalten und Sorgen [herbeiführt], um den Samen, den du säest, zu behorchen und wachsen zu sehen!' Ich war froh, diese Worte deutlich in mir zu hören, obschon ich nicht das vermessene Zutrauen zu mir hatte, mir *vorzunehmen*, dem hohen Winke zu folgen; aber eine heimliche süße Hoffnung belebte meine Seele bei der lebendigen Erinnerung, wie Gott so väterlich bisher meiner Schwäche geschont und mir immer nur so viel Licht aufgesteckt habe, als ich ertragen und in demüthiger Mitwirkung zu befolgen fähig war; ich dankte also fröhlich."[91]

In der feuchten Wasserburg Welbergen wurde Hamann – wie von den anderen vorausgesagt – sehr krank; neue Leiden kamen zu den alten hinzu. Aber er blieb, nur einige Male von Bucholtz und dessen Frau oder der Fürstin besucht.

Im Februar 1788 erholte Hamann sich etwas, und zu Ostern fuhr er wieder nach Münster.

Von März an also ist er wieder in Münster, in stetem Umgang besonders mit der Fürstin, für die er nun vollends zum väterlichen Freund und geistlichen Berater wird. Bucholtz tritt etwas zurück. Oft hält Hamann sich im Hause der Fürstin auf, von deren Schreibtisch er

---

die – von uns geprüfte – Kopie des Originals „Philosophie". Zu Hamanns Gebrauch des Wortes „Psilosophie" s. unten Abschnitt IV. 5. d.

[89] ZH VII, 376f. (= Kreis von Münster I, 1, S. 387f.).

[90] ZH VII, 376,15–17 (= Kreis von Münster I, 1, 387, 12.15).

[91] AaO. (s. Anm. 87), 268f.

mehrere Briefe datiert[92]. Die beiden führen bewegende geistliche Gespräche miteinander[93].

Bucholtz schrieb später an seinen Freund Clemens August Schücking: Hamann „ist mit mir nach seiner und meiner absicht während seines aufenthalts zu Münster eigentlich so zu sagen nicht voran gekommen; die fürstin aber in der letzten zeit mit ihm viel"[94].

Ein halbes Jahr ist vergangen, seit Hamann in Pempelfort am 17. Oktober 1787 die Zitate aus Saint-Pierre ins Stammbuch der Marianne von Gallitzin geschrieben hatte. Die Beziehung Hamanns zur Familie Gallitzin, insbesondere zur Fürstin, hat sich vertieft. Zugleich aber hat sich, wie ein Brief vom 4. Mai 1788 an Johann Gotthilf Steudel ausweist, Hamanns Einschätzung der philosophischen und theologischen Qualitäten Saint-Pierres verändert; er beurteilt sie jetzt kurz als „einfältig"[95].

Hamann machte sich nun daran, zu seinem Stammbucheintrag vom 17. Oktober 1787 ein Postskript zu verfassen. Er kopierte aus dem Stammbuch seinen Stammbucheintrag (5–10) samt dem Eintrag der La Roche (1–4) auf ein besonderes Blatt. Diese beiden früheren Einträge vor Augen, entwarf er, zweimal ansetzend, die Nachschrift. Der zweite Entwurf erfuhr noch einige weitere Veränderungen und wandelte sich so zu dem Text, den Hamann am 17. 5. 1788 ins Stammbuch der Prinzessin eintrug.

Am 18. Mai, einen Tag darauf, schrieb Hamann an Jacobi, dem von Pempelfort her der erste Stammbucheintrag Hamanns inhaltlich gegenwärtig sein mußte: „Ich habe ein P.S. aus der *Vulgata* zu den vier Motti im Stambuch der Prinzeßin zusammen geflickt, das ich selbst nicht verstehe und daher auch nicht auszulegen im stande bin. Ich wills Dir abschreiben. Es macht und vertreibt die Kopfschmerzen, wie der heil. Matthias das Eis giebt und bricht, nimmt oder bringt."[96] Sodann folgt die angekündigte Abschrift. Nach seiner Abschrift bemerkt Hamann: „Fehlte noch des Sancho Pancha Sprichwort und 1 Cor [IV] 9.10[97]. Doch was fehlt nicht alles auf der Welt. Ergo abeat cum ceteris erroribus! *Arger* hab ich es nicht machen können um die vier[98] französische

---

[92] Vgl. ZH VII, 495, 18 f. (an Elisabeth Regina Hamann am 30. 5. 1788); ebd., 497,1–4 (an Jacobi am 31. 5. 1788).

[93] Diese Gespräche spiegeln sich in einem Brief der Fürstin vom 18. April 1788 an Fürstenberg, abgedruckt in: Kreis von Münster I, 1, 420 f. Vgl. dazu SUDHOF, Von der Aufklärung zur Romantik, 203 f.

[94] Brief vom 23. Juli 1788 (etwa einen Monat nach Hamanns Tod), in: Der Kreis von Münster I, 1,430.

[95] Vgl. ZH VII, 459,12–14.

[96] ZH VII, 482,2–6.

[97] Vgl. zu dieser Konjektur unten bei Anm. 483.

[98] HENKEL (ZH VII, 482,31) liest „neue".

Schnitzer aus den Etudes de la Nature *gut* zu machen. Vale et fave Democrito et Heraclito Tuo."[99]

„Hamann war krank; es trieb ihn nach Hause. Er wollte noch einmal nach Düsseldorf zu Jacobi, von dort nach Weimar zu Herder und Goethe und dann zurück nach Königsberg. Die Ärzte warnten vor der Reise, er setzte sich durch. Bucholtz fuhr schon voraus, er wollte folgen."[100]

Zur Heimreise aber kam es nicht mehr. Hamann starb am 21. Juni 1788 im Hause von Franz Kaspar Bucholtz in Münster.

Am Abend des 21. Juni brachten Fürstenberg und Overberg den Leichnam Hamanns vom Alten Fischmarkt zur Grünen Gasse. Dort im Garten der Fürstin wurde Hamann bestattet.

„Ein paar Tage später kam Hemsterhuis zu Besuch, in diesem Augenblick natürlich ungelegen. Trotzdem ließ die Fürstin Hamanns Grabmal von ihm entwerfen. Er machte es auf seine klassizistische Art: zwei Blöcke, darauf eine Urne mit Trauergehängen. Brieflich fragte er an, ob man wohl ‚philosopho theologo' daraufsetzen wolle; Jacobi schlug dagegen vor: ‚viro christiano', und so geschah es. Auf die andere Seite setzte man den Spruch 1.Kor.1, 23 und 25, das Vermächtnis Hamanns an die Fürstin."[101]

Nach Hamanns Tod wurden mit Wissen seines Sohnes Johann Michael der Stammbucheintrag Hamanns vom 17. Oktober 1787 und seine am 17. Mai 1788 gefertigte Nachschrift aus dem Stammbuch der Prinzessin herausgeschnitten. Es war die Fürstin, der diese beiden Blätter soviel bedeuteten, daß sie sie herausnahm, um sie für sich zu haben. Dadurch wurde zugleich der Stammbucheintrag Johann Michaels teilweise herausgetrennt. Um diesen Schaden wieder gutzumachen, kopierte Johann Michael seinen am 15. April vervollständigten Stammbucheintrag auf der darauf folgenden Seite[102]. Er tat dies am 1. Juli 1788, gut eine Woche nach dem Tod seines Vaters.

---

[99] ZH VII, 482,29–32. Am 17. Mai 1788 arbeitete Hamann auch an Erläuterungen, die die Fürstin sich zu einigen Stellen der „Sokratischen Denkwürdigkeiten" ausgebeten hatte (vgl. ZH VII, 480,24–30). Auszüge dieser unvollendeten Arbeit präsentiert NADLER im Apparat zu seiner Edition: N II, 394.

[100] GRÜNDER, aaO. (s. Anm. 45), 278.

[101] Ebd., 279. GRÜNDER gibt (ebd., 278f.) eine ausführliche Schilderung von Hamanns Tod. Vgl. auch die Darstellungen HENKELS in seiner Einleitung zu ZH VII (XVII–XIX); ferner SUDHOF, Von der Aufklärung zur Romantik, 205. Johann Michael Hamann berichtet in einem Brief vom 1. Juli 1788 an Reichardt vom Tode seines Vaters. Der Brief ist abgedruckt in: Neue Hamanniana. Briefe und andere Dokumente, erstmals hg. v. H. Weber, München 1905, 168–170. Zu der Bedeutung, die der Spruch 1Kor 1,23.25 für die Fürstin hatte, vgl. unten Anm. 204 (im Kontext).

[102] S. unten S. 42.

b) Form, Absicht und Wirkung des Textes

Von Hamann lernte die Fürstin einen Lebensstil, der sich von dem ihrer
Münsteraner Freunde in befreiender Weise unterschied. Der Kreis von
Münster, in dessen Zentrum zu dieser Zeit die Fürstin Gallitzin stand,
war getrieben von einem unablässigen Ringen um Selbstformung, vom
Streben nach Vervollkommnung der eigenen Person. Das Ideal geistig-
geistlicher Glückseligkeit blieb an die Reinheit des Gewissens gebunden,
das sich immerfort selbst überprüfen mußte in nie endender, stets
weiterbohrender Reflexion.

Nach Hamanns Tod schrieb die Fürstin in ihr Tagebuch:

> „Indessen ist mir doch etwas wichtiges von Hamanns Geist und Lehren in der
> Seele geblieben, die Überzeugung, die ich das letzte Mal, da ich ihn in meinem
> Hause sah, etwa den 10. oder 11. Juni, erlangte, nämlich, daß das Streben nach
> einem guten Gewissen … ein sehr gefährlicher Sauerteig in mir wäre, und die
> Hauptsache des Glaubens das Dulden meiner Nichtigkeit und das völlige
> Zutrauen in Gottes Barmherzigkeit sein müßte. Ich fühlte es in diesen Tagen
> lebhaft, aber erst nach einem langen Kampf gegen Hamann, daß das Wohlgefal-
> len an dem bittern Unwillen über meine eigene Unvollkommenheit und Schwä-
> che, der versteckteste und gefährlichste Schlupfwinkel meines Stolzes wäre …"

Ein Jahr danach:

> „Alle übrigen Freunde … hatten bisher meinen starken Vervollkommnungs-
> trieb als das liebenswürdigste, ja als etwas bewunderungswürdig Schönes an mir
> betrachtet. Weit entfernt also, selbst darin etwas Böses zu sehen, war dieses
> beständige Gefühl ein Ruhekissen in drohender Mutlosigkeit. Hamann aber sah
> darin Stolz und sagte es mir. Die Haut riß er mir mit dieser Erklärung von den
> Knochen."[103]

In diesen von der Fürstin so eindrücklich erzählten Kommunikationszusammenhang mit Hamann hinein gehört das Letzte Blatt.

Es seien noch einmal die Sätze aus dem Brief vom 18. Mai 1788 an
Jacobi zitiert, in denen Hamann von seiner Nachschrift im Stammbuch
der Prinzessin Gallitzin Mitteilung macht. Implizit gibt Hamann hier
eine Charakterisierung dieses Textes und Hinweise auf die Absicht, die
er mit ihm verfolgt.

> „Ich habe ein P. S. aus der *Vulgata* zu den vier Motti im Stambuch der
> Prinzeßin zusammen geflickt, das ich selbst nicht verstehe und daher
> auch nicht auszulegen im stande bin. Ich wills Dir abschreiben. Es
> macht und vertreibt die Kopfschmerzen wie der heil. Matthias das Eis
> giebt und bricht, nimmt oder bringt."[104]

---

[103] Zitiert nach GRÜNDER, aaO. (s. Anm. 45), 284 f.

[104] ZH VII, 482,2–6. Hamann spielt mit folgendem Sprichwort: „Matthees bricht Ees,
Hat er kees, macht er Ees", in: Preußische Sprichwörter und volkstümliche Redensarten,

Daraus ist im Blick auf die Interpretation des Letzten Blattes folgendes festzuhalten:

1. Es handelt sich um die Klein- und Gebrauchsform eines Stammbucheintrags.
2. Der Stammbucheintrag ist „zusammen geflickt", d. h. ein Cento[105].
3. Dem Leser ist zugemutet, daß er den Text verstehe bzw. daß er den ersten Stammbucheintrag, die „vier Motti" aus den „Etudes de la Nature", zu denen das Geschriebene ein „P.S." bildet, nicht mißverstehe. Daß der Autor von dem Cento sagt, ihn selbst nicht zu verstehen, soll eine vorschnelle Identifikation mit dem Autor verhindern und den Leser selbst zum Verstehen und Auslegen reizen.
4. Eng mit dieser Bemerkung verbunden ist die Rede von der beabsichtigten Wirkung des centonischen Stammbucheintrags: Er „macht und vertreibt die Kopfschmerzen", wie Hamann im Zusammenhang einer Bezugnahme auf eine Bauernregel vom heiligen Matthias formuliert. Der springende Punkt in diesem Wetterspruch ist die Erwartung eines Umschlags, einer Wende, einer Änderung. Der Leser wird nicht bleiben, wie er ist. Doch die Richtung der Änderung ist nicht festgelegt: Dem Skrupulösen kann der Eintrag Mut machen, die Skrupellosen aber erschüttern.

Hamann formuliert allgemein, jedoch ist im Blick auf den Leser, nämlich die Fürstin, etwas ganz Bestimmtes gemeint. Sie soll des Evangeliums, der Barmherzigkeit Gottes, gewiß werden. Zugleich und in eins damit soll sie in jeglichem Perfektionsstreben erschüttert werden.

Das Letzte Blatt Hamanns verdankt seine Entstehung also dem konkreten Anlaß einer freundschaftlichen Begegnung und seelsorgerlichen Beziehung. Von daher trägt dieses Blatt durchaus den Charakter des Zufälligen.

Jedoch: nicht nur die Tatsache, daß Hamann den Text kurz vor seinem Tode verfaßt hat, sondern auch und besonders der unverwechselbar Hamannsche Gehalt und die unverwechselbar Hamannsche Gestalt, die ungeheure Intensität und Weite dieses Textes, die die

---

hg. v. H. Frischbier, 2. vermehrte Ausgabe, Berlin 1865, Nr. 2558, S. 179. Frischbier verweist auf G. E. S. HENNIG, Preußisches Wörterbuch. Im Namen der Königlichen deutschen Gesellschaft zu Königsberg, Königsberg 1785, Nr. 159.

[105] Zum Centonenstil Hamanns s. oben Kap. I; vgl. besonders E. BÜCHSEL, Untersuchungen zur Struktur von Hamanns Schriften auf dem Hintergrunde der Bibel, Diss. Göttingen 1953 (Masch.), 204–216 und S.-A. JØRGENSEN, Zu Hamanns Stil, in: Johann Georg Hamann (Wege der Forschung, Bd. 511), hg. v. R. Wild, Darmstadt 1978, (372–390) 380–386.

Interpretation (Kapitel IV) erweisen wird, qualifizieren ihn – ein unscheinbares Postskript im Stammbuch der Marianne von Gallitzin – als eins der bedeutsamsten Dokumente der Autorschaft Hamanns. Es stellt sein theologisches Vermächtnis dar und ist in diesem Sinne sein Letztes Blatt.

Die erste, die die Bedeutung dieses Blattes erkannte, war die Fürstin Amalia von Gallitzin. Sie hat in ihm Entscheidendes gelesen und konnte sich deshalb von ihm nicht trennen.

In mancher Hinsicht läßt sich das Letzte Blatt mit dem Schluß von Hamanns „Fliegendem Brief" (1786) vergleichen.

Hamann hatte mit seiner Schrift „Entkleidung und Verklärung. Ein Fliegender Brief an Niemand, den Kundbaren", die er in zwei Entwürfen vorbereitete, seine öffentliche Autorschaft abschließen wollen. Beide Entwürfe zu dieser Schrift, die dann doch nicht vollendet wurde, endeten mit einem Bekenntnis Hamanns zum christlichen Glauben und mit der Enthüllung des Geheimnisses seiner Autorschaft[106].

Das Letzte Blatt (1788) unterscheidet sich vom „Fliegenden Brief" darin, daß es sich nicht an das Publikum, die Öffentlichkeit richtet, sondern einen Leser oder einen kleinen Leserkreis im Auge hat, der genau namhaft zu machen ist. Der „Fliegende Brief" trägt Werkcharakter, das Letzte Blatt steht der Gattung des Briefes näher.

Die Gemeinsamkeit des Letzten Blattes mit den Schlußpassagen des „Fliegenden Briefes" aber liegt zum einen in dem Bekenntnischarakter der Texte, zum andern, damit zusammenhängend, darin, daß Hamann auch im letzten Abschnitt des Letzten Blattes das Geheimnis seines „Selbstverständnisses" preisgibt – in einer Reihe zweigliedriger Selbstbezeichnungen.

---

[106] Vgl. auch unten am Ende von Abschnitt IV.2. Zur komplizierten Geschichte dieser Hamannschrift siehe die subtilen Untersuchungen von WILD, aaO. (s. Anm. 39), 53–80. Die Beziehungen des Letzten Blattes zum „Fliegenden Brief" erörtert WILD, ebd., 226f. Wild hat besonders darin recht, daß – wie schon KOEPP, aaO. (s. Anm. 34), klarzustellen begonnen hatte – das Letzte Blatt nicht jene Beziehung zu Hamanns „Fliegendem Brief" aufweist, die seinerzeit NADLER konstruierte. Für Nadler war das Letzte Blatt „die Unterschrift und Namensfertigung unter seinen fliegenden Brief von der ‚Entkleidung und Verklärung'. . . Diese Unterschrift gehört als Lösung des letzten Siegels unter seinen ‚Fliegenden Brief' von der Genesis der Welt aus dem ersten und von ihrem Verstummen in der Parusia des letzten Wortes" (aaO. [s. Anm. 26], 446,448). Vgl. DENS. im Apparat zu seiner Edition: Das Letzte Blatt sei „die Schlußfertigung durch Namen und Unterschrift" zum „Fliegenden Brief" (N III, 416).

c) Text und Kontext

Ein Versuch, Hamanns Letztes Blatt zu verstehen, wird mit einem
besonderen Augenmerk auf die Geschichte dieses Textes und auf die
ihm vorgegebenen Bezugstexte verbunden sein.

Bereits die Stammbucheintragung Hamanns vom 17. Oktober 1787
in Pempelfort hatte ihren Bezugstext in der Stammbucheintragung der
Sophie la Roche. Dies geht schon äußerlich daraus hervor, daß Hamann
sich beide Texte zusammen auf ein Blatt kopiert hat, um sie für sein
Postskript vor Augen zu haben. Der inhaltliche Bezug zwischen den
beiden Eintragungen ergibt sich daraus, daß im Wortlaut der Saint-
Pierre-Zitate die Zentralbegriffe aus dem vorstehenden Text der Sophie
la Roche aufgenommen und in einen neuen Zusammenhang gestellt
worden sind. Die „wahren Kenntniße" in denen Sophie la Roche
menschliches Glück erblickt (2), und die „Güte des Herzens" (2f), die sie
der Prinzessin zur Bewahrung anempfiehlt, erscheinen mit „esprit" und
„bonté", den Zentralbegriffen des dritten Saint-Pierre-Zitats (7), in
neuem Kontext wieder. Der Inhalt des La-Roche-Eintrags wird ferner
umgriffen von einer Rede über die Natur, „qui est la source de tous les
talens – – – et de tous les Biens –" (8 – 10). Hamanns Anknüpfung an den
Eintrag der La Roche trägt durchaus einen leisen metakritischen Zug.
Das Geschriebene und Gelesene rückt in einen neuen Horizont und
bringt auf diese Weise den Leser aus seiner festen Position heraus in
Bewegung[107]. Gleichwohl ist festzuhalten, daß Hamann hier behutsam
vorgeht, indem er als Christ den Modeautor Saint-Pierre zitiert und in
dessen Rede von der „Natur" etwas sucht, was die „wahren Kenntnisse"
und die „Güte des Herzens" näher bestimmt.

Dieser Stammbucheintrag wiederum erweist sich eindeutig als
Bezugstext des Letzten Blattes. Dieses stellt ein „P.S." zu jenem dar.
Daß es sich nicht lediglich um ein formales P.S. handelt, um einen
reinen Zusatz oder eine bloße Korrektur etwa, geht aus Hamanns
eigenem Kommentar hervor: „*Arger* hab ich es nicht machen können
um die vier französische[n] Schnitzer aus den Etudes de la nature *gut* zu
machen."[108] Hamann selbst beschreibt damit die Autorhandlung seiner
Nachschrift als ein metakritisches Verfahren. Mit ihm wird etwas auf
„arge" Weise „gut" gemacht. Traditionen werden nicht bestritten,
vernichtet oder ausgestrichen; sie werden durchdrungen, gebrochen
und verwandelt – und mit ihnen Leser und Autor.

Bereits beim ersten Lesen des Letzten Blattes fallen einige Begriffe
und damit einige Themen in die Augen, an denen die inhaltliche

---

[107] Zu Hamanns metakritischem Verfahren vgl. Abschnitt IV. 5. e.
[108] ZH VII, 482, 31f.; vgl. Anm. 98.

Verbindung zu den „vier Motti" und zu dem noch früheren Bezugstext, dem Eintrag der Sophie la Roche, hängt:

1. Das „Glück wahrer Kenntniße" und „die Güte des Herzens" (2 f.), aufgenommen im dritten Saint-Pierre-Zitat „L'esprit fait des chefs de secte et la bonté des dupes", rücken im Letzten Blatt in einen christologischen Zusammenhang: „Ip[s]e *didicit* ex iis quae *passus* est Ebr. V.8. παϑηματα, vera μαϑηματα et *Magna Moralia*" (H 21 f.).

2. Die im ersten Motto (5) repräsentierte Systemkritik Saint-Pierres bietet den Anknüpfungspunkt für die System- und Metaphysikkritik im Letzten Blatt.

3. Die im zweiten Motto „Les Sexes se denaturent, les hommes s'effeminent et les femmes s'homassent" konzentrierte Kulturkritik Saint-Pierres erscheint im Letzten Blatt theologisch-eschatologisch überboten durch: „non est masculus neque femina. OMNES – UNUS Gal. III.28" (H 15 f.).

4. Der im dritten Motto "L'esprit fait des chefs de secte et la bonté des dupes" sich aussprechende kulturkritische Vorwurf der Fraktionierung und Partikularisierung wird wiederum eschatologisch neu beleuchtet, wenn Hamann im Letzten Blatt 1 Kor 13, 8.10 in Anspruch nimmt: „evacuabitur quod ex parte est" (H 14).

Die mit Hamanns Letztem Blatt sich bekundende Autorhandlung erweist sich als außerordentlich komplex[109]. Es spiegelt sich in ihrer

---

[109] Die Strukturanalyse des Letzten Blattes, die Koepp im Jahre 1954, noch vor Erscheinen des fünften Bandes der Nadlerschen Hamannausgabe und damit ohne Kenntnis (s. unten bei Anm. 128) von Hamanns Stammbucheintragung vom 17. 10. 1787 (Saint-Pierre-Zitate) versuchte, ist überholt. Koepp schrieb: „Nach dem Brief [Hamanns vom 18. 5. 1787] an Jakobi (neue Lesung [gegenüber Gildemeister]) will Hamann im Letzten Blatt 4 Devisen, die er der Fürstin Galitzin ins Stammbuch geschrieben hatte, näher auslegen. Er tut es, indem er ihnen 4 ‚Course aus der H. Schrift und den Etudes de la Nature' [Fehllesung von Koepp; vgl. ZH VII 482,31 und das entsprechende Faksimile] voransetzt. Schön treten die Devisen hervor: „Den Juden Ärgernis, den Griechen Torheit! [vgl. H 11] Alle-Einer! [vgl. H 16] Leiden wahre Wissenschaften . . . und große Moral . . . ! [vgl. H 21 f.] Der Samenrednerphilologe! [vgl. H 24]": KOEPP, aaO. (s. Anm. 34), 313. SEILS, aaO. (s. Anm. 35), 183 f., der mittlerweile über den fünften Band der Nadlerschen Hamannausgabe den Wortlaut der Saint-Pierre-Zitate (N V, 370,1-8) in Erfahrung gebracht und als Hamanns Pempelforter Stammbucheintragung identifiziert hatte, mußte Koepp widersprechen. – Seils selbst wollte das Letzte Blatt als ganzes auf die ganze Zitatenzusammenstellung folgen lassen und bezeichnete letztere als die „Grundlage" des Letzten Blattes (SEILS, ebd., 183). „Den Mittelbegriff zwischen Grund-Niederschrift und Letztem Blatt bildet hier die Beziehung zwischen Saint-Pierres Aussage „Les Sexes se denaturent" [vgl. 6] und der biblischen „non est masculus neque femina" [vgl. H 15 f.]. Beide zielen auf das eschatologische ‚OMNES-UNUS' in jenem, ‚qui dixit: Ego sum A et Ω' [vgl. H 12 f.]. Dann aber scheinen sich Letztes Blatt und Grund-Niederschrift inhaltlich voneinander zu entfernen" (SEILS, ebd., 184). Eine weitere Entsprechung zwischen

Geschichte die Geschichte der Freundschaft Hamanns mit der Fürstin, die zusammen mit ihrer Tochter die erste Leserin des Letzten Blattes war. Aus einer dem Geist der Zeit entsprechenden Bekanntschaft, die für die Begegnung Hamanns mit der Fürstin im Oktober 1787 im Hause Jacobis anzunehmen ist und zu der Hamanns erster Stammbucheintrag gehört, wurde eine geistliche Freundschaft, die ein „P.S. aus der Vulgata zu den 4 Motti im Stambuch der Prinzeßin zusammen geflickt"[110] vertrug und forderte.

Die Fürstin selbst hat das von Hamann Geschriebene in diesem Zusammenhang verstanden. Sie wollte *beide* Stammbucheintragungen Hamanns bei sich haben und *zusammen* lesen. Den Eintrag der Sophie la Roche allerdings erkannte sie nicht als Text, auf den Hamann sich bezogen hatte; ihn ließ sie im Stammbuch stehen, die anderen beiden schnitt sie heraus.

2. Historisch-kritische Einzelrekonstruktion

Die bisherige Darstellung soll nun unter Aufnahme und Weiterführung der Forschungen Nadlers, Koepps und Seils' begründet werden.

Für die Geschichte der Erforschung des Letzten Blattes haben folgende Texte eine zentrale Rolle gespielt:

1. Ein Einzelblatt, das Nadler – verwirrenderweise nur in einem Teilausschnitt[111] – in seiner Edition unter die von ihm so genannten „Späten Studienhefte"[112] Hamanns subsumierte.

Dieses Einzelblatt[113] stammt aus dem Königsberger Hamann-Nachlaß, zu dem unter anderen die Sammlungen des ersten Hamann-Herausgebers Friedrich Roth – seine Ausgabe erschien 1821–1825 – gehören. Roths Hamanniana waren in vier Kästen aufbewahrt, deren Inhalt von Arthur Warda (1871–1929) um die Jahrhundertwende geordnet und auf entsprechenden Bogenumschlägen im einzelnen verzeichnet worden

---

„Grund-Niederschrift" und Letztem Blatt sah Seils aufgrund einer Fehllesung mit dem Nadlertext (N V 370,8; vgl. Textedition Z. 10f.) in den jeweiligen Unterschriften: dem „malade puristes" in der „Grundlage" (N V, 370,8) und den Selbstbezeichnungen im letzten Abschnitt des Letzten Blattes (SEILS, ebd., 183). Seils sah also das Beziehungsgeflecht der einzelnen Texte anders als wir und konnte von daher für den Text „b" den Ausdruck „Grundlage" zu Hamanns Letztem Blatt verwenden. Den Text „a" (Stammbucheintrag der Sophie la Roche, N V, 369,35–37) erkannte er nicht als Bezugstext.

[110] ZH VII, 482, 2f.
[111] N V, 369,34–370,8.
[112] N V, 311–372.
[113] Vgl. das Faksimile dieses Blattes in der Beilage.

war[114]. Für den Umgang mit diesem Nachlaßmaterial wählte Nadler folgende Bezeichnungen:

R = Roths Hamanniana
I = Nummer des Kastens
1 = Nummer des Nachlaßbündels.

Die Bezeichnung R.II.8, die Nadler für das besagte Einzelblatt wählte, gibt die von Arthur Warda diesem Blatt zugewiesene Ordnungsstelle in Roths Hamanniana wieder. Der auf dem Blatt selbst erscheinende Stempelaufdruck „Roth" stammt von Warda[115].

Wie die folgende Darstellung zeigen wird, hat Nadler durch die Art seines editorischen Umgangs mit eben diesem Blatt große Verwirrung gestiftet. Es sei hier von vornherein festgehalten, daß dieses Blatt (als Einzelblatt kein Bestandteil von „Studienheften"!) unauflöslich zusammengehörende, weil einander sachlich zugeordnete[116] Textelemente enthält.

Für die Einzeltexte des Blattes R.II.8 verwenden wir in unserer Textedition folgende Siglen:

„a" = Ed. 1— 4, entspricht N V, 369,35—37.
„b" = Ed. 5—10, entspricht N V, 370,1—8.
„c" = Ed. 11—32, entspricht N III, 410.
„d" = Ed. 34—48, entspricht N IV, 462.

2. Ein Brief Hamanns vom 18. Mai 1788 an Jacobi, erstmals ediert in: Johann Georg Hamann's, des Magus im Norden, Leben und Schriften, hg. v. C.H. Gildemeister, Bd. 5, Hamann's Briefwechsel mit Friedrich Heinrich Jacobi, Gotha, 1868, 659—663. Für den Problemzusammenhang des Letzten Blattes wichtig sind besonders die Seiten 662f (= ZH VII, 480,23—482,33, bes. 482,2—33). Der Schluß dieses Briefes enthält eine Abschrift des Textes von Hamanns Letztem Blatt (ZH VII, 482, 7—28; dieser Text wird von uns mit A (= Abschrift) bezeichnet[117].

In dem im Jahre 1951 erschienenen dritten Band seiner Hamann-Ausgabe veröffentlichte Nadler einen Text, den er „Das letzte Blatt"

---

[114] Zur Geschichte des Königsberger Nachlasses vgl. J. NADLER, Die Hamannausgabe. Vermächtnis-Bemühungen-Vollzug [= Schriften der Königsberger Gelehrten Gesellschaft, Geisteswissenschaftliche Klasse, 7. Jahrgang, Heft 6,271—509], Halle 1930. Zitiert nach: Faksimiledruck nach der Ausgabe von 1930 mit der Findliste zu Josef Nadlers Hamann-Nachlaß in der Universitätsbibliothek Münster/Westfalen von S. KINDER und einem Vorwort von B. GAJEK, Bern-Frankfurt-Las Vegas 1978.

[115] Vgl. NADLER (s. Anm. 114), 153. Die Findliste, die Sabine Kinder von den Fotokopien des verlorenen Königsberger Nachlasses aus dem Vorbesitz von Josef Nadler anfertigte, vermerkt das Letzte Blatt als Einzelblatt; vgl. aaO., 17*.

[116] Vgl. dazu das Ende von Abschnitt II. 1. b.

[117] Vgl. das Faksimile der Blätter, die den Briefschluß enthalten, unten S. 62.

nannte[118]. Dazu merkte er an: „Folioblatt. Staats- und Universitätsbibliothek Königsberg R.II.8. Erste Fassung"[119]. In dem 1952 erschienenen vierten Band folgte sodann ein Text, der überschrieben war „Das letzte Blatt. 1788"[120]. Im Apparat schrieb Nadler unter der Überschrift „Das letzte Blatt": „Hier die zweite Fassung. Vgl. Sämtliche Werke 3, 410. Und hier der Apparat zu beiden Fassungen, weil es verlockend war, beide an den beiden Punkten hörbar zu machen, wo Hamann am Ziel seiner Rennbahn erscheint, und weil sie nun beide vorliegen. Das Folioblatt, auf dem beide Fassungen stehen und das Königsberg R.II.8 überliefert ist, kann nur mit Mühe und beinahe kaum mehr gelesen werden. Es ist mit winziger Schrift beschrieben, ungewöhnlich zerstrichen, mit zahlreichen, öfter widerrufenen und doch wiederhergestellten Nachträgen. S. Nadler, Johann Georg Hamann, S. 446 ff."[121]

Diesen Hinweisen ließ Nadler noch einige textkritische Anmerkungen folgen. Den im vierten Band gebotenen Text nannte er eine „verkürzte ‚Rein'-Schrift"[122]. In seiner Hamann-Biographie hatte er bereits 1949 die erste Fassung vorgestellt und eine Übersetzung des französisch-lateinischen Mischtextes gewagt[123]. Nadler bezeichnete das Letzte Blatt als die „Unterschrift und Namensfertigung unter seinen [sc. Hamanns] fliegenden Brief von der ‚Entkleidung und Verklärung'. Es ist ein ergreifendes, das kostbarste und letzte Blatt, das er hinterlassen hat, ein Blatt, das mit kaum leserlichen Handzügen bedeckt ist ... Das Blatt war für die Fürstin bestimmt und enthält zwei Fassungen des gleichen Wortlautes. Eine verkürzte dritte schickte Hamann abschriftlich an Jacobi [Nadler vermerkt in einer entsprechenden Anmerkung: „Br. 18.V.1788"][124].

Koepps[125] Leistung bestand darin, daß er die zwei von Nadler aus dem Einzelblatt R.II.8 auseinandergerissen abgedruckten Texte[126] und den Brief Hamanns an Jacobi vom 18. 5. 1788 in ihrem Verhältnis zueinander genauer untersuchte.

Nach der Lesart Koepps hatte Hamann am 18. Mai 1787 an Jacobi geschrieben: „Ich habe einen P.S. aus der Vulgata zu den 4 Mottos im Stammbuch der Prinzessin zusammengeflickt, das ich selbst nicht verstehe und daher nicht auszulegen im stande bin. Ich wills dir abschrei-

---

[118] N III, 409.
[119] N III, 493.
[120] N IV, 462.
[121] N IV, 498. Am Ende bezieht sich NADLER auf seine Hamannbiographie.
[122] Ebd., 498.
[123] NADLER, aaO. (s. Anm. 26), 446–448. Vgl. oben Anm. 106.
[124] Dieser Brief, der für die Geschichte des Letzten Blattes eine Schlüsselrolle spielt, lag Nadler in Gildemeisters Ausgabe (s. oben S. 35) vor.
[125] Vgl. KOEPP, aaO. (s. Anm. 30).
[126] N III, 410; N IV, 462.

ben. Es macht und vertreibt die Kopfschmerzen, wie der heil. Matthias das Eis giebt und bricht, nimmt oder bringt". Es folgt die bereits von Nadler erwähnte und von ihm „verkürzte dritte … Fassung" genannte Abschrift, deren Text Koepp der Gildemeisterschen Edition gegenüber zu verbessern suchte.

Danach heißt es (wieder nach der Lesart Koepps): „Fehlte noch des Sancho Pansa Sprichwort (?) 1. Cor. 9. 10. Doch was fehlte nicht alles auf der Welt Ergo abeat cum ceteris erroribus!. Mehr hab ich es nicht machen können, um die vier Course z. H. Schrift und den Etudes de la nature gut zu machen. Vale et fave Democrito et H[era]clito Tuo"[127].

Trotz manchen Fehllesungen und sonstigen Irrtümern kam Koepp zu der wichtigen Erkenntnis, daß die von Nadler veröffentlichten Texte zum Letzten Blatt und die Abschrift an Jacobi im Blick auf einen Stammbucheintrag Hamanns zusammengehören[128].

In einer späteren Studie hat Koepp dann Nadlers direkte Zuordnung des Letzten Blattes zu Hamanns „Fliegendem Brief" korrigiert[129].

Im Jahre 1953 erschien der fünfte Band der Nadlerschen Hamann-Ausgabe. Nadler druckte darin unter der Rubrik „Die späten Studienhefte"[130] zwei kurze Einzeltexte ab, die am Rande mit R.II.8 gekennzeichnet waren[131].

Seils[132] konnte nun, nicht zuletzt aufgrund eines kritischen Umgangs mit Nadlers Hamann-Ausgabe, weit über die Erkenntnisse Koepps hinausführen.

Indem er sich von Nadlers Editionstechnik, im fünften Band noch zwei weitere auf dem Einzelblatt R.II.8 befindliche Texte unabhängig von den bisher als Fassungen des Letzten Blattes angegebenen Elementen abzudrucken, nicht irreführen ließ, leistete Seils für die weitere Erforschung des Letzten Blattes Entscheidendes.

Seils korrigierte den von Nadler erweckten Eindruck, bei den von diesem sogenannten „Späten Studienheften", unter die er das Blatt R.II.8 subsumiert hatte, handele es sich um „Hefte" mit fortlaufenden Eintragungen. Zwar hatte Nadler im Apparat des fünften Bandes[133] die „Späten Studienhefte" als „Einzelblätter und Bündel", „beginnend mit 21. August 1772 und fortlaufend in Gestalt eines genau datierten Tagebuchs bis 22. Juli 1784 geführt, mit einigen Blättern bis 17. Oktober

---

[127] KOEPP, aaO. (s. Anm. 30), 73 f.; vgl. aber den neuen Text HENKELS in ZH VII, 482 und das Faksimile in der Beilage.
[128] KOEPP, ebd., 75.
[129] KOEPP, (s. Anm. 34).
[130] N V, 311–370.
[131] N V, 369,35–370,8.
[132] Vgl. SEILS, aaO. (s. Anm. 35), passim.
[133] N V, 378.

1787 reichend", bezeichnet, und seine Bündelsignaturen auch beim Abdruck jedes Blattes jeweils am Rande neben den Kopf gesetzt. Doch täuschten die zwischen die Notizblätter gesetzten Jahreszahlen – die nicht von Hamann stammen können – und die Bezeichnung „Studienhefte" ein geschlossenes Ganzes vor, während nur – teilweise gebündelt – Einzelblätter von Hamann hinterlassen worden waren[134]. Bei dem uns so wichtigen Blatt R.II.8 handelt es sich aber nun gerade um ein Einzelblatt, dessen intrikate Zusammenhänge Nadler verdunkelte, indem er es nicht vollständig und zusammenhängend, klar als Einzelblatt ausgewiesen, abdruckte – ein editorisch höchst fragwürdiges Verfahren. Zur Rechtfertigung solchen Verfahrens wagte Nadler in seinem eigenen „Fliegenden Brief. Rückblick und Abschied", den er dem sechsten Band seiner Hamannausgabe [= „Der Schlüssel" (1957)] anhängte, den Satz, er könne „die Stelle nicht finden, wo geschrieben steht, daß auf einem Blatt eben darum auch gedruckt werden müsse, was auf einem Blatt untereinander steht"[135].

Unangefochten von den Nadlerschen Eigenwilligkeiten führte sich Seils also R.II.8 als *Einzelblatt vollständig* vor Augen. Alle vier Textelemente, die Nadler an verschiedenen Stellen seiner Hamann-Ausgabe verstreut abgedruckt hatte, brachte Seils kombinatorisch in ihren ursprünglichen Zusammenhang und in die richtige Reihenfolge. Da Nadler die von ihm in Königsberg angefertigte Kopie des Blattes R.II.8 nicht zur Einsicht freigab, bis später der Hamann-Nachlaß in den Besitz der Universität Münster überging (1955)[136], hatte Seils keine Möglichkeit zur Autopsie. Seils konnte in glänzenden historisch-philologischen Analysen Koepps Erkenntnisse teilweise bestätigen und korrigierend weiterführen. Er entdeckte, daß Hamann am 17. Oktober 1787 in Pempelfort im Hause Jacobis um eine Eintragung in eben jenes Stammbuch der Marianne von Gallitzin gebeten wurde, in das auch Sophie la Roche am 26. September 1787 in Frankfurt am Main einen Eintrag vorgenommen hatte[137].

Seils konnte den von uns sogenannten Text „b" als die „vier Motti"[138], als den Stammbucheintrag Hamanns also, identifizieren, auf den Koepp bereits den Blick gelenkt hatte: die vier Zitate aus den „Etudes de la nature" von Saint-Pierre[139].

---

[134] SEILS, aaO. (s. Anm. 35), 179.

[135] N IV, 427.

[136] Vgl. das Vorwort von B. GAJEK zum Neudruck von J. NADLER, Die Hamannausgabe, aaO. (s. Anm. 114), 6*.

[137] Da Seils seinerzeit das Stammbuch der Marianne von Gallitzin nicht kannte, nahm er – mit gewichtigen Argumenten sogar – an, das betreffende Stammbuch habe der Fürstin Amalia von Gallitzin selbst gehört. Vgl. SEILS, aaO. (s. Anm. 35), 182.

[138] Vgl. ZH VII, 482,3   [139] In unserer Edition die Zeilen 5–10.

Seils kam zu der Auffassung, Hamann habe sich bereits in Pempelfort, im Oktober 1787 also, auf einem Einzelblatt untereinander die
Eintragung der La Roche („a") und seine eigene Eintragung („b")
aufgeschrieben, habe das Stammbuch bis in den April 1788 hinein in
seinem Besitz behalten und sich bereits im April mit den Gedanken an
eine Nachschrift getragen[140].

Dem ist nun aber im einzelnen zu widersprechen.

Auf dem Blatt R.II.8 wechselt das Schriftbild von den Abschnitten
„a" und „b", d. h. den kopierten Stammbucheinträgen, zu dem
Abschnitt „c", dem ersten Entwurf zum Postskript also, nicht im
geringsten. Diese Tatsache dürfte u. E. die Annahme nicht zulassen,
Hamann habe sich schon längere Zeit vor dem Entwurf bzw. vor den
Entwürfen des Postskripts die in „a" und „b" repräsentierten Kopien
angefertigt. Zudem: Kann man bei Hamann eine solche Ordnung seiner
Blätter erwarten, daß er auf einem ein halbes Jahr zuvor begonnenen
Blatt pünktlich weiterschreibt unter exakter Einhaltung des Randes[141]?

Von daher ist u. E. die Hypothese von Seils, Hamann habe sich die
betreffenden Texte bereits im Oktober 1787 kopiert, nicht zu halten.
Dabei ist wieder zu bedenken, daß Seils das Blatt selbst nicht zu Gesicht
bekommen hatte.

Auf ihrer Rückreise von Pempelfort nach Münster, die sie am
18. Oktober 1787 antrat[142], führte die Fürstin das Stammbuch mit.
Entgegen der Annahme von Seils hatte sie es nicht etwa in Pempelfort
vorläufig Hamann überlassen. Ein Stammbucheintrag von Franz
Bucholtz mit dem Datum „Münster, den 3. November 1787"[143]
beweist, daß das Stammbuch sich schon in Münster befand, als Hamann
noch in Pempelfort war. Aus einer brieflichen Bemerkung Hamanns
vom 7. November 1787, der tags zuvor nach Münster zurückgekehrt
war, geht hervor, daß Bucholtz an jenem 3. November 1787 die Fürstin
in Angelmodde besucht hatte[144]. Zudem findet sich im Stammbuch der
Prinzessin eine Eintragung von Matthias Sprickmann, datiert mit dem
7. Januar 1788 in Münster[145]. Zu diesem Zeitpunkt hielt Hamann sich im
Wasserschloß Welbergen auf, insgesamt vom 5. Dezember 1787 bis
19. März 1788. Dadurch wird vollends ausgeschlossen, Hamann könnte

---

[140] Vgl. SEILS, aaO. (s. Anm. 35), 182f.
[141] Vgl. das Faksimile von R. II. 8.
[142] Vgl. SEILS, aaO. (s. Anm. 35), 182.
[143] S. unten S. 50.
[144] ZH VII, 317,30f. (an Jacobi): „Frantz und Marianne nebst dem Raphael [gemeint ist
der Arzt Lindner] haben gestern Mittag bey Diotime [gemeint ist die Fürstin] gespeist und
der erste [sc. Bucholtz] ist Sonnabends [der Sonnabend war der 3. 11. 1787] in Allmodde
gewesen . . ."
[145] Siehe dazu unten S. 50.

von seinem Stammbucheintrag vom 17. Oktober 1787 in Pempelfort an noch bis in den April hinein im Besitz des Stammbuches geblieben sein. Nun war Hamann aber in der Tat im April 1788 *wieder* im Besitz des Stammbuches. Wie kam es dazu?

Hier ist nun ein Text wichtig, den Seils – in unrichtiger Interpretation – zur Stützung seiner Thesen in Anspruch nahm.

Am 27. April 1788 schrieb Hamann von Münster an Jacobi nach Pempelfort:

„An Deine Handschrift läßt sich hier gar nicht denken. Marianne versichert, daß Peter dem Vetter Georg hat *einpacken geholfen*. Also ist es sehr leicht, daß die Handschrift so gut als die 2 Bücher durch Peters Hände in den Coffre gekommen. Ich habe hier eine ähnl. Angst mit den 2 Stammbüchern der Fürstin gehabt, die auf einmal verschwunden waren. Hans hatte nicht seinen Namen einmal unterschrieben, weil er noch eine griechische Stelle übersetzen wollte. Ich habe in ein paar Tage keine Ruhe gehabt, weil meine Einbildungskraft immer das ärgste und äußerste sieht und sich darauf gefaßt macht. Hans muste Donnerstags nach Angelmodde deshalb, und die Fürstin hatte sie das letzte mal mitgenommen ohne mein Wißen und Willen. Sie kommt heute nach Münster"[146].

Die zu Beginn des Zitats angesprochenen Verwicklungen bezog Seils auf den Transport von Hamanns Büchern bei dessen Abreise aus Pempelfort[147]. Die „2 Stammbücher der Fürstin" rechnete er den im Zusammenhang damit vermißten Büchern zu, ging also davon aus, Hamann selbst habe die Stammbücher von Pempelfort nach Münster mitgenommen[148]. Jedoch geht es am Anfang des zitierten Textes nicht um Bücher Hamanns, sondern um Bücher Jacobis, die dieser nach einem Besuch in Münster, wovon gleich die Rede sein wird, vermißte[149]. Die Stammbücher, die damit nichts zu tun haben, werden von Hamann nur deshalb erwähnt, weil er mit ihnen eine „ähnl. Angst" hatte wie Jacobi mit seinen vermißten Büchern. Es besteht von diesem Text her kein Grund zu der Annahme, Hamann habe die Stammbücher seit seiner Abreise aus Pempelfort am 18. Oktober 1787 in seinem Besitz gehabt. Dies ist vielmehr, wie oben bereits erwiesen, ausgeschlossen[150].

---

[146] ZH VII, 452,30–453,3. Der von Hamann erwähnte Donnerstag fiel auf den 15. April, das Datum, mit dem die Stammbucheintragung Johann Michaels versehen ist. In einem Brief vom 7. 5. 1788 an Jacobi wiederholt Hamann erleichtert: „Die Stammbücher sind da" (ZH VII, 462,7).

[147] Seils, aaO. (s. Anm. 35), 182.

[148] Ebd., 183.

[149] Vgl. ZH VII, 449,25–28; 451,1–3; 480,13–20.

[150] Es kann daher auch nicht die Folgerung gezogen werden (gegen Seils, ebd., 182), die Familie Gallitzin hätte auf ihrer Reise und in Pempelfort *zwei* Stammbücher bei sich gehabt.

Die „2 Stammbücher" – eines davon war dasjenige Mariannes – können erst nach dem 7. Januar, dem Datum des Sprickmannschen Eintrags, in die Hände Hamanns gelangt sein[151]. Ein genauerer terminus a quo läßt sich nicht angeben.

In der Zeit um den 12. April 1788 war die Familie Jacobi zu Besuch bei Hamann und Bucholtz in Münster[152]. Das Stammbuch der Marianne weist am 12. April 1788 eine Eintragung des Jacobisohnes Georg Arnold, vorgenommen in Münster, auf[153]. Zu diesem Zeitpunkt befanden sich also die Stammbücher in Bucholtz' Hause bei Hamann. Bei einem Treffen der Fürstin mit der Familie Jacobi und mit Hamann und Bucholtz in Münster wird Georg Arnold Jacobi um eine Eintragung gebeten worden sein. Dieser kam der Bitte nach, und die Fürstin nahm ohne Hamanns Wissen und Willen die Stammbücher zurück nach Angelmodde. Die Angabe „das letzte mal"[154] bezieht sich auf den 12. April 1788.

Welches sind aber nun die Gründe, aus denen Hamann und sein Sohn die beiden in Rede stehenden Stammbücher für einige Zeit wieder an sich genommen haben? Ein Grund mag jedenfalls darin gelegen haben, daß Johann Michael irgendwann seinen unvollständig gelassenen Stammbucheintrag vom 17. Oktober 1787 ergänzen wollte, wie aus dem oben zitierten Brieftext hervorgeht. Doch erklärt dies eigentlich nur die Inbesitznahme *eines* Stammbuches.

Darüber, wem das zweite hier erwähnte Stammbuch gehörte, lassen sich nur Vermutungen anstellen. Geht man davon aus, daß die Fürstin ihre Kinder gleich behandelte, käme Dimitri als Besitzer des anderen Stammbuches in Frage.

Die Annahme Seils', Hamann habe sich bereits im April mit den Gedanken an eine Nachschrift im Stammbuch der Prinzessin getragen, kann nicht das Interesse erklären, das Hamann und sein Sohn an *beiden* Stammbüchern hatten.

Folgende Absichten und Gründe könnten allenfalls die Sache verständlich machen:

1. Vervollständigung des Johann-Michael-Eintrags,
2. Neueinträge in das andere Stammbuch (sc. Dimitris),
3. ein allgemeines Interesse Hamanns am Inhalt der beiden Stammbücher, der allerdings, zumindest was Mariannes Stammbuch anging, zu diesem Zeitpunkt nicht sehr reichhaltig war[155].

---

[151] Siehe dazu die chronologische Eintragungsliste in Abschnitt II.3.
[152] Zu diesem Besuch vgl. ZH VII, 432,5; 436,9–11; 438,17f.; 446,14–16.
[153] Siehe unten die Eintragungsliste.
[154] ZH VII, 453,2.
[155] Siehe unten die Eintragungsliste.

Für die Annahme, Hamann habe bereits zu dieser Zeit ein Postskript geplant, besteht kein Anlaß.

Am 14. Mai war Hamann zu Besuch bei der Fürstin in Angelmodde[156]. Die Fürstin versprach ihm, am 19. Mai zu einem Gegenbesuch nach Münster zu kommen[157]. Es läßt sich gut denken, daß Hamann bei dieser Gelegenheit das Stammbuch an sich nahm, um schließlich am 17. Mai – in der Erwartung des baldigen Gegenbesuchs der Fürstin – seine Nachschrift in Münster anzufertigen. Er kopierte den Stammbucheintrag der La Roche und seinen eigenen Eintrag auf ein Einzelblatt, um auf eben jenem Blatt eine entsprechende Nachschrift zu entwerfen. *Der gesamte Textbestand von R.II.8 stammt demnach vom 17. Mai 1788.* Diese These wird definitiv durch den am Schriftbild dieses Textblattes aufgewiesenen Sachverhalt bestätigt, daß alle seine Einzeltexte ohne zeitliche Unterbrechungen niedergeschrieben wurden; auf diesem Blatt erscheint als Datum: 17. Mai 1788.

Aus der Nachricht Hamanns vom 18. Mai 1788 an Jacobi[158] geht hervor, daß Hamann einen Eintrag im Stammbuch der Prinzessin vorgenommen, eine Nachschrift dazu angefertigt und diese in das Stammbuch eingetragen hat[159]. Doch weder der Stammbucheintrag selbst noch die erwähnte Nachschrift sind im Stammbuch zu finden. Wohl aber finden sich genau zwei Stellen, an denen aus dem Stammbuch Blätter herausgeschnitten worden sind. Auf S. 189 (unterhalb des Stammbucheintrags der La Roche) fehlt die untere Blatthälfte und zwischen S. 14 und 15 eine ganze Seite, die bei der Numerierung übergangen wird (S. 14a). An eben jenen Stellen muß Hamann seine beiden Eintragungen vorgenommen haben. Das erwähnte „P.S.", von dem eine Abschrift von Hamanns eigener Hand im Brief an Jacobi vom 18. Mai 1788 überliefert ist, kann nun von seinem Umfang her unmöglich auf der Hälfte eines Blattes Platz gefunden, also nicht auf S. 189.2, sondern muß auf der ganzen Seite 14a, möglicherweise deren Vorder- und Rückseite gestanden haben[160].
Von daher steht eindeutig fest, daß Hamann seine Ersteintragung auf

---

[156] Das geht hervor aus ZH VII, 470,20; 472,9.

[157] Am 17. Mai schreibt Hamann an Jacobi: „Ich *zweifele* daß ich morgen wider hinfahren werde [d. h. nach Angelmodde], weil sie übermorgen selbst hereinkommen wird" (ZH VII, 478,18–20); am 22. Mai schreibt Hamann an Jacobi und berichtet von dem stattgefundenen Besuch (ZH VII, 484,16ff.).

[158] ZH VII, 482,2–4.

[159] Hamann geht in seinen Mitteilungen an Jacobi davon aus, daß er die vier Saint-Pierre-Motti, seinen ersten Stammbucheintrag also, gut gemacht hat. Damit muß nicht nur ein Entwurf, sondern eine Eintragung der besagten Nachschrift selbst gemeint sein.

[160] Genaueres zu diesem Blatt s. unten S. 45f.

der unteren Blatthälfte S. 189 vorgenommen hatte. Seils' Hypothese, aus der Analyse von R.II.8 gewonnen, wonach Hamann im Anschluß an den Eintrag der La Roche die Saint-Pierre-Zitate ins Stammbuch schrieb, ist also klar bestätigt. Der von Hamann auf R.II.8 kopierte Eintrag datiert vom 17. Oktober 1787 in Pempelfort. Darin zeigt sich eine einwandfreie Chronologie und geographisch klare Folge gegenüber der Eintragung der Sophie là Roche vom 26. September 1787 in Frankfurt am Main. Hamanns Eintragung ist weiter zusammenzusehen mit dem Datum der Eintragung Jacobis. Dieser schrieb am 18. Oktober, ebenfalls in Pempelfort, in das Stammbuch der Marianne, schloß sich allerdings in der Seitenfolge an von Schmitz' Eintrag an. Bucholtz setzte am 3. November 1787 in Münster (bzw. Angelmodde) seine Stammbucheintragung auf die linke Seite neben diejenigen Sophie la Roches und Hamanns.

Die Rückseite der S. 189 ist bis zu der Schnittstelle von der Hand Johann Michael Hamanns beschrieben. Hamann erwähnt einen Stammbucheintrag seines Sohnes Johann Michael in ein Stammbuch der Familie Gallitzin, den dieser unvollständig gelassen und am 15. April 1788 in Angelmodde vervollständigt habe[161]. Johann Michael war nun aber mit seinem Vater in Pempelfort, als auch die Fürstin mit ihren Kindern dort war. Friedrich Heinrich Jacobi, seine beiden Halbschwestern und Hamann kamen der Bitte um Stammbucheintragungen nach. Undenkbar, man habe Johann Michael ausgeschlossen, undenkbar, er sei von sich aus der Bitte um Eintragung nicht nachgekommen. Er beschrieb am 17. (oder 18.) Oktober in Pempelfort die Rückseite des Blattes, auf welchem Sophie la Roche und sein Vater ihre Eintragungen gemacht hatten, mit einem längeren Jacobi-Zitat und einem kurzen Horaz-Zitat, wozu er noch, bevor er unterschrieb, eine Übersetzung liefern wollte[162]. Ohne diese Übersetzung zustande zu bringen, unterschrieb er schließlich am 15. April 1788 in Angelmodde (Münster) und versah seine Eintragung mit dem Datum vom 15. April 1788. Die S. 191 (rechts neben S. 190) weist eine wortgetreue Kopie des Stammbucheintrags Johann Michael Hamanns auf, die dieser mit eigener Hand am 1. Juli anfertigte, wie sich aus einer Datierung am unteren Blattrand ergibt[163].

Dieses Vorgehen ist daraus zu erklären, daß zuvor der untere Teil des Originaleintrags auf S. 190.2 herausgetrennt worden war, der ganze Eintrag also wiederhergestellt werden mußte. Der 1. Juli ist terminus ad quem für das Herausschneiden der vorderen Blatthälfte und demnach auch des damit zusammenhängenden Blattes S. 14a. Terminus a quo ist

---

[161] Vgl. oben S. 39.
[162] Vgl. wiederum ebd.; Hamann redet in seinem Brief vom 27. 4. 88 irrtümlich von einem „griechischen" Zitat (ZH VII, 452,35).
[163] Hierzu und zum Folgenden vgl. die Stammbuchbeschreibungen in Abschnitt II.3.

der 17. Mai 1788, der Zeitpunkt, zu dem Hamann die Nachschrift auf
S. 14a eintrug. Die Nachschrift, datiert vom 17. Mai 1788, folgt chro-
nologisch und geographisch exakt dem auf S. 14.1 von Georg Arnold
Jacobi am 12. April 1788 in Münster vorgenommenen Eintrag.
Hamann begann wegen des Umfangs seiner Nachschrift eine neue Seite.
Sie wurde zwischen dem 17. Mai und 1. Juli 1788 herausgeschnitten.
Der nächste Stammbucheintrag wurde dann am 20. Juli 1788 in
Düsseldorf durch v. Sickingen, der die Seite mit Hamanns „P.S." –
S. 14a also – nicht mehr vorfinden konnte, auf S. 14.2, also unter dem
Stammbucheintrag Georg Arnold Jacobis (12. April 1788) vorgenom-
men, in vermeintlich exakter chronologischer Folge.

Es stellt sich noch die Frage, *wer* die beiden Stammbuchblätter 14a
und 189.2/190.2 zwischen dem 17. Mai und 1. Juli – wahrscheinlichstes
Datum ist der 1. Juli selbst, knapp zwei Wochen nach Hamanns Tod –
herausgetrennt hat. Es muß sich um jemanden gehandelt haben, der
Zugang zu dem Stammbuch hatte und dem die Blätter etwas bedeuteten.
In Frage käme Johann Michael Hamann, der am 1. Juli im Stammbuch die erwähnte Kopie anfertigte, also in der fraglichen Zeit das
Stammbuch in Händen hatte. Jedoch läßt sich kaum annehmen, daß
Johann Michael Hamann sich am persönlichen Eigentum der Marianne
von Gallitzin auf diese Weise hätte vergreifen können. Zudem ist zu
bedenken, daß er auch sonst kein übermäßiges Interesse an den Schriften
seines Vaters zeigte[164].
Marianne von Gallitzin, die Besitzerin des Stammbuches, scheidet per
se aus; sie hatte Hamanns Einträge ja jederzeit präsent.
So bleibt nur die Möglichkeit, daß ihre Mutter, Amalia von Gallitzin,
die Blätter für sich herausgetrennt hat. Sie hatte unmittelbaren Zugang
zum Stammbuch ihrer Tochter und verwahrte es geradezu. An allem,
was Hamann sagte, tat und schrieb, hatte sie vehementes Interesse. Die
Textinterpretation wird zeigen, daß gerade auf den herausgeschnittenen
Blättern theologische Themen angesprochen sind, die Hamann in seinen
letzten Lebenswochen mit der Fürstin besprach und erörterte.
Die Fürstin las Hamanns Blätter, sie bedeuteten ihr viel, sie erkannte
sich als Adressatin und behielt nach Hamanns Tod die Blätter, auf die sie
einen inneren Anspruch hatte, für sich.

---

[164] Vgl. die Darstellungen bei NADLER, aaO. (s. Anm. 114), 77 ff., im Kapitel „Rettung
des Nachlasses".

3. Das Stammbuch der Marianne von Gallitzin[165]

Das in Leder gebundene Stammbuch (22,5×18 cm) umfaßt 207 Seiten, die von S. 1 bis S. 135 mit Tinte auf den äußeren oberen Blattecken und von S. 137 bis 207 mit Bleistift jeweils auf der äußeren oberen Ecke des rechten Blattes in arabischen Ziffern durchgezählt sind.

Auf S. 1 steht in gotischen Großbuchstaben der Name „MARIANNA DHOROTHEA GALLITZIN" (Die Initialen sind stark verziert), darunter eine Zeichnung des Landsitzes Angelmodde.

Auf S. 2 findet sich eine Silhouette der Marianne von Gallitzin.

Die folgende Liste verzeichnet, chronologisch angelegt, die Eintragungen in das Stammbuch. Das gestattet eine bequeme Übersicht und trägt der Tatsache Rechnung, daß sich die Eintragenden nicht immer strikt an die Seitenfolge gehalten haben, wie bei Stammbüchern und Poesiealben üblich. Der überwiegende Teil der Seiten des Stammbuches ist nicht beschrieben. Schon sehr früh wurden in Mariannes Stammbuch auf verschiedenen weit auseinanderliegenden Seiten Einträge vorgenommen.

Die beiden Haupteintragungsbereiche liegen zwischen den Seiten 3−25 und den Seiten 186−190.

Die ungeraden Seitenzahlen bezeichnen jeweils die rechts liegenden Seiten.

Es liegt nahe anzunehmen, daß die Fürstin ihrer Tochter das Stammbuch geschenkt hat. Mutter und Bruder machten ihre Einträge auf den beiden unmittelbar auf das Portraitblatt folgenden Seiten (3−4), aller-

---

[165] Auf die Existenz dieses Stammbuches machte uns nachdrücklich KARLFRIED GRÜNDER (Berlin) aufmerksam; vgl. auch schon den Hinweis von KNOLL, aaO. (s. Anm. 45), 66. Über den Verbleib dieses Stammbuches informierte uns (briefliche Mitteilung vom 21. 2. 1981) freundlicherweise WALTRAUD LOOS.

Marianne von Gallitzin heiratete später einen Fürsten Reifferscheidt-Krautheim. Durch ihren Stiefsohn Konstantin, der am Bodensee begütert und mit der Familie v. Laßberg auf der Meersburg befreundet war, kam das Stammbuch dann in den Besitz der Annette v. Droste-Hülshoff. Diese sammelte nämlich Autographen, und das Stammbuch mit so vielen Eintragungen bedeutender Frauen und Männer paßte vortrefflich in ihre Sammlung. So kam das Stammbuch in das Droste-Archiv von Haus Stapel (Havixbeck bei Münster). Die Droste-Papiere sind inzwischen an die Stiftung Preußischer Kulturbesitz übergegangen und liegen jetzt in der Universität Münster. Das Stammbuch der Marianne v. Gallitzin aber befindet sich immer noch in Haus Stapel, und zwar im Privatbesitz von Hermann Josef Freiherr Raitz von Frentz. Dort durften wir freundlicherweise das Stammbuch einsehen. Zu diesem Stammbuch und insbesondere zu der Eintragung Goethes vgl.: Goethe und der Kreis von Münster. Zeitgenössische Briefe und Aufzeichnungen, in Zusammenarbeit mit W. Loos, hg. v. E. Trunz, Münster 1971, 321 f. Text Nr. 204 repräsentiert in Faksimile Goethes Eintragung vom 17. 4. 1793 in Weimar. Die Angaben im Goethe-Jahrbuch 14, 1893, 162 und in der Weimarer Ausgabe, Bd. 5, 2. Abt., 1910, 361, die sich auf Goethes Eintragung beziehen und Amalia von Gallitzin als Besitzerin des Stammbuches nennen, beruhen auf einem Irrtum.

dings undatiert und ohne Ortsangabe. Terminus ad quem ist der 9. September 1787, das Datum des Eintrags Schnesenbergs auf S. 187, der kaum als Ersteintragender in Frage kommt. Als Ort ist Münster anzunehmen.

Die Einträge vom 25. September – 18. Oktober 1787 stammen sämtlich von Persönlichkeiten, die die Familie Gallitzin während ihrer Reise in die Rhein-Main-Gegend trafen. Fürstenberg, Dalberg, Katerkamp und von Schmitz schlossen sich in der Seitenfolge an die Einträge der Mutter und des Bruders, Sophie la Roche an denjenigen Schnesenbergs an.

Bei den Stammbucheinträgen handelt es sich vornehmlich um Zitate aus der Bibel, aus klassischer Literatur und Werken bedeutender zeitgenössischer Persönlichkeiten.

Datum	Ort	Name		Seite
o. D.	[Münster]	Amalia von Gallitzin	3	
o. D.	[Münster]	Dimitri von Gallitzin	4	
9. 9. 87	Münster	Pater Casimir Schnesenberg		187
25. 9. 87	Frankfurt	F. F. W. von Fürstenberg	5	
26. 9. 87	Frankfurt	Sophie von La Roche		189.1
30. 9. 87	Aschaffenburg	K. Th. von Dalberg	7	
o. D.		T. Katerkamp	9	
Okt. 87	Mannheim	F. von Schmitz	10	
17. 10. 87	Pempelfort	J. G. Hamann (herausgeschnitten)		189.2
17. 10. 87	Pempelfort	J. M. Hamann (halb herausgeschnitten)		190
15. 4. 88	Münster	J. M. Hamann (Unterschrift)		190
18. 10. 87	Pempelfort	Helene Jacobi	13.1	
18. 10. 87	Pempelfort	Fr. H. Jacobi	13.2	
18. 10. 87	Pempelfort	Charlotte Jacobi	13.3	
3. 11. 87	Münster	Fr. K. Bucholtz		188
7. 1. 88	Münster	A. M. Sprickmann		186
12. 4. 88	Münster	G. A. Jacobi	14.1	
15. 4. 88	Münster	J. M. Hamann (Unterschrift)		190
17. 5. 88	Münster	J. G. Hamann (herausgeschnitten)	14.a	
1. 7. 88	Münster	J. M. Hamann (Kopie von S. 190)		191
20. 7. 88	Düsseldorf	von Sickingen	14.2	
9. 7. 91	Münster	F. L. von Stolberg	15.1	
9. 7. 91	Münster	Sophie von Stolberg	15.2	
9. 7. 91	Münster	G. H. L. Nicolovius	16.1	
17. 4. 93	Münster	J. W. von Goethe	17.1	

Datum	Ort	Name	Seite	
29. 6. 93	Münster	Ludger Droste	18	
30. 6. 93	Münster	Franz Droste	19	
1. 7. 93	Münster	Clemens Droste	20	
9. 7. 93	Münster	unleserlich	23	
3. 8. 93	[Eutin]	O. Reventlow	14.3	
3. 8. 93	Eutin	Christian Stolberg	16.2	
3. 8. 93	Eutin	Luise Stolberg	17.2	
9. 8. 93	Eutin	Katharina Stolberg	25	
14. 8. 93	Eutin	J. H. Voß		185.1
14. 8. 93	Eutin	Ernestine Voß		185.2
20. 8. 93	Eutin	unleserlich	27	
Jan. 94	Wandsbeck	Matthias Claudius		110.1
Jan. 94	Wandsbeck	Anna Rebecca Claudius		110.2
Jan. 94	Wandsbeck	Caroline Claudius		111.1
Jan. 94	Wandsbeck	Christian Claudius		111.2
Jan. 94	Wandsbeck	Augusta Claudius		111.3
28. 4. 94	Münster	A. Droste Erbdroste	21.1	
28. 4. 94	Münster	Antoinette Droste	21.2	
o. D.	o. O.	Groseklay		205

Die Eintragungstexte von Sophie la Roche und Johann Michael Hamann:
[26. 9. 1787 (Frankfurt am Main), Sophie la Roche, S. 189.1]

Freuen Sie sich immer über das Glück wahrer Kenntnisse – und erhalten Sie immer dabey die Güte des Herzens, welche ich in Ihnen sah –

d. 26. 7br. 787 in Frankfort am Mayn   Sopie la Roche

[17. 10. 87 resp. 15. 4. 1788 resp. 1. 7. 1788 (Pempelfort, Münster, –) J. M. Hamann, S. 190 und 191.]

Die Vernunft ist das herrschende Gefühl, die herrschende *Idee*, wodurch allen übrigen ihre Rolle zugewiesen wird, und ein *höchster unveränderlicher Wille* in die Seele kömmt; Sie ist auf *unüberwindliche* Liebe gegründeter *unüberwindlicher Glaube*, der sich alles unterwirft, und jenen *heiligen Gehorsam* zu Wege bringt, *welcher beßer ist denn Opfer.*
    Der Mensch ist durchaus gebrechlich und wandelbar in seinem Thun; aber wo er noch innige Größe, innige Standhaftigkeit zu beweisen

vermag, da vermag er allein durch irgendeinen*   hohen Begriff, der
in seiner Seele herrschend geworden, da handelt er aus *Vernunft*, welche
der Vorzug und die Ehre seiner Natur, der Sinn für sein [unleserliches Wort]
Wesen – und für die Gottheit ist.

Jacobi

(Di bene fecerunt, inopis me quodque
finxerunt animi raro et perpauca loquentis. Hor.)

Münster
den 15ten – April. 1788

Dem Augenblick [unleserliches Wort] Erinnerung!

(den 1ten – Julius)   Johann Michael Hamann

---

* Bis zu dieser Stelle findet sich derselbe Text auf S. 190; das Folgende wurde mit der
unteren Blatthälfte herausgeschnitten.

Bevor wir nun zur Rekonstruktion der Einzeltexte übergehen, sei
festgehalten:

R.II.8 enthält:

„a" = eine Abschrift des Stammbucheintrags der Sophie la Roche vom
26. 9. 1787 in Frankfurt am Main
„b" = eine Abschrift des Stammbucheintrags Hamanns vom 17. 10.
1787 in Pempelfort
„c" = einen ersten Entwurf zu dem von Hamann am 17. 5. 1788
vorgenommenen Postskriptum
„d" = einen zweiten Entwurf zu dem von Hamann am 17. 5. 1788
vorgenommenen Postskriptum

Der Brief Hamanns vom 18. 5. 1788 an Jacobi (ZH VII, 480–482)
enthält:

A = die Abschrift des Postskriptums (ZH VII, 482, 7–28), das
Hamann am 17. 5. 1788 ins Stammbuch der Marianne von
Gallitzin eintrug, das „Letzte Blatt".

III. Der Text des Letzten Blattes und seine Vortexte

Koepp und Seils haben sich intensiv und erfolgreich um die Rekonstruktion der Geschichte des Letzten Blattes bemüht. Doch ist die
Erschließung der Texte, namentlich der Texte auf dem Einzelblatt
R.II.8, katastrophal geblieben. Wie bereits erwähnt, hatten Koepp und
Seils während ihrer damaligen Forschungen zum Letzten Blatt keine
Möglichkeit, das Folioblatt R.II.8 selbst einzusehen. In der Folgezeit hat
sich möglicherweise mancher Hamann-Forscher von dem Urteil Nadlers entmutigen lassen, das Folioblatt könne „nur mit Mühe und beinahe
kaum mehr gelesen werden"[166].

Die Fehllesungen Nadlers sind zahllos. Eine Einzelauseinanderset-
zung mit dem Nadlerschen Text und den von ihm abhängigen Textre-
präsentationen geriete ins Uferlose. Der Leser mag sich anhand der
bereitliegenden Texte und Fotokopien sein eigenes Urteil bilden.

In der Tat ist die Handschrift nicht eben leicht zu entziffern. Gleich-
wohl ist es zu bedauern, daß Nadler nicht konsequent genug die
Unsicherheiten der Lesarten angegeben und durch diesen Mangel an
Sorgfalt manche Irrtümer in der Hamannforschung verursacht hat.
Vieles Problematische ist von Nadler einfach überspielt worden, beson-
ders in seiner ohnehin gewagten deutschen Übersetzung des Textes[167].

---

[166] N IV, 498.

[167] Der von NADLER in N IV, 498 zu den ersten beiden Fassungen des Letzten Blattes
gelieferte textkritische Apparat versucht wohl eigentlich nur über philologische Nachläs-
sigkeit wegzutäuschen, die besonders in Bezug auf Nadlers Arbeit zum Letzten Blatt von
W. BOEHLICH, Die historisch-kritische Hamannausgabe, in: Euphorion 50 (1956)
[341–356], 351 f., hinreichend, wenn nicht über Gebühr, gegeißelt worden ist. Boehlich
hat allerdings selbst kaum einen einzigen Satz besser als Nadler repräsentieren können.
Auch Salmony, der die Kopie von R. II. 8 „genau geprüft" haben will (H. A. SALMONY,
Johann Georg Hamanns metakritische Philosophie, Bd. 1, Zollikon 1958, 328) hat zur
Erschließung des Textes nichts Nennenswertes beitragen können. – Nur zwei eklatante
Fehllesungen Nadlers seien hier herausgestellt:
N III, 410, 15 f. „Et DEUS caro factus est unigenitus filius, nutriauit in latere, IPSI
enarrauit . . .", von Nadler so übersetzt: „Und Gott ist Fleisch geworden – einzig
gezeugter Sohn, im Schoß des Vaters, er säugte ihn in seiner Lende, ihm hat er selbst
auserzählt . . ." Vgl. damit Textedition (21) und die Kopie von R. II. 8.
N III, 410,27: „ . . . Domini auctae linguae imitator", von Nadler so übersetzt: „ . . .
Nachahmer der erlauchten Sprache des Herrn." Vgl. damit Textedition (30). Damit
wurde eine Formel in die Welt gesetzt, die in der Hamannforschung sogar die Rolle eines

Die im folgenden gebotene Transkription des Textes von R.II.8 will die bisherigen Editionen ablösen. Indem die noch zu erläuternde Transkriptionsmethode gewählt wird, wird es möglich, tief in die Genese des Letzten Blattes einzudringen. Dies ist für seine Interpretation unabdingbar. Der zu den verschiedenen Entwürfen und Fassungen erstellte genetische Textkommentar versucht, die entsprechende Rekonstruktion zu leisten. – Eine Synopse von Handschrift (Faksimile) und Transkription bietet das Faltblatt, das am hinteren Buchdeckel angebracht ist.

1. Editionsprinzipien und Zeichenerklärung

Zur Edition von R.II.8:

Das Blatt wird unter Wahrung des originalen Schriftbildes transkribiert, einschließlich aller Streichungen, Korrekturen, Über- und Unterschreibungen.

Links am Rande Zeilenzählung der Editoren.

Die Zeilenabstände sind so groß gehalten, daß klar ersichtlich wird, welche Überschreibungen bzw. Unterschreibungen zu welcher Zeile gehören.

Unterstreichungen Hamanns werden mit _____ unter der Zeile gekennzeichnet.

Von Hamann Durchgestrichenes wird mit .... unter der Zeile gekennzeichnet.

Unleserliches wird mit --- --- kenntlich gemacht, dies in entsprechender Länge, Wortaufteilung und vermuteter Buchstabenzahl.

Unsichere Lesarten werden durch nachgestelltes (?) bzw. (??) gekennzeichnet.

Der Vollständigkeit und Übersichtlichkeit halber drucken wir ebenso den Text A (ZH VII, 482, 7–28) samt einigen unseres Erachtens auch dieser Edition gegenüber notwendigen Korrekturen ab[168]. Wir behalten die Zeilenzählung Henkels bei und stellen den Zeilenzahlen das Siglum H (= Henkel) voran.

Der genetische Textkommentar versucht, die Textentwicklung zu rekonstruieren und verständlich zu machen. Eine Interpretation von A, der Endfassung des Letzten Blattes, kann aufgrund einer tieferen Einsicht in die Textgenese, wie sie sich in den Entwürfen „c" und „d" beobachten läßt, umso qualifizierter geschehen.

Leitmotivs abgegeben hat. Vgl. etwa SEILS, aaO. (Anm. 35), 15; ähnlich BÜCHSEL, aaO. (s. Anm. 105), 177.

[168] Ein Faksimile der Handschrift ist beigegeben (S. 62).

Zunächst wird „c" durchkommentiert. Der Kommentar zu „d" muß unter ständiger Rücksicht und Vergleichung mit dem Kommentar zu „c" gelesen werden; das Gleiche gilt entsprechend für die Lektüre des Kommentars zu A.

Im laufenden Kommentartext bedeutet „*bei*" immer den *Zeitpunkt*, wo Hamann das kontinuierliche Schreiben unterbricht, um Korrekturen oder Ergänzungen vorzunehmen. Natürlich läßt sich dieser Zeitpunkt nur approximativ angeben; oft liegen die jeweiligen termini a quo und ad quem jedoch klar auf der Hand.

Ü.d.Z. = über der (bzw. die) Zeile;
U.d.Z. = unter der (bzw. die) Zeile.

2. Texte und Textkommentar

[R II 8]

[„a"]

1 Freuen Sie sich immer
2 Freuen Sie sich immer über das Glück wahrer Kentniße – und erhalten Sie immer dabei die Güte
3 des Herzens welche ich in Ihnen sah.
4 d 26 7br. 787. in Frf. am Mayn.   Sophie la Roche.

[„b"]

5 – en s'écartant des Systemes, on se rapproche de l'intention de ceux qui les ont inventé.
6 Les Sexes se denaturent, les hommes s'effeminent et les femmes s'homassent
7 L'esprit fait des chefs de secte et la bonté des dupes.
8 L'étude en nous fixant sur les pas d'un maitre, nous éloigne de la Nature, qui est la source de tous
9 les talens – – –
                    Jaques – Henry – Bernardin de Saint – Pierre

10   et de tous les Biens –   Ego exilé malade au Paradis de Pempelfort ce 17 8br. 87.

[„c"]

      et les speculations d'une Raison puriste   puristes de ce monde
11 Par les etudes dela Nature (speculum in aenigmate) quelques Sages sont parvenus à la vision ideale d'un

          personifié   personifié
12 Etre des Etres, d'un Maximum de raison – –; mais il n'est que dans les Origines etymolo[gi]ques

13 del'Evangile, que il reve été revelé Dei virtus et Dei sapientia, Judaeis quidem scandalum
          Dieu   l'humanité   sa sagesse d.c son humanité (facie ad faciem)

Textkommentar

Kommentar zu „c" (Z. 11–33) = *Erster Entwurf*

11: Aufgrund einer Assoziation zu *(speculum in aenigmate)* fügt Hamann hinter *Nature* ü. d. Z. *et . . . puriste* ein. Frühestens bei *parvenus* fügt er hinter *Sages* ü. d. Z. *de ce monde* ein; sodann wird das *et . . . puriste* gestrichen. Das ehemalig zu *Raison* gehörige Attribut *puriste* wird nun in der Pluralform *puristes* zum Attribut von *Sages* gemacht und dem *de ce monde* vorangestellt.

12: Frühestens bei *raison –* –; wird hinter *des Etres (des Etres* wirkt auf den ersten Blick durchgestrichen, ist aber wohl durch klecksende Feder verunstaltet) und hinter *raison* ü. d. Z. jeweils *personifié* hinzugefügt. Flüchtigkeitsfehler Hamanns: *etymologues* statt *etymologiques.*

13: Hier lassen sich vier Satzversuche Hamanns rekonstruieren.
1. Versuch:
del'Evangile, qu'il reve [le]
2. Versuch:
qu'il a (a ü. d. Z., weil zunächst vergessen) *été revelé Dei virtus et Dei sapientia* (Das *virtus* könnte auch als *vertu* gelesen werden . . .)
3. Versuch:
que Dieu a révélé (Hamann streicht fälschlicherweise *revelé* durch, läßt *été* aber stehen) *sa virtus* (das *virtus* wird einfach als *vertu* wahrgenommen) *et sa sagesse de son humanité (facie ad faciem)*
4. Versuch:
que Dieu a [revelé] l'humanité [de] sa vertu et sa sagesse (facie ad faciem)

14 Graecis stultitiam. 1 Cor XIII. I. 23.24. stulta, infirma, ignobilia, et ea quae non sunt elegit DEUS
   autem   ut ea, quae sunt, destruer[et] ;   contemptibilia

15 Prophetiae evacuabuntur, linguae cessabunt, scientia destruetur, quum venerit quod perfectum est.

16 Non est Judaeus, neque Graecus: non est servus, neque liber, non est masculus. neque femina παντες – EIC
   Omnes – Unus.

17 Gal. III.28. Vetera transierunt: ecce facta sunt omnia nova per EUM, qui dixit: Ego sum A et
   2 Cor V.17   evacuabitur quod ex parte est

18 Ω. Apoc. XXI.6. Prophetiae evacuabunt [ur], linguae cessabunt, scientia destruetur quum venerit

19 quod perfectum. In principio erat verbum et Deus erat verbum, vita et vera lux hominum, quam
   i   erat   vera
   consummatio

20 tenebrae non comprenderunt et mundus per ipsum factus eum non cognovit. Et verbum caro factum est –
   DEUS

21 unigenitus filius, in Sinu Patris, IPSI enarravit, — Ipse didicit ex iis, quae Passus est Hebr. V.8.
   habitavit in nobis in   v primogenitis terr[a]e filiis

22 Eius παθηματα, nostra μαθηματα et Magna Moralia. Sicuti enim aliquando – ita et
   ηθικα μεγαλα   nunc Rom, XI.30,31[33]

14: Bei *stultitiam* hat Hamann bereits 1 Kor 13,8 im Kopf; er vermerkt daher zunächst hinter *stultitiam* 1 *Cor. XIII*, korrigiert es aber sogleich in *1 Cor. I.23.24*, was Z. 13 f. auch wirklich zitiert ist.

15: Hamann setzt mit 1 Kor 13,8.10 an: *Prophetiae … est*, streicht dies aber wieder durch (vernachlässigt dabei *Prophetiae* und *est*) und erweitert nachträglich das Zitat aus 1 Cor. I.23.24 um *stulta … destruere[et]* (1 Kor 1,27 f.), wobei noch nachträglich hinter *ignobilia* u. d. Z. *contemptibilia* eingefügt wird.

16: Frühestens bei Gal. III.28 (Z. 17) wird hinter *masculus* ü. d. Z. *neque femina* und hinter *Unus* ü. d. Z. *neque femina* und hinter *Unus* ü. d. Z. παντες – *EIC* hinzugefügt.

17: Bei *Apoc. XXI.6* (Z. 18) wird hinter *nova* u. d. Z. 2 *Cor V.17* hinzugefügt.

18: Bei *perfecti* (Z. 19) fügt Hamann hinter *destruetur* ü. d. Z. *evacuabitur … est* ein.

19: Frühestens bei *perfectum* wird *quod* gestrichen, u. d. Z. durch *consummatio* ersetzt und *perfectum* in *perfecti* umgewandelt. Bei *hominum* wird *Deus erat verbum* gestrichen, ebenso das *vera* hinter *et²; vera* wird dann hinter *lux* ü. d. Z. wieder eingefügt. Diese Wortstellung entspricht Joh 1,9.

20: *eum* wird gestrichen. Bei *factum est* wird *verbum* gestrichen und ü. d. Z. durch *DEUS* ersetzt. *eum* wird gestrichen.

21: *Ipse* wird *didicit* ü. d. Z. vorangestellt, sodann hinter *Patris* ü. d. Z. *habitavit in nobis* eingefügt; das *in nobis* wird wieder gestrichen und (weiterhin) ü. d. Z. durch *in primogenitis filiis* ersetzt. All dies geschieht bei *Hebr. V.8*. Das Verweiszeichen zwischen *in* und *primogenitis* loziert *habitavit … filiis* hinter *enarravit*, –.

22: ηϑικα μεγαλα als griechischer Originaltitel scheint unmittelbar über *Magna Moralia* gesetzt worden zu sein, d. h. zumindest vor dem großen Unterschriftenkomplex und damit auch vor *Sicuti …31* (33), welches, wie sich unten erweisen wird, selbst erst im Zuge des Unterschriftenentwurfs in den Text gekommen ist.

et quelquefois

gent
[32] d'un entre chien et l$_{oup}$ L'hypocrite renversé, Sophiste arctique

Pierre à deux poles || [24], Philologus
––––––– fungens vice cotis exsors ipse secandi. [27] et antarctique   Johann Georg Hamann [23]

spermologus et Philosophus furcifer Metacriticus ––––
Pilo – et Psilosophus furcifer vel crucifer   bonac spei [26]   Johann Georg Hamann

Π. et Ψ. losophus   [28]   La veille de la   Münster den 18 May 88 am heil.

fete de Sct. Trinité[31]   Abend des Dom Festi Trinitat.[25]

Figmentum et massa luti in Rom IX 20.21   Seminiverbius Act. XVII.18 [29]

aut   aut
potestate figuli, amphora et urceus

                        2   3   1
currente rota proximi – in honorem et contumeliam utriusque – Domini nostri longanimitatem, salutem

                                is
2 Petr. III.15 et misericordiam Eius, salu religionem arbitrans.
                        omnis(?) ––––– fundamentum et (??) rationem sufficientem [30]

Im folgenden beziehen sich die in eckigen Klammern angegebenen Nummern auf Komplexe, als welche sie im Text identifiziert und bezeichnet sind. Die Nummern ersetzen für den Gesamtkomplex der Unterschriften die Zeilenangaben (fortlaufende Zählung gegenüber „d" gewahrt).

Hamann unterschreibt zunächst unmittelbar nach *Moralia*, dem letzten Wort des Cento-Textes, mit *Johann Georg Hamann* (23). Der damit eingetretenen Raumbegrenzung trägt Hamann im folgenden mit kleiner Schrift Rechnung. Hamann fügt hinzu: *L'hypocrite … antarctique*, streicht nun das gerade geschriebene *Johann Georg Hamann* wieder durch und schreibt *Pierre à deux poles* darüber (24). Sodann unterschreibt er ein zweites Mal mit deutsch–lateinischer Zeitangabe *Johann … Trinitat* (25). Alles weitere füllt den Raum um diese Unterschrift aus, auf die wiederum mit kleiner Schrift Rücksicht genommen ist.

Hamann schreibt zunächst hinter *poles* weiter bis *spei* (26).

Dann sind weitere Ergänzungen und Korrekturen fällig.

Das *poles* (24) wird auf der linken Seite ergänzt durch *et … secandi* (27). Dafür findet sich hinter *poles* ein Verweiszeichen Hamanns (II). Das Wort, für das ü. d. Z. *et quelquesfois* ersetzt wurde, ist unleserlich. *Philologus spermologus* wird gestrichen (*et Philosophus furcifer* bleibt aus unerfindlichen Gründen stehen). Denn das Ganze wird auf der linken Seite neu in Angriff genommen. Von der Einheitlichkeit des Schriftzuges her scheinen *Pilo- et Psilosophus furcifer vel crucifer,* Π. *et* Ψ. *Iosophus* (28) und *Seminiverbius Act XVII. 18* (29) in einem Zug hintereinander bzw. untereinander geschrieben worden zu sein. Dem *Seminiverbius* ist eine Sonderstellung (mitten unter allem) eingeräumt. *Seminiverbius* ist in jedem Falle eher geschrieben als *Figmentum … 21* (Teil von 30); *Rom IX 20.21* hebt sich im Schriftzug leicht über *Seminiverbius.*

Es folgen nun noch vier Komplexe, die in ihrer genauen Reihenfolge kaum angegeben werden können:

Der an *Rom IX 20.21* und *2 Petr. III.15* haftende Komplex *Figmentum … arbitrans* (30), die französische Zeitangabe (31) links neben der Unterschrift (25), das als mit dieser Zeitangabe in Verbindung stehend anzusehende *d'un … loup* (32) welches eindeutig dem *L'hypocrite … loup* vorangestellt wurde, und schließlich das *Sicuti … 31* (33), das ebenso eindeutig erst nach dem Unterschriftenkomplex an den Schluß des Textes des Centos gesetzt wurde.

30: Hamann korrigiert *amphora et urceus* in *aut amphora aut urceus*; er beginnt hinter *misericordiam Eius* zunächst irrtümlich noch einmal das Wort *salu [tem]*, streicht dies sogleich wieder durch und schreibt *religionem arbitrans*; dann fügt er unter der Zeile vor *religionem* ein: *omnis --- fundamentum et rationem sufficientem* und ändert das *religionem um* in *religionis.*

[,,d"]

34 Si quelques Sages de ce monde sont parvenus par leurs etudes de la Nature à la vision idéale
speculum in aenigmate

des Etres
35 d'un Etre de raison, d'un Maximum personifié: c'est dans les Origines etymologiques de l'Evangile

où   quidem
36 que DEUS ⸻⸻ a revelé l'humanité de sa vertu et de sa sagesse – Judaeis scandalum,
(facie ad faciem)

autem
37 Graecis stultitiam. 1 Cor I.23.24   Non est Judaeus, neque Graecus, non est servus neque liber, non est

38 Vetera transierunt: ecce facta sunt omnia nova per EUM, qui dixit: Ego sum A et Ω. Prophetiae

39 evacuabuntur, linguae cessabunt, scientia destruetur, evacuabitur quod ex parte est, quum

40 venerit perfectum. Omnes – OMNES – UNUS. Παντες – EIS . Gal. III.28   ⟨Si Dieu⟩   ⟨Si⟩
1 Cor XIII. Non est servus neque liber, Judaeus neque Graecus, masculus neque femina. ⟨Si⟩
non est

Kommentar zu „d" (Z. 34–48) = Zweiter Entwurf

34: Hamann setzt gegenüber Z. 11 mit einem konditionalen *Si* ein. Das vor *etudes* ist in *leurs* verwandelt und unterstrichen. Das *puristes* als Attribut von *Sages* ist weggefallen. Frühestens bei *ideale* wird das offenbar vergessene (*speculum in aenigmate*) hinter *Nature* ü. d. Z. eingefügt.

35: *de raison* erscheint nun statt hinter *Maximum* hinter *Etres*, wobei *des Etres* später ü. d. Z. hinzugefügt wurde. Das *personifié* hinter *Etre des Etres* (vgl. Z. 12) ist gefallen.

36: Zwei weitere Versuche Hamanns (vgl. Z. 13).

1. Versuch:

que Deus –––––––––––– a revelé

2. Versuch:

ou Deus (das unleserliche Wort ist gestrichen) *a revelé l'humanité de sa vertu et de sa sagesse* – Das *(facie ad faciem)* gehört im Blick auf die von Hamann nun frei von Raumbeschränkungen (gegenüber der Situation in Z. 13) vorgenommenen Lokalisierung als Einschub hinter *revelé.*

37: *Stula … destrueret* (vgl. Z. 14) erscheint nicht mehr. Hamann setzt hinter *1 Cor I.23.24* unter Einhaltung eines gewissen Abstandes, der einen neuen Abschnitt markieren soll, mit *Non … est*[3] ein. Letzteres streicht er sogleich wieder – mit Ausnahme des letzten Worts *est*[3] – und beginnt den neuen Abschnitt in Z. 38 mit *Vetera* usw.

38: *Apoc. XXI.6.* fällt weg; anscheinend von Hamann vergessen.

39: *ex parte* nicht mehr unterstrichen.

40: Statt *venerit consummatio perfecti* (Z. 18 f.) steht nun das einfache *venerit perfectum.* Der Komplex *Gal. III.28* erscheint hinter *perfectum* zunächst in ganz kurzer Fassung, wobei aus *Omnes OMNES* wird und entsprechend *UNUS* gesetzt wird (vgl. Z. 16). Nun fügt Hamann hinter *perfectum* u. d. Z. *1 Cor XIII.* ein. Frühestens bei *cognovit* (Z. 42) setzt er hinter *1 Cor XIII. Non … femina* ein. Insgesamt ist die Reihenfolge der an 1 Kor 13 und an Gal 3,28 hängenden Komplexe gegenüber „c" verändert. Die am rechten Blattrand sich findenden Wortfetzen – in spitze Klammern gesetzt – und Striche scheinen Federproben zu sein.

      et erat

41 DEUS erat verbum, vita lux vera hominum, quam tenebrae non comprehenderunt et mundus per ipsum

42 factus non cognovit. Et verbum caro factum est, unigenitus, in sinu patris, contubernalibus terrae filiis IPSE enarravit

            vera

43 IPSE didicit ex iis quae passus est Hebr. V.8. Eius παθήματα nostra μαθήματα et Magna Moralia

44 Sicuti aliquando – ita et nunc Rom [XI.30,31.]

45 L'hypocrite renversé, le Sophiste arctique, Philologus Seminiverbius (Act XVII.18) Π. et Ψ. losophus

  cruci   par

46 furcifer, Metacriticus bonae spei, Pierre à deux poles et quelquesfois fungens vice cotis, exsors ipse

47 secandi – – à Munster ce 17 May la veille de la f du Dimanche dela S. Trinité 88.

48

– –, m

41: Statt *In ... et*[1] in Z. 19 heißt es nun *DEUS erat verbum*. Frühestens bei *hominum* wird hinter *verbum* ü. d. Z. *et* und hinter *vita* ü. d. Z. *erat* eingefügt.

42: Gegenüber Z. 20 heißt es wieder *verbum* statt *DEUS*. Gegenüber Z. 21 ist *habitavit ... filiis* teilweise gefallen, dafür steht jetzt nur ganz kurz *contubernalibus terrae filiis*, wobei das *IPSI enarravit* (vgl. Z. 21), in *IPSE enarravit* umgewandelt, in Gestalt eines bei *filiis* vorgenommenen Einschubs hinter *patris* u. d. Z. erscheint. Das *filius* nach *unigenitus* ist gefallen.

43: Das *IPSE* vor *didicit* erscheint in Kapitalien (vgl. Z. 21). Frühestens bei μαθηματα streicht Hamann *Eius* und *nostra*. Letzteres wird in *vera* umgewandelt. Das ηθικα μεγαλα erscheint nicht mehr.

In „d" werden die Selbstbezeichnungen neu arrangiert. Konstant bleibt, daß *L'hypocrite renversé* (Z. 45) die erste und *Pierre à deux poles* (Z. 46) die letzte Selbstbezeichnung darstellt, zwischen die sich die weiteren gruppieren. Offenkundig folgt Hamann dabei einem bestimmten Kombinationsprinzip, das sich vom *Pierre à deux poles* her nahelegt; diesem gemäß stellt sich in jeder Selbstbezeichnung eine Zweierstruktur her. Das *et antarctique* als Teilattribut von *le Sophiste* fällt. Das ehemalige *Philologus spermologus* erscheint (in der Sprache der Vulgata) im *Philologus Seminiverbius* wieder. *Π. et Ψ. losophus* wird mit *crici furci fer* verbunden; das *Pilo-et Pilosophus* erscheint nicht mehr. *Metacriticus bonae spei* bleibt. Die an Röm 9 und 2 Petr 3 haftenden Komplexe (30) fallen weg. Die Zeitangabe erscheint in französischer Sprache, verbessert in 17 *May. d'un ... loup* (Z. 32) fällt weg. Hamann leistet keine namentliche Unterschrift (!). Das *Sicuti ... 31* (33) erscheint in neuer Zeile (ohne *enim*) am Schluß des Cento-Textes (Z. 44).

48: Federproben.

Das Letzte Blatt.
Abschrift der Endfassung (= A)

H (= Ed. Henkel, ZH VII, 482, 7–28)

7 Si q. Sages de ce monde sont parvenus par leurs Etudes dela Nature
8 (speculum in aenigmate) à la vision d'un Etre des Etres de raison,
9 d'un Maximum personifié: Dieu a revelé (facie ad faciem) l'humanité
10 de Sa vertu et de sa Sagesse dans les Origines etymologiques de l'Evan-
11 gile Judaeis Scandalum; Graecis Stultitiam 1 Cor I.23.24. XIII. – –

12 Vetera transierunt ecce facta sunt omnia nova 2 Cor V 17 per EUM qui
13 dixit: Ego sum A et Ω Apoc. XXI.6. Prophetiae evacuabunt[ur], Linguae
14 cessabunt, Scientia destruetur, evacuabitur quod ex part[e] est – Non
15 est *Judaeus* neque *Graecus*: non est servus neque liber: non est masculus
16 neque femina. OMNES – UNUS Gal. III.28.

17 (Auf besonderem schmalen Zettel)
18 DEUS erat verbum – et vita erat lux hominum, quam tenebrae
19 non comprehenderunt et mundus per IPSUM factus non cognovit,
20 Unigenitus in sinu Patris, Ipse enarravit contubernalibus terrae filiis
21 Ip[s]e *didicit* ex iis quae *passus* est Ebr. V.8. παθηματα, vera
22 μαθηματα et *Magna Moralia*

23 Sicuti aliquando – ita et nunc – Rm. XI.30,31.

24 L'hypocrite renversé, le Sophiste arctique, Philologus Seminiverbius
25 Act. XVII.18. Π. et Ψ. λοσοφος $\frac{\text{cruci}}{\text{furci}}$ fer, Metacriticus bonae spei

26 et *voluntatis,* Pierre à deux poles – et parfois fungens vice cotis, exsors
27 ipse secandi – – – à Munster ce 17 May la veille du Dimanche de
28 la S. Trinité 88.

Kommentar

H 7	Gegenüber Z. 34 erscheint *quelques* abge-	H 19	*IPSUM* statt *ipsum* (Z. 41).
	kürzt in *q.*; *leurs* ist nicht mehr unterstrichen.	H 20	*Unigenitus* und *Patris* haben große Anfangs-
H 8	*ideale* fällt weg.		buchstaben.
H 9ff.	Die Satzstellung ist gegenüber Z. 35f. her-	H 21	*Eius* fällt weg, zu verstehen im Blick auf das
	umgedreht.		bereits in „d" (Z. 43) zu *vera* gewandelte
H 10	*Sa*[1] und *Sagesse* haben große Anfangsbuch-		*nostra.*
	staben.	H 26	et *voluntatis* gegenüber Z. 46 hinter *spei* hin-
H 11	Im Blick auf die beiden Einschübe *(speculum*		zugefügt.
	in aenigmate) in Z. H 8 und *(facie ad faciem)* in	H 28	*du Dimanche* fällt wieder weg.
	Z. H 9 (vgl. 1Kor 13,12) vermerkt Hamann		
	nun doch an dieser Stelle (vgl. dagegen Z. 14		Vom Text der Edition Henkel (ZH VII, 482,
	und 37) *1Cor … XIII;* in Z. H 14 erscheint		7–28) abweichende Lesarten:
	es daher nach *est* (vgl. dagegen Z. 40) nicht	H 13	evacuabunt[ur].
	mehr.	H 15	*Judaeus – Graecus* (unterstrichen!)
H 13f.	*Linguae* und *Scientia* haben große Anfangs-	H 16	OMNES – UNUS.
	buchstaben.	H 18	vita] verbum.
H 14	*quum … perfecti (um)* (vgl. Z. 18f. und 39f.)	H 19	cognovit,] cognovit.
	fällt weg.	H 22	Neue Zeile für *Sicuti …*
H 15	Gegenüber Z. 40 ist die Reihenfolge verän-	H 25	Π.] Π
	dert.		$\frac{\text{cruci}}{\text{furci}}$ fer] $\frac{\text{farci}}{\text{cruci}}$ fer.
H 18	Gedankenstrich hinter *verbum* statt eines		
	Kommas (Z. 41).	H 26	fungens] frayeur.

3. Verzeichnis der von Hamann verarbeiteten Texte

Z. 11/34/H 7

Etudes de la Nature: Titel des Werks von St.-Pierre (vgl. Anm. 67).
(speculum in aenigmate): 1Kor 13,12.
Sages (puristes) de ce monde: 1Kor 3,18f.

Z. 13ff./36ff./H 9ff.

de sa vertu ... stultitiam: 1Kor 1,23f.; *(facie ad faciem):* 1Kor 13,12

Z. 14

Stulta ... destrueret: 1Kor 1,27f.

Z. 15

Prophetiae ... est: 1Kor 13,8.10.

Z. 16f./40 (37)/
H 14ff.

Non est ... Gal. III.28: Gal 3, 28.

Z. 17/38/H 12f.

Vetera ... 2Cor V.17: 2Kor 5,17.

Z. 17f./38/H 12f.

per ... Apoc. XXI.6.: Apk 21,6

Z. 18f./38ff./H 13f.

Prophetiae ... perfecti/perfectum/parte est: 1Kor 13,8−10

Z. 19ff./41f./H 18ff.

In Principio / DEUS / ... enarravit: Joh 1,1−18

Z. 21/43/H 21

Ipse ... Ebr. V.8.: Hebr 5,8

Z. 22/43/H 22

Magna Moralia: Überlieferter Titel einer der drei aristotelischen Ethiken. Vgl. unten Anm. 314.

Z. 27/46f./H 26f.

fungens ... secandi: Horaz, Ars poetica 304f.

Z. 29/45/H 24f.

Seminiverbius Act. XVII.18: Act 17,18.

Z. 30

Figmentum ... arbitrans.: Röm 9,20f. und 2Petr 3,15; damit verschmolzen: Horaz, Ars poetica 21f.

Z. 33/44/H 23

Sicuti ... Rm. XI.30,31: Röm 11,30f.

4. *Wortlaut der von Hamann verarbeiteten Texte*[169]

Joh 1,1–18

1 In principio erat Verbum,
Et Verbum erat apud Deum,
Et Deus erat Verbum.
2 Hoc erat in principio apud Deum.
3 Omnia per ipsum facta sunt:
Et sine ipso factum est nihil, quod factum
est.
4 In ipso vita erat,
Et vita erat lux hominum:
5 Et lux in tenebris lucet,
Et tenebrae eam non comprehenderunt.
6 Fuit homo
Missus a Deo,
Cui nomen erat Ioannes.
7 Hic venit in testimonium
Ut testimonium perhiberet de lumine,
Ut omnes crederent per illum.
8 Non erat ille lux,
Sed ut testimonium perhiberet de lumine.
9 Erat lux vera,
Quae illuminat omnem hominem
Venientem in hunc mundum.
10 In mundo erat,
Et mundus per ipsum factus est,
Et mundus eum non cognovit.
11 In propria venit,
Et sui eum non receperunt.
12 Quotquot autem receperunt eum,
Dedit eis potestatem filios Dei fieri,
His qui credunt in nomine eius:
13 Qui non ex sanguinibus,
Neque ex voluntate carnis,
Neque ex voluntate viri,
Sed ex Deo nati sunt.
14 Et verbum caro factum est,
Et habitavit in nobis:

---

[169] Die Vulgata-Texte sind repräsentiert nach der Ausgabe: Biblia Sacra iuxta Vulgatam Clementinam. Nova Editio (IV.) logicis partitionibus aliisque subsidiis ornata a A. Colunga et L. Turrado [= Biblioteca de autores Christianos] Matriti, 1965.

Et vidimus gloriam eius,
Gloriam quasi unigeniti a Patre
Plenum gratiae et veritatis.
15 Ioannes testimonium perhibet de ipso,
Et clamat dicens:
Hic erat quem dixi:
Qui post me venturus est,
Ante me factus est:
Quia prior me erat.
16 Et de plenitudine eius
Nos omnes accepimus,
Et gratiam pro gratia:
17 Quia lex per Moysen data est,
Gratia et veritas per Iesum Christum facta est.
18 Deum nemo vidit unquam:
Unigenitus Filius, qui est in sinu Patris,
Ipse enarravit.

Act 17,17–18

17 Disputabat igitur in synagoga cum Iudaeis, et colentibus, et in foro, per omnes dies ad eos qui aderant. 18 Quidam autem epicurei et stoici philosophi disserebant cum eo, et quidam dicebant: Quid vult seminiverbius hic dicere? Alii vero: Novorum daemoniorum videtur annuntiator esse: quia Iesum et resurrectionem annuntiabat eis.

Röm 9,20–21

20 O homo, tu quis es, qui respondeas Deo? Numquid dicit figmentum ei qui se finxit: Quid me fecisti sic? 21 An non habet potestatem figulus luti ex eadem massa facere aliud quidem vas in honorem, aliud vero in contumeliam?

Röm 11,30–32

30 Sicut enim aliquando et vos non credidistis Deo, nunc autem misericordiam consecuti estis propter incredulitatem illorum: 31 ita et isti nunc non crediderunt in vestram misericordiam: ut et ipsi misericordiam consequantur. 32 Conclusit enim Deus omnia in incredulitate: ut omnium misereatur.

1Kor 1,18–30

18 Verbum enim crucis pereuntibus quidem stultitia est: iis autem qui

salvi fiunt, id est nobis, Dei virtus est. 19 Scriptum est enim: Perdam sapientiam sapientium, et prudentiam prudentium reprobabo. 20 Ubi sapiens? ubi scriba? ubi conquisitor huius saeculi? Nonne stultam fecit Deus sapientiam huius mundi? 21 Nam quia in Dei sapientia non cognovit mundus per sapientiam Deum: placuit Deo per stulti tiam praedicationis salvos facere credentes. 22 Quoniam et Iudaei signa petunt, et Graeci sapien tiam quaerunt: 23 nos autem praedicamus Christum crucifixum: Iudaeis quidem scandalum, gentibus autem stultitiam, 24 ipsis autem vocatis Iudaeis, atque Graecis Christum Dei virtutem, et Dei sapientiam: 25 quia quod stultum est Dei, sapientius est hominibus: et quod infirmum est Dei, fortius est hominibus.

26 Videte enim vocationem vestram fratres, quia non multi sapientes secundum carnem, non multi potentes, non multi nobiles: 27 sed quae stulta sunt mundi elegit Deus, ut confundat sapientes: et infirma mundi elegit Deus, ut confundat fortia: 28 et ignobilia mundi, et contemptibilia elegit Deus, et ea quae non sunt, ut ea quae sunt de strueret: 29 ut non glorietur omnis caro in conspectu eius. 30 Ex ipso autem vos estis in Christo Iesu, qui factus est nobis sapientia a Deo, et iustitia, et sanctificatio, et redemptio:

1Kor 13,8–13

8 Charitas nunquam excidit: sive prophetiae evacuabuntur, sive linguae cessabunt, sive scientia destruetur. 9 Ex parte enim cognos cimus, et ex parte prophetamus. 10 Cum autem venerit quod perfectum est, evacuabitur quod ex parte est. 11 Cum essem parvulus, loquebar ut parvulus, sapiebam ut parvulus, cogitabam ut parvulus. Quando autem factus sum vir, eva cuavi quae erant parvuli. 12 Videmus nunc per speculum in aenigmate: tunc autem facie ad faciem. Nunc cognosco ex parte: tunc autem cognoscam sicut et cognitus sum. 13 Nunc autem manent, fides, spes, charitas: tria haec; maior autem horum est charitas.

2Kor 5,17

17 Si qua ergo in Christo nova creatura, vetera transierunt: ecce facta sunt omnia nova.

Gal 3,26–28

26 Omnes enim filii Dei estis per fidem, quae est in Christo Iesu. 27 Quicumque enim in Christo baptizati estis, Christum induistis. 28 Non est Iudaeus, neque Graecus: non est servus, neque liber: non est masculus, neque femina. Omnes enim vos unum estis in Christo Iesu.

Hebr 5,8—10

8 Et quidem cum esset Filius Dei, didicit ex iis, quae passus est, obedientiam: 9 et consummatus, factus est omnibus obtemperantibus sibi, causa salutis aeternae, 10 appellatus a Deo pontifex iuxta ordinem Melchisedech.

2Petr 3,14—16

14 Propter quod charissimi haec exspectantes, satagite immaculati, et inviolati ei inveniri in pace: 15 et Domini nostri longanimitatem, salutem arbitremini: sicut et charissimus frater noster Paulus secundum datam sibi sapientiam scripsit vobis, 16 sicut et in omnibus epistolis, loquens in eis de his in quibus sunt quaedam difficilia intellectu, quae indocti et instabiles depravant, sicut et caeteras Scripturas, ad suam ipsorum perditionem.

Apk 21,5—6

5 Et dixit qui sedebat in throno: Ecce nova facio omnia. Et dixit mihi: Scribe, quia haec verba fidelissima sunt, et vera. 6 Et dixit mihi: Factum est, ego sum alpha et omega: initium et finis. Ego sitienti dabo de fonte aquae vitae, gratis.

Horaz, Ars poetica, 21 f.

amphora coepit
institui: currente rota cur urceus exit?

Horaz, Ars poetica, 304 f.

ergo fungar vice cotis, acutum
reddere quae ferrum valet, exsors ipse secandi.

IV. Interpretation des Letzten Blattes

1. Erster Abschnitt: Metaphysik und Offenbarung

Der Anfang des Letzten Blattes erweist dieses insofern als „Post-skript" zum ersten Stammbucheintrag[170] und Versuch, „die vier[171] franzö-sische[n] Schnitzer aus den Etudes de la Nature *gut* zu machen"[172], als Hamann sogleich an den Titel des Werkes von Saint-Pierre anknüpft. Indem er freilich pluralisch formuliert und von „Sages" redet, verallgemeinert er den bestimmten Titel des Werkes eines bestimmten Philosophen zum Titel der Bemühungen verschiedener „Weltweiser".

Das Thema des ersten Abschnitts (H 7–11) ist das Verhältnis von *Metaphysik und Offenbarung.* Hamann bezieht den von Saint-Pierre ins Allgemeine ausgeweitet gesehenen metaphysischen Zugriff menschlicher Erkenntnis auf die Offenbarung Gottes.

Ausgang, Vorgang und Ergebnis menschlicher Welterkenntnis – der „Etudes de la Nature" – waren im ersten Entwurf (11 f.) in einem vollständigen und geschlossenen Satz angesprochen worden; auf diese Weise kam das Selbstverständnis derer, von denen er redete, zum Ausdruck. Im zweiten Entwurf (34 f.) sowie in der letzten Fassung formuliert Hamann konditional mit einem „si" – ohne aber einen Hauptsatz folgen zu lassen. Genauer gesagt: Er läßt den Hauptsatz so folgen, daß ein ganz neues Subjekt einfällt. Statt der „Sages de ce monde"[173] – der Weltweisen, der Philosophen – erscheint als Subjekt „Dieu": ein Name, der dem Fund und Produkt der Metaphysiker nicht zugebilligt wird. Gelangen diese doch höchstens zu einem Neutrum und Abstraktum, dem „Maximum", das nur anhangsweise noch personifiziert wird („Maximum personifié"), nachträglich also – von den Philosophen – zu einer Person gemacht, personi-fiziert, wird. Von dem im metaphysischen Ausgriff gefundenen und gebildeten Ganzen bzw. Größten wird ein Personsein prädiziert; dem Abstraktbegriff wird ein Personsein „angehängt".

---

[170] Vgl. oben S. 26.

[171] Vgl. Anm. 98.

[172] ZH VII, 482,31 f.

[173] „Sages de ce monde" gewinnt Hamann aus „Sapientia huius mundi" (1Kor 1,20; 3,19).

Der Vergleich der Textfassungen zeigt deutlich, wie sich das – in sich schon kritisch-thetische – Referat in eine weiter gehende Kritik des Referierten wandelt. Die _These_ vom Ausgang, Vorgang und Ergebnis menschlicher Welterkenntnis bringt Hamann in die Schwebe. Er wandelt sie in eine _Hypothese_ um, die, indem er den erwarteten Hauptsatz ausläßt, gleichsam ins Leere greift. So stellt Hamann durch konditionale und zugleich anakoluthische Stilisierung die Ergebnislosigkeit einer Erkenntnis dar, die sich selbst zwar im Begriff eines Maximums gerundet sieht, von Hamann aber erschüttert wird. Dies geschieht, indem er sie, die rhetorische Figur der Aposiopese gebrauchend, als Griff ins Leere entdeckt – als ein Unternehmen, das nicht zum Ziel kommt, sondern jäh abbricht.

Hamanns Autorhandlung, die Syntax des Wenn-dann-Satzes zu zerbrechen, läßt sich in ihrem Gewicht mit Kants Kritik der Gottesbeweise vergleichen, der Hamann durchaus zustimmte. Gott kann nicht aus der Welt erkannt, nicht aus der Welterfahrung erschlossen werden. Freilich will Hamann Gott auch nicht, wie Kant, gegen die Welterfahrung postulieren. Kants Konstruktion des „guten Willens" gehört wie die der „reinen Vernunft"[174] zu den „speculations d' une Raison puriste" (11). In Kants „Purismus der Vernunft", dem Hamann metakritisch begegnet[175], erscheint der Geist der „Sages puristes de ce monde" (11).

Es ist ausdrücklich darauf zu achten, daß die hypothetische Formulierung Sache der Autorschaft Hamanns ist. Er bringt in die Schwebe der Hypothese, was sich von sich aus als gerade nicht hypothetisch, sondern als rund und abgeschlossen begreift. Eben dieser Abschluß, diese Rundung menschlicher Erkenntnis und damit zugleich auch der Vorgang der Bemühung der Weltweisen als ganzer wird in Frage gestellt. Das geschieht jedoch noch nicht durch die hypothetische Stilisierung als solche, sondern erst dadurch, daß der Konditionalsatz nicht weitergeführt, sondern abgebrochen wird. Das vermeintlich gefundene „Maximum personifié" hängt so in der Luft.

Wird damit menschliche Erkenntnis ins Beliebige gerückt? Bedeutet dies für den folgenden – abgeschlossenen – Satz, daß die Offenbarung sich _nicht_ auf die Erkenntnis der Weltweisen _bezieht_? Wird eine totale Dissoziation von Philosophie und Theologie empfohlen? Oder ist das Vorgehen Hamanns in diesem ersten Abschnitt seines Letzten Blattes auch eine Form der Kommunikation – und zwar einer besonders intensiven? Geht hier der Glaube dem Wissen auf den Grund – so, daß er es als ins Leere greifend erkennt, obwohl es selbst sich einbildet, ein Maximum gedacht zu haben?

Mit einem, wie der Vergleich der Textfassungen zeigt, bewußten

---

[174] Vgl. Anm. 468 ff.   [175] Vgl. unten IV. 5. e.

stilistischen Kunstgriff markiert Hamann jenen Bruch, der existentiell als „Angst in der Welt"erfahren werden kann, den die Metaphysiker aber überspielen, indem sie die Welt zu einem personifizierten Vernunft-Maximum („Maximum de raison personifié"[12]) gerundet denken.

Hamann jedoch will den Bruch nicht überspielen und die Angst nicht verdrängen. „Diese Angst in der Welt ist eben der einzige Beweis unserer Heterogeneität. Denn fehlte uns nichts; so würden wir es nicht beßer machen als die Heiden und Transcendentalphilosophen die von Gott nichts wißen, in seine Mutter, die liebe Natur, sich wie die Narren vergaffen, und kein Heimweh uns anwandeln. Diese impertinente Unruhe, diese heil. Hypochondrie ist vielleicht das Feuer, womit wir Opferthiere gesalzen und vor der Fäulnis des laufenden Seculi bewahrt werden müßen."[176]

Doch selbst das Innewerden der „impertinenten Unruhe", des „Heimwehs" und der mit beidem verbundenen „Angst in der Welt" könnte – via negationis – wiederum zu einem Gottesbeweis werden und zu einem Aufstieg verführen – à la vision d' un Etre des Etres de raison (H 8), zur Vision eines allerhöchsten Vernunftwesens, das als erschautes „Ideal" (vgl. „vision ideale": 11) in seiner Reinheit für Hamann ein „Idol" wäre[177].

Solcher Verführung zum Aufstieg ist durch Gottes Abstieg gewehrt, von dem der zweite Teil des ersten Abschnittes des Letzten Blattes redet (H 9–11): Während die Weltweisen von unten nach oben zu gelangen suchen, geht der Weg Gottes von oben nach unten.

Es drängt sich dabei die Frage auf, ob die Rede von Gottes Kondeszendenz ihre Verständlichkeit erst aus ihrer Konkurrenz zur menschlichen Gegenbewegung gewinnt. Mit welcher Art von Notwendigkeit muß von Gottes Offenbarung, von seiner Menschlichkeit, in einer kontroversen Situation die Rede sein, in der „natürlicher" menschlicher Gotteserkenntnis, die zur „Vision eines allerhöchsten Vernunftwesens" führt, sogleich widersprochen wird?

Hamann jedenfalls distanziert sich von philosophischer Bemühung nicht, sondern läßt sich unbefangen auf sie ein, ohne sich freilich mit ihr in einer immanenten Dialektik zu verschränken, aus der sich Gottes Offenbarung als notwendiger Gedanke ergäbe. Daß er philosophische Bemühung weder legitimiert noch sich von ihr puristisch distanziert, zeigen die Selbstbezeichnungen im vierten Abschnitt des Letzten Blattes. Sie halten in eindrücklicher Stilisierung fest, daß Vernunft und

---

[176] ZH IV, 301,33–302,2 (an Herder am 3. 6. 1781). Zitiert von S. KIERKEGAARD in: ders., Der Begriff Angst, Gesammelte Werke, Bd. 5, Jena o. J., 163, Anm. 1.
[177] Vgl. N III, 284,26 f. (Metakritik) und unten Anm. 468.

Offenbarung, Philosophie und Theologie in diesem Leben beständig miteinander in Konflikt liegen.

Auch im Umgang mit Saint-Pierre wird ein Konflikt unausweichlich. *Mit* Saint-Pierre widerspricht Hamann einem totalitären Systemdenken. Daß man sich mit der Entfernung von den Systemen der Intention ihrer Erfinder nähert (5), bedeutet für Hamann jedoch nicht etwa, daß man zur Wahrheit zurückfindet. Denn er mißtraut nicht erst den Systemen, sondern schon der bona intentio ihrer Erfinder. Er radikalisiert die Kulturkritik des Rousseauschülers, indem er bestreitet, daß die „Natur" als solche die „Quelle" alles Guten ist (vgl. 8 f.).

„Lassen Sie Ihre metaphysischen Träumereien und dienen Sie Gott in der Einfalt Ihres Herzens!"[178]. Solche metaphysikkritische Empfehlung Rousseaus reicht nicht nur nicht an die Wurzel des Übels; sie verkennt sie. Mit ihrer Berufung auf die ursprüngliche Güte der Natur und des menschlichen Herzens verkennen Rousseau, sein Schüler Saint-Pierre und Sophie La Roche, daß das menschliche Herz in seinen Projektionen und Produkten nicht einfältig, sondern zwiespältig, nicht gerade, sondern verkehrt ist. Das „Tichten und Trachten eures Herzens von Jugend auf zielt zum Mittelpunct der Erde"[179]; es ist in sich selbst reflektiert, in sich selbst verkrümmt und verbohrt. Könnte es ungehindert zur Wirkung kommen, dann würde es „euch ins unendliche Leere vom Vater des Lichts entfernen"[180].

Seine Kritik der Metaphysik radikalisiert Hamann also auf die Verkehrung des Dichtens und Trachtens des menschlichen Herzens hin. In dieser Verkehrung, der Wurzel alles Übels, wird Gott in seiner demütigen Menschlichkeit verkannt, anderswo gesucht und vermeintlich in der „Vision eines allerhöchsten Vernunftwesens", eines „personifizierten Vernunft-Maximums" gefunden.

Mit dieser Vision vergreift sich die verblendete Vernunft. Sie spielt, wie Luther in präziser Anschaulichkeit sagt, Blindekuh „mit Gott und thut eytel feyl griffe und schlecht ymer neben hin, das sie das Gott heysst das nicht Gott ist, und widderumb nicht Gott heysst das Gott ist, wilchs sie keynes thet, wo sie nicht wuste, das Gott were, odder wuste eben, wilche odder was Gott were. Darumb plumbt sie so hereyn und

---

[178] „ . . . laissez là vos rêveries métaphysiques et servez Dieu dans la simplicité de vôtre coeur": J. J. Rousseau à l'abbé Alexandre-Louis-Benoît de Carondelet (6. 1. 1764), in: DERS., Correspondance complète, ed. par R. A. Leigh, Tome XIX, Banbury/Oxfordshire 1973 [12 f.], 13. Vgl. Hamann selbst vor seiner Lebenswende: „Es scheint, daß GOTT" die Religion „den Einsichten unserer Vernunft hat entziehen wollen, um sie den Bewegungen des Herzens desto näher zu legen" (N IV, 18,27 f.; 1750).

[179] N III, 106,24 f. (Neue Apologie des Buchstaben h); vgl. Gen 6,5; 8,21. Vgl. auch ZH I, 297,11–16 (an J. G. Lindner am 10. 3. 1759) und N II, 67,36–38 (Sokratische Denkwürdigkeiten).

[180] Ebd., 106,26 f.

gibt den namen und gottliche ehre und heysset Got, was sie dunckt das Got sey und trifft also nymer mehr den rechten Gott sondern allewege den teuffel odder yhr eygen dunckel, den der teuffel regirt. Darumb ists gar eyn gros unterscheyd, wissen, das eyn Gott ist, und wissen, was odder wer Gott ist. Das erste weys die natur und ist ynn allen hertzen geschrieben. Das ander leret alleine der heylige geyst"[181].

Luthers in der Auslegung des ersten Gebotes gewonnene „natürliche" Theologie und Religionsphänomenologie[182] nimmt im Sinne von Röm 1, 19f. ein von jedem Menschen gelebtes Gottesverhältnis an, das faktisch und praktisch aber immer verfehlt ist; es ist ein Mißverhältnis. Die Vernunft greift immer schon nach Gott, aber immer daneben, so daß Luther (zu Jona 1,5: „Da fürchteten sich die Leute und schrien ein jeder zu seinem Gott") pointiert formulieren kann, daß „dise leute ym schiffe alle von Gott *wissen*", „aber keynen *gewissen* Gott" haben[183].

In erstaunlich genauer Übereinstimmung mit diesem Urteil Luthers redet Hamann von der „anonymen Prolepse" der Vernunft, in der sie sich mit ihren Annahmen dauernd vertut, mit ihrem Vorgriff und ihren Projektionen sich in vielfältigster Weise vergreift. Die „anonyme πϱόληψις" hat nicht nur den Begriff des „allerhöchsten Vernunftwesens" (H 8), sondern „tausend mythologische Namen, Idole und Attribute hervorgebracht, welche aber sämmtlich . . . in die *älteste Schoossünde* der *Selbstabgötterey* concentrirt, zusammenflossen. Denn diese πϱόληψις *Gott gleich zu seyn* hatte aller philosophischen Erkenntniß und gesetzlichen Gerechtigkeit die Bahn gebrochen"[184]. „Denn was ist die hochgelobte *Vernunft* mit ihrer Allgemeinheit, Unfehlbarkeit, Überschwenglichkeit, Gewißheit und Evidenz? Ein Ens rationis, ein Ölgötze, dem ein *schreyender* Aberglaube der Unvernunft *göttliche Attribute* andichtet."[185]

Im ersten Abschnitt des Letzten Blattes wird dem allerhöchsten Vernunftwesen als dem Fund und Produkt der Weltweisen der Name „Gott", den sie „par leurs Etudes de la Nature" in der Anonymität eines „tausendzüngigen Mysteriums"[186] zu rufen und zu greifen suchen, verweigert. Der Name „Dieu" ist dem vorbehalten, der seine Menschlichkeit in den „Origines etymologiques de l' Evangile" offenbart hat.

---

[181] WA 19, 207,4–13 (zu Jon 1,5; 1526).

[182] Vgl. bes. Luthers Auslegung des Ersten Gebotes im Großen Katechismus (WA 30,I, 132,31–139,12).

[183] WA 19, 208,21 f. (Hervorhebung von uns).

[184] Ed. Manegold, XXII,15 – XXIII,4; N III, 224,17–22 (Konxompax). Vgl. Ed. Manegold, XXVIII, 5–9; N III, 226,12–15 (Ens entium . . . Ens rationis . . . Πϱόληψις).

[185] Ed. Manegold, XXIV, 10–15; N III, 225, 3–6 (Konxompax). Vgl. Hamanns Kritik des „transcendentalen Aberglaubens an entia rationis" N III, 285,35 (Metakritik).

[186] Ed. Manegold, XXVIII,10f.; N III, 226,15.

In seinem „offenbarten Namen"[187] ist Gott Subjekt. Die Weltweisen dagegen finden und erkennen kein Subjekt, sondern immer nur ein Prädikat. In ihrer metaphysischen Theologie fragen sie nach Grund, Ziel und Einheit der Wirklichkeit und prädizieren von ihr „Gott". „Gott" erscheint in der sprachlichen Form der *Aussage*. Und zugleich erscheint er als Neutrum – ètwa als „Maximum" (H 9)[188]. Seine Personalität wird als Zusatz zum prädizierten Neutrum begriffen.

Auch dieser Sachverhalt ist wiederum unübertrefflich und unübersetzbar in der Sprachgestalt zur Anschauung gebracht. Die übliche französische Wortstellung des nachgeordneten Partizips drückt hier zugleich einen Sachverhalt aus: das „personifié" wird dem „Maximum" adjiziert; es wird sein Adjektiv, dem neutrischen Subjekt gleichsam nur angehängt, „angedichtet".

In diesem Vorgang und Sachverhalt sieht Hamann „philosophische *Idolatrie*"[189]. „Der Gegenstand eurer Betrachtungen und Andacht ist nicht Gott, sondern ein blosses *Bildwort*, wie eure *allgemeine Menschenvernunft*, die ihr durch eine mehr als *poetische Licenz* zu einer wirklichen *Person* vergöttert."[190]

Die „Weltweisen" machen aus der vorausgesetzten Allgemeinheit der Vernunft einen „Gott". In dieser Vergöttlichung der angenommenen und darin proleptischen Allgemeinheit der Vernunft ist verkannt, daß sie ein „Geschlechtregister" hat[191], also geschichtlich geworden ist. „Ist eure ganze *Menschenvernunft* etwas anders als *Überlieferung* und *Tradition?*"[192]

Der erste Abschnitt des Letzten Blattes bildet sich in zwei sprachlichen Bewegungen, die sich gegenseitig nicht integrieren, sondern in ihrer Richtung einander widersprechen. Gleichwohl bezieht sich die zweite Bewegung auf die erste. Sie kritisiert sie, die durch die anakoluthische Stilisierung dem Leser als Griff „ins unendliche Leere"[193] und Ungewisse zu verstehen gegeben wird.

Solcher Vorgriff vergreift sich; er will das schlechthin Unmögliche.

---

[187] Ed. Manegold, XXII,13f.; N III, 224,15; vgl. XXVIII,7; N III, 226,13.

[188] Hamann hebt auch sonst kritisch auf das Neutrum ab, besonders auf „Ens". Die Philosophen müssen zur Sicherung ihrer "Eroberungen, bey Zeiten darauf bedacht seyn müßen, den Unterschied der *drey Personen* in der *Grammatick* wie in der *Dogmatick*, durch den gewaltigen Arm ihrer gesunden Vernunft zu proscribiren und aus dem Wege zu räumen" (N III, 179,30–33; Zweifel und Einfälle).

[189] N III, 106,39 (Neue Apologie des Buchstaben h). Vgl. Anm. 179 und 185.

[190] Ebd., 106,32–36; vgl. N III, 180,31f. („ . . . durch die Abstraction zur allgemeinen Vernunft vergöttert . . ." [Zweifel und Einfälle]).

[191] Ebd., 107,6.

[192] Ebd., 107,3–5.

[193] Ebd., 106,26f.

„Um die Erkenntnis des höchsten Wesens auf euren [= eurem] kleinen Irrstern . . . wirklich hervorzubringen, bleibt wol kein natürlicheres und vernünftigeres Mittel übrig, als daß einer eurer Brüder selbst hinauf gen Himmel fahre, und wieder hinabfahre in den Abgrund der Todten."[194]

Ins schlechthin Unmögliche, unendlich Leere und Ungewisse griffe menschliches Wollen und Denken und bliebe, fern von Gott, in sich selbst verbohrt, wenn Gott sich – seinen Namen – nicht offenbart hätte. Nicht menschlicher Tiefsinn und Aufstieg erreicht ihn; er erschließt sich in demütigem Herabkommen und Menschwerden: „Gott hat offenbart die Menschlichkeit seiner Kraft und seiner Weisheit." (H 9 f.).

Der abgebrochenen Hypothese tritt damit ein thetisch-assertorischer Satz entgegen. Die Entgegensetzung war im ersten und zweiten Entwurf des Textes noch nicht so schroff wie nun in seiner Endfassung; sie war sprachlich vermittelt („mais . . .": 12). Der Vergleich zeigt „das große Gesetz der Sparsamkeit" des Hamannschen Stils, seine „wunderliche Öconomie"[195].

Weiter zeigt sich im Vergleich vor allem des ersten Entwurfs und der Endfassung eine klare Umakzentuierung. Sie betrifft das Verhältnis von jeweiligem *Medium* und *Subjekt* der einander widersprechenden Bewegungen, von denen die beiden Hälften des ersten Abschnitts des Letzten Blattes reden.

Im ersten Entwurf waren durch Voranstellung das „Par les etudes de la Nature" und das „dans les Origines etymologiques de l' Evangile" einander pointiert kontrastiert worden; die Satzsubjekte – „Sages" und, nachträglich[196], „Dieu" – folgten. Der zweite Entwurf nimmt im Prozeß der Umakzentuierung von Medium und Subjekt eine Zwischenstellung ein, insofern in ihm nur die Stellung von „Sages" verändert ist. Erst in der Endfassung sind die Subjekte betont, das Medium ihres Handelns nachgeordnet.

Der Blick auf Hamanns Formulierungsversuche im ersten Entwurf (13) zeigt die Bedeutung von „l'humanité". Hamann nimmt damit ein Lieblingswort der Aufklärung auf, um seine Bedeutung sogleich metakritisch zu wandeln und im Sinne der humanitas Dei (Tit 3,4) geltend zu machen. Im Begriff, „ein P. S. aus der *Vulgata* zu den 4 Motti im Stambuch der Prinzeßin zusammen" zu flicken[197], schiebt Hamann in die französische Bezugnahme auf Saint-Pierre zunächst das lateinische „spe-

---

[194] Ebd., 106,9–14. Hamann nimmt damit Röm 10,6f. und Dt 30,11–14 auf. An beiden Stellen geht es um das nahe Wort; um die Nähe und Menschlichkeit Gottes. Vgl. N I, 291–297 (Aufzeichnung vom 7. Mai 1758).

[195] N III, 187, 26.18 (Zweifel und Einfälle).

[196] Vgl. Textkommentar zu Z. 13.

[197] ZH VII, 482, 2ff.

culum in aenigmate" (1Kor 13,12) ein und ist danach zuerst ganz auf den lateinischen Text von 1Kor 1,18–31 ausgerichtet (13f.). Daß sich dann in den lateinischen Text „l'humanité" hineindrängt und vom Genitivattribut der im Gefolge dieses Hineindrängens französisch erscheinenden sapientia („sagesse de son humanité: 13) zum Akkusativobjekt wird, das nun seinerseits die sapientia regiert („l'humanité . . . de sa sagesse"), weist der „humanité" eine Schlüsselfunktion für das Verständnis des ganzen Satzes zu. Diese Schlüsselfunktion ergibt sich weiterhin daraus, daß erst im Anschluß an die offenbar zur Präzisierung des Textes eingeführte „humanité" das „facie ad faciem" (1Kor 13,12) als Oppositum zum „speculum in aenigmate" seinen ihm nach Hamanns Verständnis zukommenden Ort findet.

Indem so sehr die „Menschlichkeit" der göttlichen Kraft und Weisheit betont wird, können virtus und sapientia nicht mehr als metaphysische Gottesprädikate verstanden werden; sie erfahren als solche Kritik. Das abstrakte Gottesattribut der virtus (δύναμις) bereitet den Juden keinen Anstoß, das der sapientia (σοφία) erscheint den Griechen nicht als Torheit. Im Gegenteil. Juden und Griechen, die Gesamtheit der Menschen, wollen und bejahen den Gott der großen Machterweise (vgl. „Magna Moralia": H 22) wie den Gott des großen Wissens (vgl. μαϑήματα: H 22), den Gott der *Moral* und den Gott der *Metaphysik*. Doch jene Kraft und Weisheit, die von Gottes Menschlichkeit und Menschenfreundlichkeit regiert wird, die bis in das Leiden und Sterben Jesu am Kreuz hinein reicht, daraufhin und davonher sich bestimmt, ist „Judaeis Scandalum; Graecis Stultitiam 1Cor I. 23.24" (H 11). „Der Heyde, der Philosoph, erkennt die Allmacht, die Hoheit, die Heiligkeit, die Güte Gottes; aber von der *Demut* seiner *Menschenliebe* weiß er nichts".[198]

Mit der lakonisch kurzen Endfassung ist ein weiter Zusammenhang angesprochen; der erste Entwurf hatte außer 1Kor 1,23f. ausdrücklich noch aus den Versen 27–29 zitiert (14). Das „Wort vom Kreuz" (1Kor 1,18) war Hamann von 1758 – von den „Biblischen Betrachtungen"[199] und seinen „Gedanken über meinen Lebenslauf"[200] – an über die „Wolken"[201] und die „Kreuzzüge des Philologen"[202] bis zum Ende seiner

---

[198] ZH I, 394,16–18 (an G. I. Lindner am 9. 8. 1759). Vgl. unten bei Anm. 326 im Zusammenhang von IV. 3.

[199] N I, 6,4–16 und weiter etwa N I, 234,35–235,10 (zu 1Kor 1,17.21) sowie 169,23–28.

[200] N II, 43,40.

[201] N II, 107,7–9, vor allem aber 108,16–26. Vgl. ZH I, 300, 19–23 (an den Bruder am 14. 3. 1759)und ZH I, 341,3–5 (an J. G. Lindner am 5. 6. 1759).

[202] N II, 255,17–25 im Blick auf den Titel „Kreuzzüge des Philologen", vor allem Z. 24f.: „Ist nicht das Wort vom Kreutz in der Aufschrift seines Buches den Juden ein Ärgerniß und den Griechen eine Thorheit?" und weiter bes. N II, 249,31–50; 263,50–55. Aus der unmittelbar folgenden Zeit vgl. die höchst aufschlußreiche Rezension der

Autorschaft und seines Lebens das Schlüsselwort seines lutherischen Christseins, das „meine geheime Autorschaft über ein Vierteljahrhundert im Schilde geführt"[203] hat.

Nach dem Stammbucheintrag wiederholte Hamann das Wort vom Kreuz in einem Gespräch mit der Fürstin in Münster am 22. Mai 1788, der dieses Wort samt seinem „lebendig in diesem Spruch verhüllten" Zeugen zu einem Ereignis wurde, das sie in ihrem Tagebuch genau festhielt: „Ich war vorigen Donnerstag, den 22ten, als ich nach tisch mit ihm in der laube saß sehr geruhrt als er mit der Fülle des Gefuhls, die nur der ausdenken kann dem dieses Gefuhl *Eigen* ist, den spruch aus dem Paulus citirte von Göttliche Thorheit etc ad Cor: 1te Epistel – I. 23, 25.27. ich muste die Nahen Tränen die mir in die augen stiegen mit gewalt verschluken, denn ich fuhlte *ihn* augenblicklich lebendig in diesem spruch verhullt."[204] Einen Monat später ließ sie, wie bereits erwähnt, die Paulusverse als Inschrift auf das Grabmal des neben jener Laube bestatteten Hamann setzen.

In auffallender Weise sind in den ersten Abschnitt des Letzten Blattes zwei Wendungen aus 1Kor 13,12 eingeblendet: speculum in aenigmate – facie ad faciem. Auch mit diesen in Klammern gesetzten Vulgatastücken will sich Hamann kritisch auf Saint-Pierre und des weiteren auf die „Etudes de la Nature" aller Weltweisen beziehen.

Der Gebrauch der beiden Zitate, ihre Stellung in dem von Hamann hergestellten Zusammenhang und die in diesem sich ergebenden Zuordnungen und Bezugnahmen überraschen. Darf man denn aus dem futurischen „tunc autem facie ad faciem" des Paulustextes eine Näherbestimmung des präsentischen Perfekts „Dieu a revelé" machen?

Eine Antwort auf diese Frage ergibt sich, wenn wir zuerst auf die Stellung des „speculum in aenigmate" achten. Mit dieser Klammerbemerkung ist metakritisch dem Selbstverständnis der Weltweisen widersprochen. Ihre „Etudes de la Nature" sind, dem ersten Textentwurf zufolge, in die Reihe der „speculations d' une Raison puriste" (11) zu stellen. Diese Spiegelungen einer vermeintlich reinen Vernunft bieten in Wahrheit keine Klarheit. Mit ihnen schaut man vielmehr in einen *dunklen* Spiegel (speculum in aenigmate)[205]; das in ihnen erreichte Wissen um Gott ist ungewiß.

„Vernunft= und schriftmäßige[n] Gedanken von den Lebenspflichten der Christen, entworfen von Daniel Heinrich Arnoldt" vom 30. 3. 1764: N IV, 281–283, vor allem 282,44–46. Vgl. unten IV. 3., bes. bei Anm. 336–344.

[203] Ed. Wild, 80,22f.; N III, 407,16f. (Fliegender Brief, 2. Fassg.).

[204] Zitiert nach Schlüter, aaO. (s. Anm. 87), 419; vgl. Sudhof, Von der Aufklärung zur Romantik, 204.

[205] Luther übersetzt 1Kor 13,12: „durch einen Spiegel in einem dunkeln Wort." Die zweite präpositionale Bestimmung steigert das Moment des Indirekten („Spiegel") ins Unverständliche und Rätselhafte. Das Bild vom „Spiegel im Rätsel" hat Hamann auch zur

Wie das scheinbar Klare in Wahrheit rätselhaft dunkel ist, so ist das
scheinbar Verborgene offenbar. Der anstößigen und törichten Knechts-
und Kreuzgestalt der menschlichen Gotteskraft und menschlichen Gottesweisheit widerspricht das „facie ad faciem" nicht. Als Mensch begegnet Gott dem Menschen – „von Angesicht zu Angesicht".

Hamann bringt damit zur Geltung, was Paulus 1Kor 13,12 nicht sagt,
2Kor 3f. aber betont: daß Gott menschlich redet. Im Angesicht Jesu
Christi ist uns das Angesicht Gottes selbst aufgedeckt und leuchtet uns
(2Kor 4,6[206]; 3,18[207]; vgl. Num 12,8). Verborgen (vgl. 2Kor 4,3f.) ist
Gott darin, daß er die natürlichen menschlichen Erwartungen von
göttlicher Stärke und Weisheit enttäuscht. Dem Text 1Kor 13,12 widerspricht Hamann insofern nicht, als dort das menschliche Sehen und
Erkennen betont ist, nicht aber Gottes Offenbarung und Zuwendung.
Hinter das passivum divinum „cognitus sum" – ich bin, von Gott,
erkannt – hätte Paulus ja nicht „tunc autem" gesetzt, sondern, wie aus
2Kor 3f. erhellt, durchaus „facie ad faciem".

Gegenüber Wortlaut und Thema von 1Kor 13,12 weist Hamanns
Cento – in äußerst kühnem, aber nicht vermessenem Schriftgebrauch –
eine zweifache Verschiebung auf: Die Bestimmung der gegenwärtigen
Existenz der Christen (Videmus nunc per speculum in aenigmate) wird
den Bemühungen der Weltweisen zugeschrieben; das Futurum (tunc
autem facie ad faciem) wird für die Gegenwart in Anspruch genommen,
sofern sie davon bestimmt ist, daß Gott die Menschlichkeit seiner Kraft
und seiner Weisheit offenbart *hat*.

Abschließend ist auf die Art und Weise zu achten, in der *Ort* und
Medium des göttlichen Offenbarungshandelns genannt werden: „dans
les Origines etymologiques de l' Evangile" (H 10f.), „in den wahren
Urkunden, die das Evangelium ist"[208].

Auf dieser adverbialen Bestimmung lag – wie auf ihrem Pendant:
„par leurs Etudes de la Nature" – im ersten Entwurf von ihrer Satzstel-
lung her der Hauptakzent; durch die in der Endfassung vollendete
Umstellung sind Subjekt und Objekt stärker betont. Gleichwohl bleibt

---

Verdeutlichung weiterer Zusammenhänge gern gebraucht. So etwa zur Erläuterung der
heilsgeschichtlichen Stellung der Juden, N I, 319,2–4 (Betrachtungen über Newtons
Abhandlung von den Weissagungen): „Die Juden bleiben noch immer ein Spiegel, in dem
wir Gottes Geheimnisse in der Erlösung des Menschlichen Geschlechts als ein Rätzel
sehen"; in den „Wolken" erscheint die Sokratesgestalt als „Spiegel im Rätsel" (N II,
91,19); in der „Abfertigung" deutet Hamann in diesem Bild die Rätselhaftigkeit des
menschlichen Sprachursprungs an (N III, 22,22–27; vgl. dazu BÜCHSEL, HH IV, 155).

[206] „Quoniam Deus, qui dixit de tenebris lucem splendescere, ipse illuxit in cordibus
nostris ad illuminationem scientiae claritatis Dei, in facie Christi Iesu."
[207] „Nos vero omnes, revelata facie gloriam Domini speculantes . . ."
[208] Der Genitiv dürfte epexegetisch zu verstehen sein.

die Bestimmung auch in dieser Stellung kraft ihrer inhaltlichen Eigenart höchst bemerkenswert.

Von der Menschlichkeit der göttlichen Kraft und Weisheit, von der Geschichte Jesu Christi wird nicht abgesehen von ihrer Selbstbezeugung, ihrer authentischen Kunde geredet; „*Sprache*" und „*Schrift*" sind „die unumgänglichste[n] *Organa* und Bedingungen alles menschlichen Unterrichts, wesentlicher und absoluter wie das Licht zum Sehen und der Schall zum Hören"[209].

Das von Hamann und dann vor allem von Herder gern gebrauchte Wort „Urkunde" hebt in glücklicher Weise nicht nur auf den schriftlichen, sondern, zugleich auf den mündlichen (Kunde-)Charakter zunächst der biblischen Urgeschichte (Gen 1–11) ab. Hier im Letzten Blatt ist die wahre Urkunde das Evangelium. Beide Urkunden, die biblische Urgeschichte wie das Evangelium, werden gelegentlich parallelisiert; in „Le Kermes du Nord" redet Hamann von einer Untersuchung „sur les *Origines* ou la plus ancienne charte du Genre humain et sur la „*Génèse* du Christianisme"[210].

Die Identifizierung von „Urkunde" und „Evangelium" als dem sich authentisch mitteilenden Jesus Christus selber findet sich auch in „Zweifel und Einfälle . . .": „aller *philosophische* Widerspruch und das ganze *historische* Rätzel unserer *Existenz*, die undurchdringliche Nacht ihres Termini a quo und Termini ad quem sind durch die *Urkunde* des *Fleisch gewordnen Worts* aufgelöset"[211]. Wie im Letzten Blatt ist diese Urkunde, das Evangelium, „dem natürlichen Menschen Thorheit und Ärgerniß"[212]; er muß sich „der göttlichen *Kraft* und göttlichen *Weisheit* im *Worte* vom *Kreutze* schämen und sich daran stoßen"[213].

So sind die „Origines", die göttlichen „Urkunden"[214], wesentlich davon bestimmt, daß „die göttliche Schreibart auch das alberne – das seichte – das unedle – erwählt, um die Stärke und Ingenuität aller Profanscribenten zu beschämen"[215]. „Der Zeitungs- und Briefstyl", der

---

[209] N III, 130,6–8 (Prolegomena).

[210] N II, 322,15–17. Zu „charte" vgl. CHARTA MAGNA: N III, 126,1 im Zusammenhang der ganzen Schrift (Prolegomena).

[211] N III, 192,22–26 (Zweifel und Einfälle).

[212] Ebd., 193,4.

[213] Ebd., 193,1f.

[214] N II, 171,22 (Hellenistische Briefe) im Zusammenhang des ganzen „Ersten Briefes" (169–173) und seiner formgeschichtlichen Sicht der urchristlichen Literatur.

[215] Ebd., 171,12–14. Aufgenommen ist dabei 1Kor 1,18–31, besonders 27f.; vgl. den ersten Entwurf des Letzten Blattes (14). Dem entspricht unmittelbar Hamanns kondeszendenz-theologische Trinitätslehre (N II, 171,4–8): „Es gehört zur Einheit der göttlichen Offenbarung, daß der Geist GOttes sich durch den Menschengriffel der heiligen Männer, die von ihm getrieben worden, sich eben so erniedrigt und seiner Majestät entäußert, als der Sohn Gottes durch die Knechtsgestalt und wie die ganze Schöpfung ein Werk der höchsten Demuth ist."

Stil des Evangeliums und der Briefe, „gehören nach allen Rhetoricken zum humili generi dicendi"[216]. Als Kleinliteratur also, geschrieben „von Leuten, die keine literati ihres Seculi waren"[217], muß „die Schreibart der Bücher des N.[euen] B.[undes] beurtheilt werden, und hierinnen sind sie gewissermaßen original"[218].

Wenn „les Origines" „etymologiques" genannt, die „Urkunde" und „Urschrift unsers Glaubens"[219] also als „wahr" bezeichnet werden, dann tritt im Adjektiv ausdrücklich hervor, was schon im Substantiv mitgesagt ist[220]. Beantwortet ist damit die Frage nach der Wahrheit und Autorität, die Frage nach der Autorität der Wahrheit. Gott hat uns „sein Wort als eine Urkunde der Wahrheit"[221] gegeben. Die „Origines" sind wahr („etymologiques"[222]), „Urkunden" sind „Vollmachten"[223]; Paulus etwa erscheint als „Originalautor"[224].

In seiner Schrift über die Genesisauslegung Herders – „die neueste Auslegung der ältesten Urkunde des menschlichen Geschlechts" – gibt Hamann einen „Begriff von der Haupt-Absicht unsers Autors" in vier „Cardinalpuncte[n]"[225], denen er zustimmt[226]; der zweite Punkt lautet: „Diese ORIGINES" sind kein *Gedicht*; noch morgenländische *Allegorie*; am wenigsten *ägyptische Hieroglyphe*: sondern eine *historische Urkunde*, im *allereigentlichsten Verstande* – ein *Familienstück* – zuverlässiger, als irgend ein *Phänomen* der *Natur* oder das gemeinste *physicalische Experiment* –."[227]

---

[216] Ebd., 171,30f.; vgl. N I, 223,31–33 (Biblische Betrachtungen): „Die Predigt des Evangelii wird daher die *fröhliche Zeitung des Königreichs Gottes* genannt. Luc. VIII.1."

[217] Ebd., 169,36f.

[218] Ebd., 172,1f.

[219] N II, 141,6 (Die Magi aus Morgenlande).

[220] Vgl. im Zusammenhang der „ORIGINES" (s. Anm. 227), der „historischen Urkunde" (N III, 125,17.19) das „ächt" (125,14) und „wahr" (125,15).

[221] N I, 59,18f.; vgl. 29 (Biblische Betrachtungen).

[222] Das griechische Wort heißt „wirklich, wahr, echt, gewiß, leibhaft, deutlich"; bei den Grammatikern ist τὸ ἔτυμον „das Stammwort, origo" (BENSELER, Griechisch-Deutsches Schulwörterbuch, 7. Aufl. Leipzig 1882,317).

[223] ZH I, 335,31 (an J. G. Lindner am 1. 6. 1759).

[224] N II, 150,14f. (Kreuzzüge des Philologen).

[225] N III, 125,9f. (Prolegomena).

[226] Ebd., 126,24 („„Siehe, der Geruch meines Sohns . . .'"). Hamann hatte selbst einmal mit einer Arbeit „über die Genesin" begonnen und sie dann später offenbar wieder aufgenommen: „Origines; war ein kleiner Versuch, den ich nach den Sokr. Denkw. schreiben wollte . . ."; ZH III, 34,18f. 23f. (an Herder am 13. 1. 1773). Vgl. damit ZH II, 416,8–11 (an Herder am 23. 5. 1768). Zu Hamanns Plan der „ORIGINES" vgl. NADLER, aaO. (s. Anm. 114), 60f.; und weiter: E. METZKE, J. G. Hamanns Stellung in der Philosophie des 18. Jahrhunderts, Halle 1934 [= Schr. d. Kgsbg. Gel. Gesellsch. 10. Jahr, Geisteswiss. Klasse, H. 3], ND Darmstadt 1967, 93f. [Repr. S. 213].

[227] N III, 125,17–23 (Prolegomena). Die Historie ist nicht ohne Mythologie: Vgl. N II, 65,9–13 (Sokratische Denkwürdigkeiten): „Doch vielleicht ist die ganze Historie mehr

Wahrheit wird damit nicht mehr, langer und starker Tradition entsprechend, im Sinne mathematischer Wahrheit und Evidenz verstanden; Hamann löst sich aus dem Bann jener „apodictische[n] Gewißheit", die im Gefolge des Platonismus „ein altes kaltes Vorurtheil für die Mathematik vor und hinter sich" hat[228]. Wahrheit ist vielmehr die Wahrheit der „historischen Urkunde"; Hamann weiß „von keinen *ewigen Wahrheiten, als unaufhörlich Zeitlichen*"[229]. Weil die biblische Urgeschichte „den Ursprung aller Dinge in sich hält; so ist ein historischer Plan einer Wissenschaft immer besser als ein logischer"[230].

Sagt Hamann in seiner Schrift „über die neueste Auslegung der ältesten Urkunde" von der Genesis, daß aus ihr „jenes *matte* und *dürftige Stückwerk* in den . . . neuesten rothwelschen Systemes de la Nature entsprungen" sei[231], so erscheint im Letzten Blatt dieses Urteil übertragen auf das Verhältnis des Evangeliums, der Genesis des Christentums, zu den „Etudes de la Nature".

Die in seiner Zeit mit alten Gottesprädikaten gefeierte „Natur" erlaubt nach Hamann keineswegs „la vision d'un Etre . . .". Natur und Welt erlauben keine „Schau", sind für Hamann vielmehr „speculum in aenigmate" – ein Spiegel, in dem man nur Rätselgestalten sieht[232]. Hamann widerspricht damit auch dem ansonsten systemkritischen Saint-Pierre, dem Verfasser der „Études de la Nature", der – in einem Wort, das Hamann als vierten „Schnitzer" bei jenem ersten Eintrag ins Stammbuch der Fürstin geschrieben hatte – dafür warb, als wahre

---

Mythologie, als es dieser Philosoph Bolinbroke meynt, und gleich der Natur ein versiegelt Buch, ein verdecktes Zeugnis, ein Räthsel, das sich nicht auflösen läßt, ohne mit einem andern Kalbe, als unserer Vernunft zu pflügen." Auf die Urgeschichte des biblischen Buches „Genesis" als auf die „allerältesten Urkunden des menschlichen Geschlechts" beruft sich Hamann auch in „Golgatha und Scheblimini": N III, 306,29f. Vgl. ebd., 308,38f. Vgl. Hamanns Rede vom „*Urkundliche[n]* der Natur": ZH II, 84,22 (an J. G. Lindner am 5. 5. 1761).

[228] N III, 285,18–20 (Metakritik).

[229] N III, 303,36f. (Golgatha und Scheblimini); vgl. 304,27–305,12; 311,37–40. Auf Lessings These: „Zufällige Geschichtswahrheiten können der Beweis von nothwendigen Vernunftwahrheiten nie werden" („Über den Beweis des Geistes und der Kraft", 1777, in: G. E. LESSINGS sämtliche Schriften Bd. 13, hg. v. K. Lachmann, dritte, auf's neue durchgesehene und vermehrte Auflage, besorgt durch F. Muncker, Leipzig 1897 [1–8], 5) geht Hamann ausdrücklich in „Konxompax" ein: Ed. Manegold, IX, 3ff.; N III, 218,20ff.; Ed. Manegold XXX, 11–15; N III, 227,11–14.

[230] ZH I, 446,32–34 (an Kant 1759) im Blick auf den gemeinsamen Plan einer „Kinderphysik" (ebd. 444,18).

[231] N III, 125,28–31 (Prolegomena); gemeint ist hier THIERRY D' HOLBACH mit seiner Schrift „Système de la Nature ou des lois du monde physique et du monde moral" (1770).

[232] Vgl. Anm. 205. Vgl. G. KITTEL, Art.: αἴνιγμα (ἔσοπτρον), in: Theologisches Wörterbuch zum Neuen Testament, hg. v. G. Kittel, Erster Bd., 1. Aufl. 1933, Stuttgart 1957, 177–179; Art.: ἔσοπτρον, κατοπτρίζομαι, ebd., Zweiter Bd., 1. Aufl. 1935, Stuttgart 1960, 693f.

Lehrmeisterin die Natur zu befragen und aus ihr als der Quelle aller
Begabung und alles Guten zu leben[233]. Wer sich in der Natur und Welt so
heimisch fühlt, der gehört zu jenen „Heiden und Transcendentalphilosophen[,] die von Gott nichts wißen" und in ihre „Mutter, die liebe
Natur, sich wie die Narren vergaffen"[234], um durch ihre Erforschung zur
„Vision eines allerhöchsten Vernunftwesens" zu gelangen, das man
genau zu kennen und dem man face à face (facie ad faciem) gegenüber-
zustehen meint.

Facie ad faciem aber hat der, der allein den Namen „Gott" verdient,
seine Kraft und Weisheit menschlich erfahren lassen – in der wahren
Urkunde, dem Evangelium. Anders als in dieser Urkunde sehen wir in
der Natur und Welt nur „durch einen Spiegel in einem dunkeln Wort".

2. *Zweiter Abschnitt: Alte Welt und neue Welt*

Der zweite Abschnitt des Letzten Blattes schließt in seiner Endfassung
mit „OMNES – UNUS Gal.III.28" (H 16). In diesem formalen Schluß
gipfelt der Abschnitt zugleich auch inhaltlich-sachlich. Hamann bezieht
sich mit dem in diesem Schluß enthaltenen „non est masculus neque
femina" (H 15f.) klar auf das zweite Motto aus den „Etudes de la
Nature" Saint-Pierres: „Les Sexes se denaturent, les hommes s' effeminent et les femmes s' hommassent" (6). Dieser Kulturkritik des
Rousseauschülers, der die Rückkehr zu einer ursprünglichen und reinen
Natur empfiehlt, begegnet Hamann kritisch mit einer zugespitzt christologisch gefaßten Eschatologie.

Differenzierter wahrnehmen läßt sich Hamanns Antwort aus dem
Entstehungszusammenhang des Centos. Hamann hatte mit dem ersten
Abschnitt des Letzten Blattes zunächst an den Titel des Werkes von
Saint-Pierre und an das erste Motto (5) angeknüpft, um zur Frage der
Bildung von Systemen Stellung zu beziehen; er tat dies in seinem
Vulgatacento mit 1Kor 1,23f. und mit 1Kor 13. Dem zweiten Motto
nun will er metakritisch mit Gal 3,28 begegnen und von der Relativie-
rung und Aufhebung des Unterschiedes der Geschlechter reden, bleibt
aber, durchaus schon an diese Aufhebung denkend, zunächst noch an
1Kor 13 haften (15). Er revidiert diese Assoziation, indem er 1Kor
13,8.10 (15) durchstreicht, und beginnt sofort mit dem Zitat, mit dem
er den entscheidenden Punkt gesetzt sieht: Gal 3,28.

Gleich hier im ersten Entwurf fällt die über die Linie geschriebene
griechische Lesart des zunächst noch nicht durchgehend in Majuskeln

---

[233] Vgl. oben bei Anm. 82.
[234] ZH IV, 301,35f. (an Herder am 3. 6. 1781).

geschriebenen, jedoch durch Unterstreichungen hervorgehobenen „Omnes, – Unus" auf: „παντες – ΕΙΣ" (ΕΙΣ steht schon in Majuskeln). Hamann kommt es darauf an, im Unterschied zum neutrischen „unum" der Vulgata, das als neutrisch-neutral gedachte metaphysische Einheit mißverstanden werden könnte, an der maskulinen Lesart des griechischen Urtextes festzuhalten, die, wie unten des näheren auszuführen sein wird, das christologisch personale Verständnis der eschatologischen Einheit als Gemeinschaft verbürgt.

Daß es sich bei Gal 3,28 nicht um eine reine Idee – weder um ein protologisches noch auch um ein eschatologisches Idealbild – handelt, sondern um eine Bestimmung eminenter Zeitlichkeit, um eine *„zeitliche und ewige* Geschichtswahrheit"[235], will Hamann, wie der Fortgang des Textes zeigt, ausdrücklich klarstellen. Er erreicht diese klärende Explikation durch den Einsatz zweier aus 2Kor 5,17 und Apk 21,6 scharf ausgestochener Zitate, die er in eigener Zutat („per EUM, qui") fest verknüpft: „Vetera transierunt: ecce facta sunt omnia nova per EUM, qui dixit: Ego sum A et Ω" (17f.). Diese in fast derselben Weise schon am Schluß der „Zwey Scherflein"[236] hergestellte Zitatenkombination bleibt in allen drei Textfassungen, von den Stellennachweisen abgesehen, in sich fest (vgl. mit 17f.: 38 und H 12f.). Hamann hatte mit ihr schon im ersten Entwurf eine offenbar unüberbietbare Kürze erzielt.

Das Folgende zeigt, daß es Hamann notwendig erscheint, den Gegensatz von „einst" und „jetzt" („vetera – nova") mit dem Gegensatz von „jetzt" und „einst" zu verbinden und auch die Ausführung des begonnenen ewig Neuen deutlich zu machen. Er tut dies mit Zitaten aus 1Kor 13,8–10 (18f.), mit denen er an die im ersten Abschnitt aus 1Kor 13 zitierten Stücke anknüpft.

Weiter erreicht er mit dem von ihm mit „perfectum" bzw. „consummatio perfecti" gesuchten und gewollten Schluß eine Verkettung, eine sprechende, bedeutungsvolle Naht im Flickteppich seines Vulgatacentos, indem er sofort mit dem Beginn des Johannesprologs fortfährt („In principio erat verbum . . .": 19). Damit greift Hamann auf den Schluß der „Zwey Scherflein" zurück, mit dem er an dem Gen 1 aufnehmenden Johannesprolog das Eschatologische hervorkehrt, vom Feuer des Gerichtes redet, in dem das Alte verbrennt, und mit dem Johannesprolog Apk 21,1.5 verknüpft, in das 2Kor 5,17 eingeschoben ist: *„Es werde! – Erstes* und *letztes Wort dreyeiniger Schöpfung! – Es ward Licht! Es ward Fleisch! Es werde Feuer! – Siehe!* ein *neuer Himmel* und eine *neue Erde* –

---

[235] N III, 311,37 (Golgatha und Scheblimini); hier im Plural. Vgl. Anm. 239.
[236] N III, 242,12–18 (Zwey Scherflein).

(ohne *Meer*) – und eine *neue Kreatur!* – Das Alte ist vergangen, *siehe!* es ist alles *neu* geworden. *Siehe!* Ich mache *alles neu! – –*"[237]

Hamann stellt auch sonst oft[238] – in überraschender Weise – von der Eschatologie einen Rückbezug auf die Protologie her, um das Mißverständnis zu verhindern, als ob die Schöpfungslehre von der Eschatologie aufgesogen werden könnte und die wirkliche Genesis nicht am Anfang, sondern am Ende stünde.

Mit der Verknüpfung von „consummatio perfecti" und „principium" (19), der Vollendung und des Anfangs, ist nun freilich eine Parallele zum „A et Ω" (17f.) entstanden, was sich nicht mit der sparsamen Ökonomie des Hamannschen Stiles verträgt und denn auch schon im zweiten Entwurf vermieden wird (40f.; vgl. H 16–18). Ab dem zweiten Entwurf wird das doppelt Ausgedrückte lakonisch in das „A et Ω" konzentriert, das als direkt Christologisches – als Rede Jesu Christi in der 1. pers. – sprechender ist als „consummatio perfecti" und „principium": Begriffe, die für sich genommen auch philosophisch-metaphysisch verstanden werden könnten.

Im zweiten Entwurf setzt Hamann gleich mit „Non est Judaeus . . ." ein. Der damit beginnende (spätere) zweite Abschnitt ist noch nicht durch einen Absatz markiert, sondern lediglich durch den großen Abstand, in dem das „Non est Judaeus . . ." auf das „1Cor I.23.24" folgt. Es wird damit ein guter Anschluß an „Judaeis . . ." und „Graecis . . ." (36f.) hergestellt. Hamann unterbricht sich aber, streicht den fast ausgeschriebenen Satz Gal 3,28 durch und setzt neu ein: mit der Kombination der Zitate aus 2Kor 5,17 und Apk 21,6. Damit ist ein pointiert neuer Einsatz erreicht; der erste Abschnitt schleift nicht – über die Anknüpfung an „Judaeis . . ." und „Graecis . . ." – in den zweiten.

Das zunächst am Anfang (15), dann am Ende (18f.) des (späteren) zweiten Abschnitts stehende – nun verkürzte – Zitat aus 1Kor 13,8.10 rückt in die Mitte und bleibt dort auch stehen. Es entspricht dem Gegensatz von „Altem" und „Neuem" auf der Ebene von „jetzt" und „dann" und führt zum „perfectum". (Die im ersten Entwurf erfolgte Korrektur in „consummatio perfecti" ist in den zweiten Entwurf nicht übernommen). Als Explikation des „perfectum" erscheint gleich das „OMNES – UNUS"; die griechische Version ist Hamann so wichtig,

---

[237] Ebd. 242,12–17. Die folgende kurze, abrupte Frage „HERR! wo da?" (Lk 17,37) fragt nach der Lokalität und Präsenz des Neuen und antwortet in einer bezeichnenden Umwandlung des Evangelienwortes: „Wo ein Aas ist, da ist ER!" (N III, 242,17f. Vgl. mit Lk 17,37 Mt 24,23a und Hi 39,30).

[238] Vgl. z. B. N II, 206,25–31 (Aesthetica in nuce). Vgl. dazu O. BAYER, Schöpfung als ‚Rede an die Kreatur durch die Kreatur'. Die Frage nach dem Schlüssel zum Buch der Natur und Geschichte, in: EvTh 40 (1980), (316–333) 330.

daß er sie, im ersten Entwurf nachträglich zur Sicherstellung über der Zeile hinzugesetzt, nun in die laufende Zeile einfügt.

Doch scheint Hamann nun der kritische Bezug auf das zweite Motto aus Saint-Pierre nicht mehr deutlich genug. Deshalb macht er ihn wieder ausdrücklich und schreibt „Non est servus . . ." aus.

Gegenüber dem zweiten Entwurf ändert sich der Text in seiner Endfassung nur unwesentlich, klärt sich jedoch vollends. Der neue Einsatz und seine Betonung der Zeitlichkeit wird entschieden beibehalten. 1Kor 13,8.10 wird um „quum venerit perfectum" beschnitten, so daß das „ex parte" sofort expliziert wird durch „Non est Iudaeus . . .", das – entsprechend dem Paulustext – wiederum vor das „OMNES – UNUS" gestellt wird. Die Versuche zeigen, daß die vorangestellte Explikation nicht gleichsam nur „natürliches" Zitat, sondern von Hamann bewußt gesetzt ist, so daß der Abschnitt pointiert mit einer zusammenfassenden Formel endet – und nicht in langer Explikation, was eine Antiklimax darstellte. Die Formel wird nicht mehr – wie nach dem Pendant im ersten Entwurf, der „consummatio perfecti" – sofort mit „In principio . . ." verbunden. Vielmehr bleibt sie als Gipfel stehen und markiert klar eine Zäsur.

So klar sich Hamann mit dem zweiten Abschnitt auf das zweite Motto aus Saint-Pierre bezieht, so sehr tut er dies so, daß er zugleich eine eindeutige Antwort auf das Problem der Metaphysik und ihres Dranges zum System gibt, das mit dem ersten Motto und dem darauf eingehenden ersten Abschnitt thematisiert ist. Die Metaphysikkritik Rousseaus und seines Schülers ist zugleich Kulturkritik. Hamann betreibt seine Metaphysikkritik anders und radikaler. Das zeigte schon die Interpretation des ersten Abschnitts.

Bestritt Rousseau in seiner Beantwortung der Akademiefrage: Le rétablissement des sciences et des arts a-t-il contribué à épurer les moeurs? (Hat der Wiederaufstieg der Wissenschaften und Künste zur Läuterung der Sitten beigetragen? 1750), daß mit dem Fortschritt der Wissenschaften und Kenntnisse die Menschlichkeit des Menschen Fortschritte machte, und sah, durchaus in rousseauistischer Atmosphäre, Sophie la Roche „das Glück wahrer Kenntnisse" nur dann gegeben, wenn zugleich dabei immer „die Güte des Herzens" erhalten bleibt, so sieht Hamann auch in der natürlichen „Güte des Herzens" – in ihr erst recht und in ihr radikal – menschliche Illusion in mangelnder und verkehrter Selbsterkenntnis. Metaphysikkritik kann nicht durch Kulturkritik betrieben werden. Die wahre Kritik ergibt sich aus dem Kreuz Jesu Christi – aus der sich aus diesem Kreuz ergebenden Eschatologie und Protologie.

Hamanns Antwort auf das Problem der aufklärerischen Metaphysik und zugleich auf die diese Aufklärung kritisierende rousseauistische

Berufung auf Natur und Herz, der etwa Lessing und andere sich, wenn
auch mit Modifikationen, anschlossen, liegt, wie sich schon zeigte und
nun weiter zu entfalten ist, in einem durch und durch christologisch
bestimmten Verständnis von Zeit und Geschichte.

Die „*zeitliche[n]* und *ewige[n]* Geschichtswahrheiten von dem Könige
der Juden, dem Engel ihres Bundes, dem Erstgebohrnen und Haupt
seiner Gemeine, sind das A und Ω der Grund und Gipfel unserer
Glaubensflügel"[239].

Was Hamann auf diese Weise in „Golgatha und Scheblimini" zusam-
menfaßt, gibt der Vulgatacento des zweiten Abschnitts des Letzten
Blattes in einer bestimmten Zusammenfügung von 2Kor 5,17, Apk 21,6
(beide eng verbunden), 1Kor 13,8 und Gal 3,28 zu verstehen.

Lakonisch kurz kommt in Hamanns Zitatenkombination von 2Kor
5,17 und Apk 21,6 der Gegensatz von alter und neuer Welt zur Sprache[240]. Was „Welt" („omnia") ist, läßt sich nicht zeitlos monistisch
sagen, sondern offenbar nur in der Dualität eines qualifizierten Verge-
hens (des Alten) und Werdens (des Neuen). Damit diese Dualität auf
keinen Fall etwa im Sinne eines manichäischen Dualismus' mißverstanden werden kann und bei aller Betonung des Hamartiologischen, der
Sündenwelt des „Alten" („Vetera"), die Rede vom schöpfungstheologisch zu verstehenden Ursprung nicht leidet, ist das Zitat aus 2Kor 5,17
fest mit Apk 21,6 verbunden: Bestimmt, ja bewirkt ist das 2Kor 5,17
bekannte Geschehen durch den (vgl. mit dem ebenfalls durch Großbuchstaben hervorgehobenen „EUM" [17] „EIΣ" [16]), der von sich, in
der Offenbarung seiner „humanité" selbst zeitlich, sagt, Anfang und
Ende, Ursprung und Ziel zu sein und damit Zeit und Ewigkeit zu
umfassen und zu durchdringen.

Mit dieser klaren christologischen Zeitbestimmung, mit der Hamann
im zweiten Abschnitt kraftvoll einsetzt, ist von vornherein dem Miß-
verständnis gewehrt, Hamann meine am End- und Höhepunkt des
Abschnitts mit der Einheit aller („OMNES – UNUS": H 16) die reine
Idee einer abstrakten Gleichheit. Die Aufhebung der Unterschiede in die
Einheit aller ist von der Selbstvorstellung Jesu Christi als „A et Ω" her
die Aufhebung in die „göttliche und menschliche *Einheit*"[241]. In der
gottmenschlichen Einheit Jesu Christi und im Blick auf sie läßt sich das
„*Zeitliche* vom *Ewigen*"[242] ebensowenig trennen wie das Ewige vom
Zeitlichen; Hamann weiß „von keinen *ewigen Wahrheiten, als unaufhör-
lich Zeitlichen*[243]. Im Blick auf das christologisch verstandene Verhältnis

---

[239] N III, 311,37–40 (Golgatha und Scheblimini). Vgl. Anm. 235 und N III, 311, 17–36.
[240] Zu „alt-neu" unübertrefflich: N I, 222,26–224,31 (Biblische Betrachtungen; zur Neugierde der Athener: Act 17,21).
[241] N III, 303,11 f. (Golgatha und Scheblimini).
[242] Ebd., 302,36.   [243] Ebd., 303,36 f.

von Zeit und Ewigkeit muß man sich davor hüten, „jedes von dem andern unzertrennliche Eins zwiefach erscheinen und widerum flugs ineinander fallen zu lassen" oder „es entzwey zu theilen"[244].

Von den „Biblischen Betrachtungen" an hat Hamann um ein theologisches Verständnis der Zeit gerungen und zumal die Selbstvorstellung Jesu Christi als „A et Ω" mit Apk 1,8 (vgl. 1,4) durch die drei Modi der Zeit expliziert gesehen; dem·Bibeltext (Apk 1,4.8; vgl. aber 4,8) folgend erhält dabei „das Gegenwärtige" den Vorrang: „bey Gott ist das Gegenwärtige der Grund des Vergangenen und Zukünftigen."[245]

Damit ist nicht naiv geredet. Hamann sieht seine Rede vom Gegenwärtigen, Vergangenen und Zukünftigen im Blick auf Gott von der „Übersteigung" und „Vernichtung aller menschlichen Begriffe"[246] nicht ausgenommen. Dennoch finden wir „in diesem Namen Gottes" – „der ist und der war und der kommt" (Apk 1,4) – „ein Sinnbild der heiligen Dreyeinigkeit" und „besonders unseres göttlichen Erlösers. *Er ist – –* ich bin bey euch alle Tage bis an der Welt Ende – – *er war – –* das Wort wurde Fleisch und wohnte unter uns voll von Gnade und Wahrheit – – *er wird seyn* – – Siehe ich komme, im Buch steht von mir geschrieben. Ja komm, Herr Jesu!"[247]

Kraft der nur als zeitliche und ewige Geschichtswahrheit christologisch bezeugbaren Nähe Gottes ist die Welt neu geworden; „ecce facta sunt omnia nova" (H 12). Daß der Gegensatz dazu, das Alte, vergangen ist, steigert Hamann durch das an 2Kor 5,17 und Apk 21,6 angeschlossene und damit als Mitte des zweiten Abschnitts des Letzten Blattes gesetzte Zitat aus 1Kor 13,8.10: „Linguae cessabunt, Scientia destruetur, evacuabitur quod ex parte est" (H 13 f.).

Damit taucht 1Kor 13, in zwei Ausstichen aus V.12 bedeutungsvoll als die beiden Klammerbemerkungen im ersten Abschnitt eingesetzt, auch im zweiten Abschnitt wieder auf; beide Abschnitte sind damit ineinander verflochten.

Hamann hat aus 1Kor 13,8.10 vier kurze Sätze ausgeschnitten, die allesamt und jeweils einzeln einen harten Kontrast bilden zu dem, was –

---

[244] Ebd., 302,23–25; 303,1.
[245] N I, 248,31 f. (Biblische Betrachtungen); zu Koh 3,14.
[246] Ebd., 248,35.
[247] Ebd., 248,36–249,3. Die erläuternd eingeschobenen Zitate: Mt 28,20b; Joh 1,14; Verbindung von Hebr 10,7ab mit Apk 22,20b. – Die voranstehende Reflexion von Apk 1,3 (ὁ γὰρ καιρὸς ἐγγύς), „daß die Zeit der Erfüllung nahe ist und uns auf das Ende der Welt, die durch den Tod für uns aufhört und vergeht und nicht mehr ist, aufmerksam und reisefertig machen soll" (ebd., 248,18–21), kann im Zusammenhang der Autorschaft Hamanns nicht existenzialphilosophisch oder existentialtheologisch als Vorlaufen zum Tode und Isolierung des „Augenblicks" verstanden werden. Vgl. nur: N I, 125,29–126,6 (Biblische Betrachtungen) und N II,175,30–176,16 (Hellenistische Briefe). Vgl. den Schluß von „Golgatha und Scheblimini": N III, 318,15.

wohl kaum zufällig – ausgelassen ist. Der Gegenbegriff zu dem, „quod ex parte est", zum „Stückwerk", zum Vernichtetwerden der Weissagungen, zum Aufhören der Sprachen[248] und zur Destruktion des Wissens und der Wissenschaft ist die Liebe; sie ist das Bleibende im Unterschied zu dem, was vergeht, das Vollkommene im Unterschied zum Unvollkommenen. Hamann zitiert „Charitas numquam excidit" (1Kor 13,8) deshalb nicht, um den findigen Bibelleser fragen und dann überrascht feststellen zu lassen, daß an eben der Stelle, an der das Wort von der Liebe, die als das schlechthin Vollkommene bleibt, zitiert werden müßte, Gal 3,28 eingesetzt ist. Gal 3,28 ist offenbar epexegetisch zu nehmen; es legt nach Hamanns Verständnis das, was bleibt, das Vollkommene, aus. Die Vollendung der Welt besteht in der Einigung aller, ihrer durch Jesus Christus gestifteten Einheit und Gemeinschaft.

Doch bevor wir auf Hamanns Verwendung von Gal 3,28 am Ende und Höhepunkt des dritten Abschnitts näher eingehen, ist noch weiter auf die Bedeutung der vier kurzen Sätze aus 1Kor 13,8.10 zu achten. Sie sprechen kritisch und relativierend nicht primär, wie bei Paulus, Phänomene der gegenwärtigen Situation der christlichen Gemeinde an; sie sprechen im Zusammenhang von Hamanns Stammbucheintrag nicht vom prophetischen Reden, Zungenreden und der γνῶσις der Geistbegabten. Vielmehr sind mit „Linguae" und „Scientia" „Sprachen" und „Wissenschaft" überhaupt gemeint; „Sprache und Vernunft", Hamanns Lebensthema, ist angesprochen. Selbst die höchsten Gaben und Fähigkeiten des Menschen, seine – nur in einzelnen und voneinander verschiedenen Sprachen wirkliche – Sprache und seine Vernunft gehören zum „Stückwerk"; die „ewigen Gränzstreitigkeiten" zwischen Sprache und Vernunft „werden so lange währen, bis die Sprachen aufhören mit Weißagungen und Erkenntnis"[249]. „Der auf dem Stuhl saß, kann allein die wahrhaftige[n] und gewiße[n] Worte . . . sprechen: *Siehe, ich mache alles neu!* Apk 21,5; vgl. 2Kor 5,17. All unser Lallen und Nachahmen ist

---

[248] Sprachen im Plural, die zu Mißverständnissen führen, hören auf. Vgl. bes. Hamanns Auslegung von Gen 11 in N I, 29,29–31,13 (Biblische Betrachtungen), vor allem den eschatologischen Schluß: 31,4–13.

[249] ZH V, 360,3 f. (an Scheffner am 11. 2. 1785). Zum Gebrauch von 1Kor 13,8 vgl. N III, 233,19–21 (Zwey Scherflein). Die Semantik des Wortes „Prophetiae" umfaßt in Hamanns Sprachgebrauch die Bedeutung des in fundamentalanthropologischem Sinne gebrauchten Ausdrucks „Geist der Weissagung". Zu Hamanns Umgang mit den Komplementärbegriffen „Geist der Weissagung" und „Geist der Beobachtung" vgl. Abschnitt IV.4. Die Rede vom Aufhören der Weissagungen, der Sprachen und der Erkenntnis zielt bei Hamann auf die eschatologische Aufhebung einer Dialektik, in die der Mensch in diesem Leben verstrickt ist. Vgl. auch das Ende der Schrift „Versuch über eine akademische Frage", wo 1Kor 13,8f. als Schlußzitat erscheint: N II, 126,26–29; vgl. ZH VII, 445,14. 1Kor 13,8f. steht an gewichtiger Stelle im Kontext des von Hamann Lavater gegenüber abgelegten Bekenntnisses: ZH IV, 6,4–13 (an Lavater am 18. 1. 1778), unten bei Anm. 263 zitiert.

Non-sense."[250] „Wir leben hier von Brocken. Unsere Gedanken sind nichts als Fragmente. Ja unser Wissen ist Stückwerk."[251] Hamann hat dies von seiner Lebenswende in London bis zu seinem Tode beherzigt[252].

Die vier Sätze aus 1Kor 13,8.10 weisen deutlich auf den ersten Abschnitt zurück und verstärken zumal die kritischen und polemischen Bezüge, die sich aus dem Einsatz und der Stellung von „speculum in aenigmate" (H 8; 1Kor 13,12) ergeben. So richtet sich auch die Rede vom „Stückwerk" in der Mitte des zweiten Abschnittes gegen den Versuch der scientia der Weltweisen, zu einem „Maximum" zu gelangen.

Zum Verständnis eines Textzusammenhangs, der so sehr das „Ganze" zum Thema hat („omnia": H 12; vgl. „OMNES": H 16), ist in besonderer Weise auf Hamanns Kritik *philosophischer* Rede vom „Ganzen" zu achten. Im Blick auf Kants frühen – von ihm selbst später revozierten – „Versuch einiger Betrachtungen über den Optimismus . . ."[253] (1759) schreibt Hamann an Johann Gotthelf Lindner am 12. 10. 1759: Kant „beruft sich auf das *Gantze*, um von der Welt zu urteilen. Dazu gehört aber ein Wißen, das kein *Stückwerk* mehr ist. Vom Gantzen also auf die Fragmente zu schließen, ist eben so als vom Unbekannten auf das Bekannte. Ein Philosoph, der mir also befiehlt auf das *Ganze* zu sehen, thut eine eben so schwere Forderung an mich, als ein anderer, der mich befiehlt auf das *Herz* zu sehen, mit dem er schreibt. Das ganze ist mir eben verborgen, wie mir Dein Herz ist. Meynst Du denn, daß ich ein Gott bin?"[254]

Nun ist der Satz, daß „unser Wissen Stückwerk ist" (1Kor 13,9), als solcher kein eindeutig christlicher Satz. Er läßt sich auch philosophisch in Anspruch nehmen – etwa im Sinne mystischer via negationis oder einer Haltung der Skepsis.

Der Skeptiker jedoch verfährt in seinem Negieren genauso despotisch dogmatistisch wie der andere Metaphysiker, der ein „Maximum perso-

---

[250] ZH VI, 534,20–22 im Zusammenhang von 14–22 (an Jacobi am 24. 8. 1786).

[251] Erklärung des Titels der „Brocken" (1758); N I, 299,27–29.

[252] Vgl. dazu IV. 5.e3.

[253] KANT's gesammelte Schriften. Herausgegeben von der Königlich Preußischen Akademie der Wissenschaften, 1. Abtheilung: Werke, Bd. II, Berlin 1912, 27–35. In seiner „kritischen Periode" distanzierte sich Kant energisch von diesem frühen Versuch (vgl. außer Kants 1791 in der „Berlinischen Monatsschrift" erschienenem Aufsatz „Über das Mißlingen aller philosophischen Versuche in der Theodizee" [aaO., Bd. VIII, Berlin-Leipzig 1923, 253–271]: L. E. BOROWSKI, Darstellung des Lebens und Charakters Immanuel Kants, in: Immanuel Kant. Sein Leben in Darstellungen von Zeitgenossen [1. Aufl. 1912], 1974, 29, Anm. 1). Kant erreichte aber, auf der Reinheit der Vernunft und der Güte des Willens bestehend (siehe S. 145), nicht die Radikalität der Kritik Hamanns.

[254] ZH I, 425,30–36. Im selben Sinne schreibt Hamann an Kant selbst: ZH I, 452, 1–6 und 31 ff.

nifié" als Ergebnis seiner Denkbemühungen behauptet. Kurz und prägnant spricht sich diese Einsicht in Hamanns Brief an Herder vom 8.
Mai 1785 aus: *„Unser Wißen ist Stückwerk* – diese große Wahrheit ist kein
Dogmatiker recht im stande zu fühlen, wenn er seine Rolle, und noch
dazu gut spielen soll, und durch einen unvermeidl. Zirkel der reinen
Vernunft wird die Σκηψις selbst zum dogma."[255] Das heißt, daß das
Wollen des Skeptikers in sich widerstrebend – gleichsam gegenläufig –
ist: Er negiert die Behauptung eines Ganzen, kann dies aber nur so tun,
daß er am selben despotischen Zug des Denkens teilhat. Denn die
Vernunft muß, will sie als „reine" Vernunft in sich selbst bestehen, von
allem anderen abstrahieren und führt darin sich selbst unvermeidlich
„zum dogma" – in die Gesetzlichkeit und den „Despotismus"[256]. So wird
selbst das Verhalten des Skeptikers, der die radikale Fraglichkeit zum
Grunde seines Denkens bis hin zu einer philosophischen Theologie
macht, dogmatistisch.

Der Zwang, dem das Denken unvermeidlich deshalb unterliegt, weil er
in ihm selbst wirkt, gleichsam zum ‚Wesen' des Denkens, jedenfalls des
„reinen" Denkens, gehört, ist also selbst in einer skeptischen oder einer
sokratischen Haltung – des Wissens um das Nichtwissen[257] – noch nicht
überwunden. Bei allem Eingehen auf die Skepsis, vor allem die Skepsis
Humes, ist Hamann auch gegen sie, die Gefahren ihrer Usurpation
sehend, viel zu kritisch, als daß man vorbehaltlos dem Urteil zustimmen
könnte, Hamann „benutze" sie „als Bundesgenossen des Glaubens
wider die kritisch werdende Philosophie"[258]. Hamann urteilt vielmehr,
die recht[259] wahrgenommene „*Natur* und *Vernunft* widerlegen eben so
stark den Dogmatismum als Scepticismum. Unser Wißen ist *Stückwerk*;
aber noch mehr zweifeln, – –"[260]. Noch mehr als Wissen ist Zweifeln
Stückwerk und nicht das Ganze. Von den Daten und Fakten des sich im
Buch der Natur und Geschichte offenbarenden Gottes[261] her stellt sich
Hamann auch gegen die Skepsis[262].

---

[255] ZH V, 432,33–36.

[256] N III, 284,17 (Metakritik). Vgl. die entsprechende Rede von der Gewalttätigkeit: N
III, 189, 18–22 (Zweifel und Einfälle).

[257] Zur Parallelisierung von Skepsis und sokratischem Nichtwissen vgl. bes. die „Sokratischen Denkwürdigkeiten", insbesondere N II, 73,10–20. Wichtig ist vor allem der
Gebrauch von 1Kor 8,2 f.: N II, 74, 20–27.

[258] E. Hirsch, Geschichte der neuern evangelischen Theologie im Zusammenhang mit
den allgemeinen Bewegungen des europäischen Denkens, Bd. 4, 3. Aufl., Gütersloh
1964, 180.

[259] Vgl. ZH V, 272,14–18 (an Jacobi am 1. 12. 1784).

[260] ZH VI, 332,23–25 (an Jacobi am 27. 3. 1786).

[261] In welchem Sinne dies des näheren gilt, ist z. B. dargelegt in: Bayer, aaO. (s.
Anm. 238), 316–333.

[262] „Scharf rechnet Hamann ja gerade mit den Skeptikern ab, für die das ‚Nichtwissen'

Für Hamanns nicht nur gegen die Skepsis gerichtetes eschatologisches Verständnis von „Stückwerk" ist bezeichnend, daß das *Ausstehen* des „Vollkommenen" (1Kor 13,10; vgl. 18 f.) die konkrete, sinnliche *Gegenwart* seiner Fülle nicht ausschließt. Eindrucksvoll bekundet sich dieses Verständnis in dem Brief an Johann Caspar Lavater vom 18. Januar 1778: „Ihnen von Grund meiner Seele zu sagen, ist mein ganzes Christenthum . . . ein Geschmack an *Zeichen*, und an den Elementen des Wassers, des Brods, des Weins. Hier ist Fülle für Hunger und Durst – eine Fülle, die nicht bloß, wie das Gesetz, einen Schatten der *zukünftigen* Güter hat, sondern αὐτὴν τὴν εἰκόνα τῶν πραγμάτων, in so fern selbige, durch einen Spiegel im Räthsel dargestellt, gegenwärtig und anschaulich gemacht werden können; denn das τέλειον liegt jenseits. Unsere Ein= und Aussichten hier sind Fragmente, Trümmer, Stück= und Flickwerk – τότε δὲ πρόσωπον προς πρόσωπον, τότε δὲ ἐπιγνώσομαι καθὼς καὶ ἐπεγνώσθην."[263]

„Hier ist Fülle" und „Das τέλειον liegt jenseits". Diese beiden Sätze sagt Hamann zugleich und mit gleichem Nachdruck. Gott ist derjenige, der die eschatologische Einheit und Vollendung der Welt heraufführen wird und kraft dieses vollendenden Handelns gegenwärtig an der eschatologischen Vollendung teilgibt, indem er in die Welt eingeht. Diese Bewegung geschieht in Jesus Christus und seiner Selbstmitteilung – nicht ohne die Elemente „des Wassers, des Brods, des Weins".

Konkret im Zusammenhang des Wassers der Taufe steht nun im Sinne des Paulustextes selber Gal 3,28. Der Satz gibt kein allgemein politisches, gesellschaftskritisches Programm; er bezieht sich auf die, die „auf Christus getauft" sind (Gal 3,27). „In Christo Jesu", im Leibe Jesu Christi – inmitten dieser zeitlichen und zugleich ewigen Geschichtswahrheit – „seid ihr alle einer": „OMNES – UNUS".

Damit hat Hamann – durch Auslassungen – den Paulustext formelhaft kurz in ein einziges Wortpaar zusammengefaßt und dessen Bedeutung durch die Stellung am Ende des Abschnitts sowie durch Großbuchstaben hervorgehoben. Das Wortpaar stellt die „Totalitäts"-Formel des Christen Hamann schlechthin dar.

Die Formel „OMNES – UNUS" gibt sich im Zusammenhang des Letzten Blattes als Kontrastbegriff zum „Allerhöchsten Vernunftwesen", dem „Maximum personifié" (H 8 f.)[263a]. Zugleich darf sie vor allem im Blick auf das Briefgespräch zwischen Hamann und Jacobi seit 1784[264] auch im Kontrast und Widerspruch zum „ἓν καὶ πᾶν" der

---

im Sosein der Vernunft und der Wirklichkeit gründet, und die das zu beweisen wünschen": BÜCHSEL, aaO. (s. Anm. 105), 131.

[263] ZH IV, 6,4–13.   [263a] Vgl. unten Anm. 300.

[264] Vgl. R. KNOLL, Johann Georg Hamann und Friedrich Heinrich Jacobi, bes. S. 53–56. Vgl. N IV, 456–459 (Über das Spinozabüchlein) und dazu N IV, 497.

Spinozarezeption gelesen werden, die vom Ende des 18. Jahrhunderts an – für Herder, Goethe, Schleiermacher, Fichte, Hölderlin, Hegel, Schelling u. a. – bedeutsam wurde[265]. Ein Vorspiel zu dieser vom „OMNES – UNUS" her erschlossenen Parallelisierung des „Etre des Etres de raison" (H 8) mit dem „ἓν καὶ πᾶν" war in den „Prolegomena über die neueste Auslegung der ältesten Urkunde" schon vorausgegangen. Hamanns Kritik zeigt sich hier im Spiegel seiner Verteidigung Herders, dessen Genesisauslegung nicht darauf hinauslaufe, „das *Ens Entium* zum Archiencyklopädisten oder ΠΑΝ (wie ihn Sirach XLIII. 29. kurz und gut genannt haben soll) mit einer siebenfachen Flöte – – – – zu machen"[266].

Am 1. Dezember 1784 schreibt Hamann an Jacobi: „Die Quelle von Εν και παν ist mir auch ungewiß. Der bekannte Spruch im Sirach lautet anders im Griechischen und noch spinosistischer: το παν εστι αυτος" (Sirach 43, 29; LXX: V. 27)[267]. Im selben Brief greift er vier Tage später das Thema erneut auf:

„Ich bin kein Gelehrter, und am wenigsten ein Metaphysiker. *Nach Himmel und Erde* frage ich nichts und erwarte mit Sehnsucht des Geistes die Erfüllung des heutigen Sonntagsevangelii an des Spinoza seinen Pan – daß dies ganze Gerüste eines beßeren Himmels und einer beßeren Erde – . . . im Feuer aufgehe!

Die Thorheit des Christenthums ist gantz nach meinem Geschmack und meines Herzenswunsch, einer gesunden Menschenvernunft und Menschengefühl so angemessen, wie der Majestät des Vaters und Weltrichters, daß alle Altflickereyen unsers Jahrhunderts die gröste Schandflecken und Brandmahle ihrer Unwißenheit u Unverschämtheit sind.

Sapere aude – zum Himmelreich gehört kein Salto mortale. Es ist gleich einem Senfkorn, einem Sauerteige, einem verborgenen Schatz im Acker, einem Kaufmann, der köstliche Perlen suchte und eine gute fand – το παν εστιν ΑΥΤΟΣ. Alle Fülle der Gottheit hat in einem Kindlein klein, in einer Krippe Raum"[268].

Das solchermaßen christologisch leiblich und zeitlich bestimmte Ganze läßt das protologische Summarium des Sirach zugleich – ja, sogar

---

[265] Vgl. bes. die Dokumentation von H. Scholz, Hauptschriften zum Pantheismusstreit zwischen Jacobi und Mendelssohn, Berlin 1916, und als Darstellung: H. Timm, Gott und die Freiheit. Studien zur Religionsphilosophie der Goethezeit, Bd. 1: Die Spinozarenaissance [= Studien zur Philosophie und Literatur des neunzehnten Jahrhunderts, Bd. 22], Frankfurt 1974, sowie X. Tilliette, Spinoza préromantique. Aspects de la première renaissane, in: Lo Spinozismo ieri e oggi, Padova 1978, 217–229.

[266] N III, 130,13–16 (Prolegomena); vgl. ebd. 130,23–25 und 132,11 f.

[267] ZH V, 271,9–11 (Zu Sirach 43,29 vgl. N III, 130,14 f.: s. Anm. 266, und ZH IV 359,27; an Herder am 17. 12. 1781). Zur Quelle des ἓν καὶ πᾶν: ZH V, 301,36–302,2 (von Jacobi an Hamann am 30. 12. 1784).

[268] ZH V, 275,7–21. Das angesprochene Sonntagsevangelium ist Lk 21,25–33 (vgl. auch ZH V, 275,30 f.: Lk 21,33), „Sapere aude" Zitat aus Horaz (Briefe I/2,40).

vorrangig – zum Kompendium der Eschatologie werden. „Alle Fülle der Gottheit" ist er selbst (AYTOΣ), das Kind in der Krippe und der Mann am Kreuz. Er selbst ist das „Himmelreich", in das seine Gleichnisse einladen; er ist, mit Origenes zu reden, „Autobasileia"[269].

Allen neutrischen, zeitlosen und monistischen Formeln vom „Ganzen", wie sie die Metaphysik ausarbeitet, begegnet Hamann mit einem christologisch personalen Verständnis, in dem das „Ganze" nur als ewig zeitliche Geschichtswahrheit und als in sich differenzierte Gemeinschaft geglaubt werden kann.

Wenn die mit dem „OMNES – UNUS" geglaubte und bekannte Einheit aller sich aus dem Letzten Blatt und seinem weiteren Kontext in Hamanns Briefen und Werk nicht neutrisch, zeitlos und monistisch zu verstehen gibt, sondern christologisch personal, geschichtlich und in sich relational, dann hat dies entscheidende Bedeutung für das Verständnis der Negationen „Non est Judaeus neque Graecus: non est servus neque liber: non est masculus neque femina" (H 14–16).

Negiert ist damit nämlich nicht schlechthin; Unterschiede werden nicht schlechthin beseitigt. Vernichtet werden sie vielmehr nur in ihren Konflikten und Schmerzen – als Quelle des Leides.

Daß dies Hamanns Verständnis zunächst der ersten der drei Negationen ist, ergibt sich klar aus einem sachlichen Grundzug seiner gesamten Autorschaft, in dem er, Paulus aufnehmend[270], darauf besteht, daß der Bezug auf das Judentum wie auf das Griechentum für den christlichen Glauben bis in seine eschatologische Erfüllung konstitutiv ist. Im Namen und in der Geschichte Jesu Christi liegt „der verborgene Schatz aller außerordentlichen Gesetzgebungen, und mythologischen Religionsoffenbarungen, die köstliche Perle zwischen den beyden Austerschaalen des Judentums und Heidentums, das Geheimnis ihrer natürlichen Oekonomie und elementarischen Gleichförmigkeit, der einzige Schlüßel des vom unsichtbaren Nichts durch alle Aeonen des den Sinnen allgegenwärtigen Weltalls bis zum Ausgange und Auflösung deßelben sich selbst entwickelnden, vollendenden, in Geist und Wahrheit verklärenden Problems und Rätzels"[271].

Könnte man diesen Text auch so verstehen, daß die „beyden Austerschaalen des Judentums und Heidentums" – damit „die köstliche Perle" zur Geltung komme – auseinandergerissen und weggeworfen werden, so erweist sich solches Verständnis eindeutig als Mißverständnis, wenn auf die Schrift „Konxompax" geachtet wird, die Hamanns Gebrauch

---

[269] Zitiert nach K. L. Schmidt, Art: βασιλεία, in: Theologisches Wörterbuch zum Neuen Testament, hg. v. G. Kittel, Bd. I, 1933, Stuttgart 1957, 591,23–25.

[270] Die Formel „Juden und Griechen" findet sich im Corpus Paulinum an folgenden Stellen: Röm 1,16; 2,9f.; 3,9; 10,12; 1Kor 1,22–24; 10,32; 12,13; Gal 3,28; [Kol 3,11].

[271] Ed. Wild, 78,24–79,1; N III, 403,32–405,7 (Fliegender Brief, 2. Fassg.).

von Gal 3,28 im Letzten Blatt in besonderer Weise erhellt. Nach
„Konxompax" werden Juden und Griechen nicht auseinandergerissen,
sondern gerade versöhnt und vereint.

Die „Vereinigung" des Judentums und Heidentums ist „der *neue
Mensch*, nach dem Ebenbilde seines Schöpfers – nicht Grieche und Jude;
Beschneidung und Vorhaut; Barbar, Scythe; Schaarwerker, Freymäu-
rer; αλλα παντα και εν πασι – [272]

Diese Einheit des Hauptes sowohl als Spaltung des Leibes in seinen
Gliedern und ihrer *differentia specifica* ist das *Geheimniß des Himmelreichs*
von seiner Genesis an bis zur Apocalypsin – der Brennpunkt aller
Parabeln und Typen im ganzen Universo, der *Histoire generale* und
Chronique scandaleuse aller Zeitläufte und Familien . . ."[273].

Daß „alle einer" sind, hebt also Unterschiedenheit nicht auf. Erst
Einheit und Unterschiedenheit zusammen machen „das Geheimniß des
Himmelreichs" aus. Keine abstrakte Einheit und Gleichheit ist gemeint,
sondern Fülle lebendiger Gemeinschaft. Um sie als vielfältig *gegliederte*
Einheit anzusprechen, greift Hamann nicht zufällig zur paulinischen und
deuteropaulinischen Metapher des „Leibes".

Daß die ekklesiologische und eschatologische Einheit konstitutiv
christologisch bestimmt und dementsprechend das „UNUS" (Gal 3,28)
zu verstehen ist, zeigt außer dem ausgelassenen und gerade so die
Aufmerksamkeit auf sich sammelnden „Christus" in der Paraphrase von
Kol 3,11 die damit aufs engste verwandte Stelle Eph 2,14–16. Dort heißt
es von Christus: fecit utraque unum . . ., ut duos condat in semetipso in
unum novum hominem, faciens pacem, et reconciliet ambos in uno
corpore, Deo per crucem, interficiens inimicitias in semetipso[274].

Die Verschiedenheit aller erlischt also in deren „Vereinigung" nicht in
jeder Hinsicht, sondern nur, sofern sie dem Leben zu Leide ist und dem
Tode dient. In anderer Hinsicht jedoch kommt sie überhaupt erst in ihre
Wahrheit: als Reichtum wechselseitigen Gebens und Nehmens in der
Lebendigkeit eines Lebens ohne Leid und Tod, als unangefochtene und
ungebrochene Gemeinschaft[275].

---

[272] Ausgelassen ist „Χριστός": Kol 3,11.

[273] Ed. Manegold, XXVIII,11–XXIX,5; N III,226,16–25 (Konxompax). Vgl. dazu:
SCHOONHOVEN, HH V, 247–249 sowie I. MANEGOLD, Johann Georg Hamanns Schrift
„Konxompax". Fragment einer apokryphischen Sibylle über apokalyptische Mysterien.
Text, Entstehung und Bedeutung. Diss. Heidelberg 1963 [= Heidelberger Forschungen,
8. Heft], 159f.

[274] Vgl. Kol 3,10f. und Schoonhoven, HH V, 258, Anm. 8. 10.

[275] Solche eschatologische Hoffnung bekundet sich in Hamanns Autorschaft durchgehend und wird besonders darin manifest, daß viele seiner Schriften in einem eschatologischen Ausblick enden. Vgl. N II, 108,30–36 (Wolken); 141,9f. (Die Magi aus Morgenlande); 217,15–19 (Aesthetica in nuce); 368,9f. (Fünf Hirtenbriefe das Schuldrama betreffend); N III, 164f. (letzter der Hierophantischen Briefe); 242, 9–18 (Zwey Scherflein);

Die Aufhebung des Unterschiedes von Juden und Griechen hat für Hamann auch eine spezifisch philosophisch-theoretische Seite. In seinen Schriften „Golgatha und Scheblimini" und „Metakritik über den Purismum der Vernunft" wird der theoretische Umgang mit den heilsgeschichtlichen Größen des Judentums und Heidentums und der jeweils an ihnen haftenden Bedeutung, wie sie Mendelssohn und Kant in ihren Philosophien wahrnehmen, zum Gegenstand theologischer Kritik. Dies geschieht explizit in „Golgatha und Scheblimini", in der „Metakritik" implizit und wird nur am Ende angedeutet.

Im Zuge seiner Auseinandersetzung mit der in Mendelssohns Schrift „Jerusalem oder religiöse Macht und Judenthum" (1783) formulierten Rechtsphilosophie, die in seiner Sicht auf einer unkritischen Synthese von Judentum und Heidentum beruht, schreibt Hamann: Um das *„unendliche Misverhältnis"* des Menschen zu Gott „zu heben und aus dem Wege zu räumen, . . . muß der Mensch entweder einer *göttlichen Natur* theilhaftig werden, oder auch die Gottheit *Fleisch* und *Blut* an sich nehmen. Die *Juden* haben sich durch ihre *göttliche Gesetzgebung*, und die *Naturalisten* durch ihre *göttliche Vernunft* eines Palladiums zur Gleichung bemächtigt: folglich bleibt den Christen und *Nikodemen* kein anderer Mittelbegriff übrig, als von ganzem Herzen, von ganzer Seele, von ganzem Gemüthe zu glauben: *Also hat Gott die Welt geliebt – –* Dieser Glaube ist der Sieg, welcher die Welt überwunden hat"[276].

Die „Kritik der reinen Vernunft" Kants wird von Hamann auf Grund ihrer systematischen Trennung von Verstand und Sinnlichkeit, Vernunft und Sprache als „Idealismus" beurteilt. Der von Hamann geglaubten eschatologischen Einheit von Judentum und Heidentum, von Sprache und Vernunft, ist in der Philosophie Kants zugunsten eines Primats der Vernunft und ihres reinen Ideals widersprochen. „Vielleicht ist aber ein ähnlicher Idealismus die ganze Scheidewand des Judentums und Heidentums. Der Jude hatte das Wort und die Zeichen; der Heide die Vernunft und ihre Weisheit – –."[277]

Was besagt die in die Formel „OMNES – UNUS" versammelte eschatologische Hoffnung im Bezug auf die Kulturkritik Saint-Pierres[278], die sich gegen den Konkurrenzkampf der französischen Industriegesellschaft richtet, in der die Menschen nicht mehr ihre natürliche Kommunikationsfähigkeit ausbilden können, sondern zu miteinander rivalisierenden Individuen und „Sektenhäuptern" (7) erzogen werden und als Männer und Frauen in Beruf, Ehe und Familie unter dem Zwang der herrschenden Gesellschafts- und Wirtschaftsordnung ihrer natürlichen Bestimmung nicht mehr folgen dürfen, so daß „die Geschlechter denaturieren, die Männer verweiblichen und die Frauen vermännlichen" (6)? Hamann beschwört jedenfalls nicht die reine „Natur"und das „Natürliche". Er sieht in solcher Beschwörung vielmehr eine enthusiastische

318,7–15 (Golgatha und Scheblimini); Ed. Wild, 64,3–16; N III, 404,28 f. (Fliegender Brief, 1. Fassg.); Ed. Wild 78,21–79,1; N III, 403,29–405,13 (2. Fassg.).

[276] N III, 313,2–14 (Golgatha und Scheblimini).
[277] N III, 289,25–27 (Metakritik).
[278] Vgl. oben Abschnitt II, 1.a (nach Anm. 67, bes. bei Anm. 80 und 81).

Verkennung der Sünde und begegnet ihr schon in den „Biblischen
Betrachtungen" mit Ironie: In der Geschichte vom Turmbau zu Babel
(Gen 11,1–9) finden wir „eine ungewöhnliche Einigkeit unter den
Menschen, eine Einigkeit, die in Thorheit und in den bösen Gedanken
ihres Herzens ihre Stärke erhielt. Denn hierinn allein sind sich die
Menschen ihrer Natur nach vollkommen *gleich* und vollkommen
einig"[279].

Besteht die natürliche Vollkommenheit der Menschen, ihre Gleichheit und Einigkeit „in den bösen Gedanken ihres Herzens", dann kann
die „Erhaltung und Regierung der Welt" auf ihre Vollendung und „eine
Vereinigung der Menschen . . . zu einer einzigen Sprache, zu der
einzigen wahren Erkenntnis" hin (vgl. H 13f.; 1Kor 13,8) nur „ein
fortdauerndes Wunder" sein[280]. Entsprechend realistisch und nüchtern,
oft auch voll Zorn und bitterer Ironie beurteilt Hamann die condition
humaine im Preußen Friedrichs II. und seiner „Arithmétique politique"[281], seinem Militärwesen, seiner Wirtschafts- und Finanzordnung,
seinen Ehegesetzen[282] und der Homosexualität am Hofe von Sanssouci[283].
Der Absolutismus dieses Staates spiegelt die Absolutismen der Philosophie, sein Monarch das „Maximum personifié" der Weltweisen[284]. Der
erste Diener seines Staaates verkörpert ihr „allerhöchstes Vernunftwesen", das das Seufzen der Kreatur unter der Knechtschaft nicht hört;
„der Philosoph von S.[ans] S.[ouci] verstopft seine Ohren gegen alles
Schreyen seiner Unt⟨h⟩erthanen und Zollbedienten über die Schelme-
reyen, Ungerechtigkeiten seiner heillosen Beutelschneider und Wind-
beutel von Plusmachern"[285].

Mit diesen Wahrnehmungen sieht sich Hamann inmitten einer Schöpfung, die, „wider ihren Willen, der Eitelkeit und Knechtschaft des
vergänglichen Systems unterworfen [ist], worunter sie gegenwärtig . . .
seufzet und verstummt"[286]; der damit in Anspruch genommene Paulustext (Röm 8,19ff) hilft Hamann zu scharfer Zeitkritik[287]. Wie in solchem

---

[279] N I, 29,36–39.

[280] N I, 31,4–13 (Biblische Betrachtungen).

[281] N II, 321,30 (Le Kermes du Nord. II.); N III, 52,5f.; vgl. 60,18 (Philologische
Einfälle und Zweifel).

[282] N III, 200,6–13 (Sibylle über die Ehe).

[283] Vgl. N III, 29,27ff. (Über den göttlichen und menschlichen Ursprung der Sprache);
dazu Büchsel, HH IV, 185. Ed. Seils, HH V, 344 (= N III,211,6; Schürze von Feigenblättern); vgl. Seils zur Stelle, aaO., 344, Anm. 27.

[284] ZH V, 289–292 (an C. J. Kraus am 18. 12. 1784). Vgl. dazu O. Bayer, Selbstverschuldete Vormundschaft, in: ders., Umstrittene Freiheit. Theologisch-philosophische
Kontroversen, (UTB 1092) Tübingen 1981, 66–96, bes. 86, Anm. 50.

[285] ZH V, 208,34–36 (an Bucholtz am 7. 9. 1784).

[286] N III, 32,16–18 (Über den göttlichen und menschlichen Ursprung der Sprache).

[287] Zu Hamanns zeitgeschichtlich bezogener Inanspruchnahme von Röm 8,19ff.: N III,
32,15–21 (vgl. oben Anm. 286), dazu Büchsel, HH IV, 198; Ed. Manegold XXIX,9–12;

Zusammenhang die christologisch begründete Hoffnung auf die Einheit aller („OMNES – UNUS") und die Aufhebung der Unterschiede der Bildung und sozialen Stellung („non est servus neque liber": H 15) wirkt, und welchen Freimut des Denkens und Handelns sie schafft, bekundet sich beispielhaft in Hamanns Kontroverse mit Kant um die Beantwortung der Frage: „Was ist Aufklärung?" – in seiner Kritik „Selbstverschuldeter Vormundschaft"[288].

Nicht nur vom zweiten Motto aus Saint-Pierre (6) her, sondern aus Hamanns gesamter Autorschaft ergibt sich die besondere Bedeutung, die der Aufhebung des Unterschieds der Geschlechter zukommt: „non est masculus neque femina" (H 15f.).

In ungewöhnlicher Intensität hat Hamann über den Unterschied der Geschlechter nachgedacht. Er hielt ihn für elementar und universal; es ist „mehr ein physisches Bedürfnis als ästhetische Nachahmung oder philosophische Erfindung, wenn der Begriff des Geschlechtes bis auf die Bilder unserer Begriffe"[289] übertragen wird und die Sprachen nicht ohne genera, nicht geschlechtsindifferent, sind[290]. Ja, Hamann spricht dem Unterschied von Mann und Frau höchste theologische Bedeutung zu und behauptet, daß „der natürliche Unterscheid der Geschlechter ein verum signaculum Creatoris" sei[291], das man nur mit einer „stoischen und abstracten Kälte"[292] übersehen könne. Der Schöpfer würde sich selbst in seiner Liebe[293] verleugnen, wenn er den Unterschied der Geschlechter am Ende bedeutungslos werden ließe und nicht vielmehr in seiner wahren Bestimmung erst erfüllte und vollendete[294].

Für die Gegenwart ergibt sich daraus, daß Hamann der stoischen und „platonischen"[295] Rede der Aufklärung von *dem* Menschen nicht zustim-

---

N III,226,28ff. (Konxompax, im unmittelbaren Anschluß an die oben zitierte und Anm. 273 nachgewiesene Stelle), dazu SCHOONHOVEN, HH V, 250–252; N II, 206,25–31 (Aesthetica in nuce), dazu BAYER, aaO. (s. Anm. 238), 327–329. Ebenso: Ed. Wild 58,29–32; N III, 491 (Fliegender Brief, 2. Fassg.).

[288] Vgl. Anm. 284.

[289] Text nach der Edition von Seils in: HH V, 348; N III, 212,12–14 (Schürze von Feigenblättern).

[290] Vgl. Anm. 188.

[291] Ebd., 347; N III, 212,6f.

[292] Text nach der Edition von Seils in HH V, 368; N III, 213,18 (Das Stellenlose Blatt). Vgl. schon die „Sokratischen Denkwürdigkeiten": „Man kann keine lebhafte Freundschaft ohne Sinnlichkeit fühlen, und eine metaphysische Liebe sündigt vielleicht gröber am Nervensaft, als eine thierische an Fleisch und Blut . . . Wir denken jetzt zu abstract und männlich" (N II, 68, 3–5,11).

[293] Vgl. ebd., 367; N III, 213,10–13.

[294] Dieses Thema wurde damals durchaus traktiert. Hamann las z. B. die 1780 erschienene „Untersuchung von der Beschaffenheit der künftigen Schöpfung, dem Zustande des künftigen Lebens und der Geschlechtsliebe in der Seeligkeit" von D. CHRISTIAN GOTTLIEB BERGER: N V, 350,12–16.

[295] Vgl. Ed. Seils, 342f.; N III, 211,3ff. (Schürze von Feigenblättern).

men kann. Wer vom Geschlechtsunterschied künstlich abstrahiert, teilt
die Sehnsucht nach einer androgynen Vollkommenheit des Menschen
und wiederholt den Mythos in einer modernen Variante, indem er eine
neutrisch-neutrale Einheit des Menschen annimmt und auf sie – postu-
lierend – vorgreift; er macht den Menschen zu einem „zweydeutigen
Hermaphroditen"[296]. Sich nach allerhöchster Vollkommenheit sehnend,
erreicht er ein Abstractum.

Hamann sieht in der Rede von *dem* Menschen eine für den Geist der
Aufklärung bezeichnende Abstraktion, die gesetzlich und despotisch
wirkt. Einem entsprechenden Selbstverständnis versucht Hamann
schon in den „Brocken" kritisch zu begegnen: „Es ist die Frage nicht
allein, wenn ich mein eigen Selbst ergründen will, zu wissen, was der
Mensch ist? sondern auch, was der Stand desselben ist? Bist du frey oder
ein Sclave? Bist Du ein Unmündiger, ein Wayse, eine Wittwe und in
welcher Art stehst du in Ansehung höherer Wesen, die ein Ansehen sich
über dich anmassen, die dich unterdrücken, die dich übervortheilen und
durch deine Unwissenheit, Schwäche, Thorheit zu gewinnen suchen?"[297]

Sich selbst und die andern – sich selbst mit und durch die andern –
nicht als den abstrakten Menschen, sondern konkret wahrzunehmen, zu
lieben und zu erkennen, ergibt sich für Hamann allein aus der Erkenntnis Gottes, der Liebe und als Liebender dem Menschen näher ist als
dieser sich selbst. Diese Gotteserkenntnis ist faktisch mit einer Kritik der
metaphysischen Gottesprädikate verbunden, insofern Gott, „das höchste, wohltätigste, einzig und allein gute und vollkommene Wesen"[298],
sich dem Menschen als der offenbart hat, der „selbst sein Nächster und
seines Nebenmenschen Nächster im strengsten Verstande geworden ist,
damit wir alle mögliche Ursache hätten, Gott und unsern Nächsten zu
lieben"[299].

Schärfer als in den „Brocken" tritt dasselbe im ersten Abschnitt des
Letzten Blattes im Kontrast des „allerhöchsten Vernunftwesens", des
„Maximum personifié", zu der „humanité" heraus, die Gott „in den
wahren Urkunden", dem Evangelium, offenbart hat. Dieser Kontrast
verstärkt sich mit dem zweiten Abschnitt, dessen Schlußformel
„OMNES – UNUS" ein weiterer kräftiger Kontrapunkt zum „Etre des
Etres de raison" des ersten Abschnitts ist[300], seinerseits aber vom ersten

---

[296] N III, 211,29 (Schürze von Feigenblättern).

[297] N I, 301,32–38. Wie Selbsterkenntnis in der Erkenntnis des Geschlechtsunterschieds
geschieht, sagt Hamann in seiner Eheschrift: N III, 202,3 (Selbsterkenntnis) im Zusammenhang von 201,19–203,2 (Sibylle über die Ehe).

[298] N I, 302,27 f. (Brocken).

[299] N I, 302,29–31 (Brocken).

[300] Denselben kritischen Bezug, der sich im Letzten Blatt vom „Etre des Etres de raison"
zum „OMNES – UNUS" spannt, hat Hamann auch in „Konxompax" – in einem einzigen
und durchlaufenden Textzusammenhang – zwischen dem „Ens entium" als dem „Ens

Kontrapunkt, der „humanité", ausgelegt wird. Beide Kontrapunkte verweisen aufeinander: Gottes menschliche Kraft und Weisheit schafft universale Kommunikation.

Auf diese Weise ist die „humanité" des ersten Abschnitts im zweiten sachlich entfaltet. Als Menschlichkeit Gottes besteht sie darin, den Despotismus, der durch das Aufsteigen zum „allerhöchsten Vernunftwesen" nicht zuletzt politisch erreicht wurde, und die mit ihm gegebene Unterdrückung durch Gottes Herabsteigen[301], seine Kondeszendenz, aufzuheben, in seiner liebenden Nähe allen Lebensrecht zu geben und darin die Unterschiede zwischen Juden und Griechen, Sklaven und Freien, Mann und Frau in ihre Wahrheit zu bringen.

Die darin sich herstellende universale Kommunikation ist kein abstraktes Bild, auf das im Postulat vorgegriffen werden müßte. Sie ist Datum und Faktum[302], insofern sie im Leben, Leiden und Sterben Jesu Christi begründet ist und mit seiner Auferweckung begonnen hat: „ecce facta sunt omnia nova" (H 12). Neu geworden ist die Welt und Schöpfung „per EUM qui dixit: Ego sum A et Ω" (H 13). Er macht alle zu einem („OMNES – UNUS"). Jesus Christus ist der, der eint; er ist das Medium und die Kraft der Vereinigung. Des Anfangs und Endes, des zeitlich-geschichtlich begriffenen Ganzen, mächtig[303], hebt er die Zertrennung zwischen Juden und Griechen, Offenbarung und Vernunft, Offenbarung und Natur, Geschichte und Natur, Sprache und Vernunft[304] sowie die Zertrennung der Rassen und Klassen und die Zertrennung zwischen Mann und Frau auf.[305]

In dem christologischen „A et Ω" des dritten Abschnitts, auf das

---

rationis" und dem „αλλα παντα και εν πασι" hergestellt: Ed. Manegold XXVIII, 5–16; N III, 226,1 f.,19.

[301] Vgl. als weitere Ausführung zum Herauf-Herabsteigen: O. Bayer, Gegen System und Struktur. Die theologische Aktualität Johann Georg Hamanns, in: Johann Georg Hamann, Acta des Internationalen Hamann-Colloquiums in Lüneburg 1976, mit einem Vorwort von A. Henkel, hg. v. B. Gajek, Frankfurt 1979, (40–50) bes. 43–47.

[302] Zu Hamanns Betonung der „data" und „facta", nicht „ficta", vgl. O. Bayer, Rationalität und Utopie, in: ders., Umstrittene Freiheit. Theologisch-philosophische Kontroversen (UTB 1092) 1981, (135–151) 146 f.

[303] Vgl. die eindrucksvolle christologische „Entkleidung" im Gebrauch von Mt 28,18–20 in Ed. Wild, 79,4–9; N III, 405, 10–13 (Fliegender Brief, 2. Fassg.) als Abschluß des oben (vgl. Anm. 271) zitierten Abschnittes Ed. Wild, 78,21 f.; N III, 403,29–32.

[304] Vgl. oben bei Anm. 277.

[305] Die Leserin des Stammbucheintrags, die katholische Fürstin, konnte „OMNES – UNUS" auch als Formel der „ökumenischen" Haltung des Lutheraners Hamann verstehen. Zweifellos hatte, wie Gründer, aaO. (s. Anm. 45), 289, sagt, „der Besuch Hamanns in Münster . . . seine Bedeutung als ökumenisches Ereignis". Doch die „Ökumene" zum beherrschenden Gesichtspunkt im Verstehen des gesamten zweiten Abschnitts zu machen – wie Koepp, aaO. (s. Anm. 30), 77, dies tut – läßt sich vom Text her nicht rechtfertigen. Denn Hamann „dachte nicht an die ‚Konkordanz' des 17., an die ‚Toleranz' des 18. oder an die ‚Una Sancta' im Sinne des 20. Jahrhunderts" (Gründer, 289).

dessen Schlußformel „OMNES – UNUS" zurückweist, liegt das innerste Geheimnis der ganzen Autorschaft Hamanns. Für das Verständnis des Letzten Blattes als konzentrierter abschließender Bezeugung seiner Autorschaft will beachtet sein, daß Hamann seine unvollendet gebliebene Schrift „Entkleidung und Verklärung", mit der er öffentlich Rechenschaft geben wollte über das, was „meine geheime Autorschaft über ein Vierteljahrhundert im Schilde geführt"[306], nach dem Titel in der ersten Fassung mit „A – Ω!" eröffnete[307] und entsprechend zu schließen plante[308].

In jedem „*Werk* des *Glaubens*, jede[r] *Arbeit* der *Liebe* und . . . *Geduld* unserer *Hoffnung*", die diesem großen „Könige", dem „der Bach meiner Autorschaft" galt[309], entspricht, sieht Hamann, wie er in jenem[310] seelsorgerlichen Brief an Amalia von Gallitzin vom 11. Dezember 1787 bekannt hatte, „das Alpha und Omega meiner ganzen Psilosophie, an der ich täglich zu meinem Troste und Zeitvertreibe saugen und kauen muß. Mehr weiß ich nicht, und verlange auch nichts mehr zu wißen. Trotz meiner unersättl. Lüsternheit und Neugierde finde ich nirgends – als in diesem Einzigen das wahre göttliche *All* und *Ganze* für Jedermann, ohne Ansehn der Person und des Geschlechts"[311].

3. Dritter Abschnitt: Offenbarung und Passion

„. . . in diesem Einzigen das wahre göttliche *All* und *Ganze*" zu finden, ist keine Sache leidenschaftslosen Erkennens und Wissens, sondern des Lernens durch Leiden. Wer in den Bruch der Welt und ihrer Zeiten vom Neuen her hineingestellt ist, um – zwischen den Zeiten – der alten Welt die neue zu erzählen, gerät damit in den Widerspruch der

---

[306] Ed. Wild, 80,22f.; N III, 407,16f. (Fliegender Brief, 2. Fassg.) Vgl. ZH VI, 466,22–24 (an Schenk am 12. 7. 1786).

[307] Ed. Wild, 2; N III, 348,4 (Fliegender Brief, 1. Fassg.).

[308] Der Anm. 303 genannte Abschnitt kann wohl als ins Auge gefaßter sachlicher Schluß gelten. Der darauf noch folgende Text (Ed. Wild, 79,10ff.; N III, 405,14ff. – Fliegender Brief, 2. Fassg.) stellt als ein offenkundiger Nachtrag Hamanns eine Antiklimax dar. Zu den Textverhältnissen vgl. im einzelnen WILD, aaO. (s. Anm. 39), 93ff.

[309] Vgl. Ed. Wild, 75,23f.; N III, 399,19f. (Fliegender Brief, 2. Fassg.).

[310] Vgl. oben bei Anm. 90.

[311] ZH VII, 377,24–29; beachte oben Anm. 88. Zu Hamanns Gebrauch des Wortes „Psilosophie" s. unten IV. 5.d. Vgl. ZH VI, 295,21–25 (an Jacobi am 2. 3. 1786): „Das Eins wurde All; das Wort wurde Fleisch; der Geist wurde Buchstab – den Juden Ein Ärgernis, den Griechen Eine Thorheit; nur denen, die beruffen sind, wird Göttliche Kraft und göttliche Weisheit offenbar, und dieser Beruff hängt von keinem Willen des Fleisches, noch eines Mannes, noch von Geblüte ab".

alten gegen die neue, erfährt Unverständnis und Ablehnung; er hat, in der Nachfolge Jesu Christi, zu leiden.

Dies ist im Spiegel der Reaktion der Juden und Griechen, der ganzen Menscheit also[312], auf die im Evangelium offenbarte Menschlichkeit der göttlichen Kraft und Weisheit im ersten Abschnitt schon deutlich geworden, wird nun aber, im dritten Abschnitt, zum beherrschenden Thema.

Das durchgehende Thema der Ablehnung der Offenbarung erfährt eine spezifische Zuspitzung durch den klaren Bezug auf den Stammbucheintrag Sophie la Roches, die vom Glück „wahrer Kenntniße" und der „Güte des Herzens" gesprochen hatte (2 f.). Hamann war diesem Optimismus schon mit dem dritten Motto aus Saint-Pierre begegnet, der kritisch und ironisch bemerkt, daß der Geist in der entstehenden bürgerlichen Konkurrenzgesellschaft der Individualisierung und Trennung der Menschen diene und die Güte in solchem Zusammenhang Geprellte mache (7). Nun verschärft Hamann seine Metakritik und antwortet mit ihr nicht nur La Roche, sondern auch dem im Oktober von ihm selbst zitierten Saint-Pierre. Er tut dies, indem er am Ende des Abschnitts dem Glück „wahrer Kenntniße" und der mit der „Güte des Herzens" gepriesenen Sittlichkeit ein Kriterium vorordnet, das der aufgeklärten Zeitgenossenschaft anstößig ist: das *Leiden*.

Im Leiden bestehe die Wahrheit des Wissens und die Größe der Moral; das Leiden relativiert die sich absolut gebärdende Metaphysik und Moral. Beide empfangen in ihm als Drittem ihr Kriterium.

Dieser Kontrapunkt zur Aufklärung – einschließlich der Metaphysikkritik Rousseaus – ist das Fazit des dritten Abschnitts; mit ihm schließt er betont und wirkungsvoll. Der Satz hält sich in knappem Nominalstil und will ganz auf dem ersten Wort (παθήματα) betont sein.

Da er syntaktisch sich nicht zurückbezieht, ist der Leser versucht, ihn zu isolieren und als allgemeingültige und aus sich selbst heraus verständliche Sentenz für sich zu nehmen. Zudem besteht er – nicht zufällig – seinem Material nach nicht aus Vulgazitaten, weist vielmehr als Cento aus der griechischen Parechese παθήματα – μαθήματα[313] und aus dem

---

[312] Vgl. oben bei Anm. 270.

[313] Zur Geschichte dieser Parechese in Antike und Spätantike siehe die Studie von H. Dörrie, Leid und Erfahrung. Die Wort- und Sinnverbindung παθεῖν-μαθεῖν im griechischen Denken (Akademie der Wiss. und der Literatur; Abhandl. der Geistes- und Sozialwiss. Klasse Jahrgang 1956, Nr. 5), 303–344. Als ersten Beleg für die Substantivierung dieser Formel in der Gegenüberstellung von πάθημα-μάθημα nennt Dörrie Herodot I, 207 (ebd., 310; vgl. 321 f.). Zu Hebr 5,8 vgl. S. 339 f. Von besonderem Interesse ist das Vorkommen dieser Wortverbindung im „Agamemnon" des Aischylos (177 und 249 f.); dazu die Bemerkungen von H. G. Gadamer, Wahrheit und Methode⁴, Tübingen 1975, 339 ff. Zur weiteren Erhellung des Problems sind die philosophiehistorischen Beobachtungen zu „πάθος und Erfahrung" im Blick auf Aristoteles und Kant bei H.

überlieferten Titel einer der drei aristotelischen Ethiken: „Magna Moralia"[314] in den weiten Bereich allgemeinmenschlicher Erfahrung – einer Erfahrung jedenfalls, die selbst von denen gemacht werden konnte, denen das Evangelium zur „stultitia" wurde.

Die Versuchung des Lesers, den letzten Satz des Abschnitts für sich zu nehmen und zu verallgemeinern, mag gegeben sein. Gäbe man ihr nach, müßte man annehmen, daß der zuvor zitierte Satz der Vulgata: didicit ex iis, quae passus est (Hebr 5,8; griechisch: ἔμαθεν ἀφ' ὧν ἔπαθεν) aus der biblischen Inanspruchnahme der griechischen Parechese für Jesus Christus, den „Filius Dei" (Hebr 5,8), von Hamann nun wieder in seine allgemeinmenschliche Bedeutung zurückgeführt worden sei.

Der Schlußsatz des dritten Abschnitts ist von Hamann durchaus allgemeinmenschlich und allgemeinverbindlich gemeint. Weshalb wären sonst die ‚Heiden' zitiert? Aber seine allgemeinmenschliche Bedeutung erlangt er nicht in der Loslösung von der Christologie, sondern gerade dadurch, daß er aufs engste an sie gebunden bleibt; er ist nicht ohne genaue christologische Bestimmtheit. Er will als Fazit des dritten Abschnitts im Zusammenhang des Letzten Blattes verstanden werden.

Dem Fazit des dritten Abschnitts gehen zwei Hauptteile voraus und führen auf es zu. Sie erstellen einen klaren *christologisch-passionstheologischen* Zusammenhang, auf den nun genau zu achten ist.

Der Text weist in den beiden Entwürfen und der Endfassung dieselbe Grundstruktur auf. Vom äußerst knapp stilisierten Fazit, in Versatzstücken der griechischen Antike formuliert und durch die Einfügung von „vera" akzentuiert, setzt sich die Vulgatabasis des dritten Abschnitts deutlich ab.

Wie das Fazit ist auch die Basis lakonisch kurz. Hamann hat diese Kürze erreicht, indem er auch hier wiederum aus dem Vulgatatext Stücke aussticht. Durch das Verfahren der Auslassung wird der originale Bibeltext verkürzt und zu einem neuen Text, der einen einzigen Sachverhalt hervorhebt: die Ablehnung des menschlich sich offenbarenden Gottes und die Erfahrung, die Gott selbst macht, indem er abgelehnt wird und leidet.

Holzhey: Kants Erfahrungsbegriff. Quellengeschichtliche und bedeutungsanalytische Untersuchungen, Basel-Stuttgart 1970, 43–48, zu vergleichen.

[314] Zu den Fragen und Problemen der Magna Moralia (= MM) vgl.: Aristoteles, Magna Moralia, übers. und kommentiert von F. Dirlmeier, 4. Aufl., Berlin 1979 (Bd. 8 der Reihe: Aristoteles, Werke in deutscher Übersetzung, begr. v. E. Grumach, hg. v. H. Flashar), 93–97 und bes. 113–147. Dirlmeier neigt danach zu der Annahme, die MM als eine dritte Pragmatie der Eudemischen Ethik (= EE) und der Nikomachischen Ethik (= EN) an die Seite zu stellen: „Die drei Ethiken sind drei eigenständige Entwürfe" (ebd., 147). Dementsprechend ist MM „nicht zu erklären als Kompilation aus oder gar als Kommentierung von EE oder EN oder von beiden zusammen" (ebd., 147).

Der eine Sachverhalt der Ablehnung der Offenbarung kommt in dreifacher Version zu Wort. Er formuliert sich in zwei kürzeren Doppelgliedern (H 18f.), von denen sich ein drittes (H 20f.) schon durch seine Länge unterscheidet. Der in der Doppelgliedrigkeit sich spiegelnde Sachverhalt von Offenbarung und Ablehnung tritt in der Folge der Sätze zunehmend deutlicher heraus:

1. Als Wort, Leben und Licht teilt Gott sich mit. Das Wort aber wird nicht gehört, das Leben nicht ergriffen, das Licht nicht gesehen; „die Finsternis hat es nicht verstanden".

2. Das Unfaßliche, Widersprüchliche und Paradoxe, daß die Welt ihren eigenen Schöpfer nicht erkannt hat, mit ihm, Anerkennung versagend, kein Lebensverhältnis eingegangen ist, wird nun (H 19) insofern deutlicher, als nicht mehr die anonyme kosmische Macht der Finsternis („tenebrae"), sondern die Menschenwelt („mundus") als Subjekt der Ablehnung erscheint. Die noch personalere Version: „In propria venit, et sui eum non receperunt" (Joh 1,11) läßt Hamann aus[315] – wohl aus Gründen der sparsamen Ökonomie seines Stils.

3. Die Widersprüchlichkeit einer ihr eigenes Wort, Leben und Licht nicht wahrnehmenden, sondern verkennenden Welt tritt unüberbietbar gesteigert mit der dritten und letzten Version ins Wort (H 20f.). Die von Johannes gleich im Prolog seines Evangeliums durch dreifache Wiederholung (Joh 1, 5.10.11) schon unüberhörbar angedeutete Ablehnung des sich offenbarenden, der Welt und den Menschen Wort, Leben und Licht gewährenden und mitteilenden Gottes wird von Hamann verstärkt, indem er alles ausläßt, was diesen einen Sachverhalt nicht direkt sagt. Vor allem aber hebt er den passionstheologischen Zug dort hervor, wo er im Johannesprolog gar nicht ausdrücklich zur Sprache kommt: in Joh 1,14 und 18. Anders als in den vorausgehenden Versen redet das Evangelium hier ja nicht von der Ablehnung. Hamann zeichnet den passionstheologischen Zug als für das Verständnis auch von Joh 1,14 und 18 konstitutiv ein. Er tut dies mit Hebr 5,8, das ihm erst eigentlich die Brücke zum von vornherein fest intendierten Schluß schlagen hilft.

Zu der Kürze, die auch den dritten Abschnitt prägt, ist Hamann erst nach einigen Versuchen gekommen. Auch hier ist der erste Entwurf der ausführlichste. Hamann hatte, wie schon bemerkt, im ersten Entwurf den Text als ganzen noch nicht gegliedert. An der Stelle der späteren Zäsur zwischen dem zweiten und dritten Abschnitt waren Eschatologie und Protologie ursprünglich eng verknüpft gewesen (19: „ . . . consummatio perfecti" und „In Principio . . ."). Hamann war dem Johannesprolog zunächst im vorgegebenen Einsatz gefolgt. Doch gleich hier

---

[315] Vgl. aber unten bei Anm. 323.

verkürzt er ihn so weit, daß der Gegensatz von Offenbarung und Ablehnung scharf stehen bleibt.

Im zweiten Teil des Abschnitts, in dem die in seinem ersten Teil nur angedeutete Offenbarung und ihre Verwerfung ausdrücklich zum Thema werden, hat Hamann an der Nahtstelle zwischen den Ausschnitten aus Joh 1,14.18 und dem Ausschnitt aus Hebr 5,8 gearbeitet.

Bemerkenswert ist vor allem, daß Hamann im ersten Entwurf „verbum" streicht, es über der Zeile durch „DEUS" ersetzt (20) und dieser Korrektur durch das den „unigenitus filius" meinenden „IPSI" entspricht – falls er nicht vom gesetzten „IPSI" aus „verbum" in „DEUS" korrigiert hatte.

Damit blickt der erste Entwurf – anders als der Johannesprolog und mit ihm der zweite Entwurf und die Endfassung des Letzten Blattes – auf die *Innenseite* des Vorgangs der als Fleischwerdung des Wortes geschehenen Offenbarung. Der Vollzug der Selbstmitteilung Gottes geschah seiner inwendigen Bewegung nach so, daß Gott der Vater zu seinem „eingeborenen Sohn, der im Schoße des Vaters ist", geredet hat; „DEUS . . . IPSI enarravit"[316]. Gott hat sich in einem inneren Gespräch zwischen Vater und Sohn erzählt – in einem Geschehen, das Luther in seinem Lied „Nu frewt euch lieben Christen gmeyn . . ." so besingt: „Er sprach zu seynem lieben son . . . Der son dem vater ghorsam ward, / Er kam zu myr auff erden . . . Er solt meyn bruder werden . . ."[317]

Das inwendige Wort des Vaters zum Sohn und die Antwort des Sohnes wenden sich nach außen in der „Fleischwerdung des Wortes" (Joh 1,14). Um diesen Außenaspekt desselben Geschehens zu bedenken, fügt Hamann hinter „enarravit" über der Zeile aus Joh 1,14 das parallele Satzglied zu „verbum caro factum est" ein: „habitavit in nobis".

Hamann arbeitet weiter, indem er „in nobis" streicht und durch „in primogenitis terrae filiis" ersetzt, um damit eine soteriologische Entsprechung zum exklusiv christologischen „unigenitus filius" herzustellen. Er tut dies in einer nicht unmittelbar der Vulgata entnommenen Formulierung, indem er das Christusprädikat „primogenitus in multis fratribus" (Röm 8,29; vgl. Kol 1,15.18 und Hebr 1,6) mit dem Hebräerbrief ins Soteriologisch-Ekklesiologische der „Gemeinde der Erstgebohrnen hienieden" (= „Ecclesia primitivorum": Hebr 12,23)[318] ver-

---

[316] Zur Genese dieses Satzes vgl. Textkommentar zu Z. 20 und Z. 21. Auf ihn gestützt, läßt sich annehmen, daß vom zweiten zum dritten Kolon („ . . . Patris" auf „IPSI . . .") ein Subjektswechsel eintritt. Dieser hat zur Folge, daß nunmehr zwischen „IPSI" und „unigenitus filius", die beide dieselbe Person bezeichnen, Kasusinkongruenz besteht.

[317] WA 35, (422,21–425,24) 424,11–24 (Strophen 5 und 6). Dieses Lutherlied findet sich auch, unter der Nummer 422 (S. 620–622), in: Neu verbessert-vollständiges Kirchen-Schul- und Haus-Gesangbuch. In dem Königreich Preußen, Königsberg 1702. Das Gesangbuch war in Hamanns Besitz: N V, 40 (Biga 49/516).

[318] Ed. Manegold, XXIX, 7–9; N III, 226, 27f. (Konxompax).

schiebt, zugleich aber deren irdische Existenz als „filii terrae" – als „Erdensöhne"[319] – mit der jahwistischen Urgeschichte (Gen 2,7) realistisch im Blick hält.

Im zweiten Entwurf fallen im Vergleich zum ersten wiederum Veränderungen auf. „In principio erat verbum" taucht unter, das im ersten Entwurf gestrichene „Deus erat verbum" taucht auf und bildet den Anfang; „DEUS" erscheint in Großbuchstaben. Hamann kommt es bei der Auswahl aus dem Bibeltext im Zuge der Herausarbeitung des Gegensatzes von Offenbarung und ihrer Ablehnung innerhalb des ersten Doppelgliedes offenbar besonders auf das Ternar „verbum", „vita" und „lux" an; „lux" erhält durch „vera" polemischen Nachdruck. Vielleicht darf man darin zugleich einen kritischen Hinweis auf das Selbstverständnis der ‚Aufklärung' und das von ihr beanspruchte ‚Licht' im konkreten Bezug auf die „wahren Kenntniße" des Eintrags von Sophie la Roche sehen. Die verschiedenen Formulierungsversuche klären sich erst in der Endfassung, in der zwei reine Bibelzitate nebeneinander stehen bleiben: „DEUS erat verbum" (Joh 1,1); „et vita erat lux hominum" (Joh 1,4). Der in den Entwürfen aus Joh 1,9 („lux vera") genommene polemische Nachdruck hat sich in der Endfassung an den Schluß des Abschnittes verlagert („vera μαϑηματα").

Im dritten Doppelglied wird ab dem zweiten Entwurf „DEUS" wieder in „verbum" zurückgeführt und entsprechend „IPSI" in „IPSE" umgewandelt, so daß – Joh 1,14 und 18 entsprechend – ganz die Außenseite der Offenbarung im Blick ist. Da der „unigenitus filius" nun „enarravit" zum Verb hat, wird das „habitavit" entbehrlich. Es verschwindet als finites Verb, geht in seiner Bedeutung aber, über das griechische Äquivalent (ἐσκήνωσεν: Joh 1,14; vgl. Apk 21,3) vermittelt, in „contubernalibus" (42), das als solches kein Vulgatawort ist, ein. Gott selbst in seinem Sohn hat sich den „Erdensöhnen" erzählt und ausgelegt, denen er zum „Zeltgenossen" geworden ist. Er begibt sich zusammen mit ihnen auf den irdischen Weg, wohnt und lebt, ißt und trinkt mit ihnen. Auf diese Weise, in solcher Genossenschaft und Solidarität, „wurde das Wort Fleisch".

Von besonderer Bedeutung ist eine Veränderung, die Hamann im zweiten Entwurf innerhalb des Fazits und Schlußsatzes vornimmt. Um den metakritischen Bezug zum Eintrag von Sophie la Roche unmißverständlich herzustellen, zitiert er sie („wahre Kenntniße" = „vera μαϑηματα"), ersetzt dabei aber, was nicht notwendig gewesen wäre,

---

[319] Das bei Hamann selten (z.B. N III, 126,18) begegnende Wort ist im zeitlichen Umkreis nicht unüblich; Wieland, Bürger, Goethe und Schiller gebrauchen es. Vgl. s.v. „Erdensohn": J. und W. GRIMM, Deutsches Wörterbuch (3. Bd., Leipzig 1862, 763). Das Wort hebt nachdrücklich des Menschen Kreatürlichkeit und Bedürftigkeit hervor. GOETHE (ebd. zitiert): „ich bin übrigens so nackt und bedürftig als jeder andre erdensohn."

„nostra" durch „vera" (43). Im Gefolge davon streicht er, was sachlich ebenfalls nicht zwingend ist, „eius" und legt damit nahe, „παϑήματα" absolut zu nehmen.

Das auch in der Endfassung syntaktisch absolut stehende „παϑημματα" will zwar durchaus universal gelten, löst sich damit aber nicht von seiner christologischen Bestimmtheit. Diese ergibt sich in hinreichender Deutlichkeit aus der Vulgatabasis des Abschnitts, erscheint aber auch in den Entwürfen des Fazits in einem bezeichnenden chiastischen Bezogensein: „eius . . . nostra". Daß diese beiden Wörter in der Endfassung gestrichen sind, nimmt – im Rückblick auf die Vulgatabasis – der Interpretation nicht die Möglichkeit, das mit ihnen ausgesagte Bezogensein nicht als annulliert, sondern als aufgehoben zu verstehen.

Der Satz, daß *seine* Leiden *unsere* Weisheit und Erfahrung sind, schließt eine direkte Entsprechung, Subsumtion oder gar Identifikation aus, sagt vielmehr eine Verschränkung und Vermittlung. Der leidende „unigenitus filius" ist weder Vorbild noch Urbild der „primogeniti terrae filii" (21), sondern ihr *Stellvertreter*.

Was seine Stellvertretung und Vermittlung besagt, ergibt sich klar aus der Vulgatabasis des Abschnitts. Dreimal tritt mit ihr in zunehmender Deutlichkeit und Intensität der Riß zwischen Offenbarung und Ablehnung ins Wort. Kann die fundamentale Störung, ja Zerstörung ursprünglicher selbstverständlicher Gemeinschaft von Gott und Welt geheilt und statt Unverständnis und Kommunikationsverzerrung wieder „Wort", statt Verhältnislosigkeit und Tod wieder „Leben", statt Verblendung und Verfinsterung wieder „Licht" werden?

Von dieser Frage ist nicht nur der dritte Abschnitt bewegt, sondern das Letzte Blatt als ganzes, das sich in jedem Abschnitt sowie in den Selbstbezeichnungen und noch in der Formulierung des Datums durch eine „dualistische" Struktur auszeichnet. Das ist nun zu zeigen und dabei weiterzuführen, was zu Beginn dieser Interpretation des dritten Abschnitts kurz bemerkt wurde.

In besonderer Weise bezieht sich der dritte Abschnitt auf den ersten. Er nimmt dessen Thema des konfliktreichen, als Mißverhältnis gleichwohl unabweisbar zu bedenkenden, Verhältnisses von Metaphysik und Offenbarung auf. Das in diesem Thema immer implizierte schöpfungstheologische Moment tritt nun, im Rückgriff auf den Johannesprolog, ausdrücklich hervor. Gott hat sich immer schon offenbart. Als Wort ist er, Verstehen und Verständigung schaffend, von Ewigkeit her selbst verständlich. Unverständlicherweise aber wurde er nicht von allen verstanden. Die Welt ist in sich zerrissen: in Nichtglaubende und Glaubende. Was im ersten Abschnitt vor allem mittels der Syntax – durch den Abbruch des ersten Satzes – als Riß, als Aneinandervorbeilaufen und nur in der Dissoziation Aufeinanderbezogensein inszeniert ist,

nimmt das „non comprehenderunt" und „non cognovit" des dritten
Abschnitts in ausdrücklicher Verbalisierung auf.

Das Unverständnis ist nicht nur intellektueller Art, sondern leidenschaftliches Nicht-Erkennen, scharfe Ablehnung. Die Ablehnung ist
dort am schärfsten, wo Gott am klarsten redet. Der, der ihn als
„unigenitus filius" in einzigartiger Weise in der Welt vertritt, ihn, den
niemand gesehen hat, hören läßt, ausspricht, uns „erzählte" („enarravit") und „exegesierte" („ἐξηγήσατο")[320], stößt auf Ablehnung. Das
leidenschaftliche Nicht-Erkennen läßt Jesus leiden; er erfährt die Ablehnung als Leiden. Der den zweiten Abschnitt prägende Gegensatz von
„alter" Welt und „neuer" Welt bildet sich aus der Tiefe dieses Leidens.
In ihm kommt die alte, ihrem Schöpfer entfremdete Welt zu ihrer
tiefsten Erfahrung; durch das Leiden und Sterben des „unigenitus" wird
sie endgültig zur alten Welt.

So sehr dies von der Neuschöpfung der Welt durch die Auferwek-
kung Jesu Christi her gilt („ecce facta sunt omnia nova": H 12), so
entscheidend bleibt für das „Neue" sein *Leiden und Tod*. Dieser Sachverhalt symbolisiert sich im Letzten Blatt dadurch, daß der dritte Abschnitt
auf den zweiten folgt und die Reihenfolge nicht etwa umgekehrt ist.

Ist dem zweiten Abschnitt, vor allem seinem Ende zufolge der Sieg
der neuen Welt besiegelt, so scheint nach dem dritten Abschnitt erneut
offen zu sein, ob nicht die alte Welt über die neue siege und das Leiden
das Letzte sei. Der Abschnitt endet in der Rede vom Leiden.

Gegen ein triumphalistisches und enthusiastisches Mißverständnis des
zweiten Abschnitts besagt dies, daß die Aufhebung des Widerspruchs
zwischen dem Schöpfer und seinen ihn nicht verstehenden Geschöpfen
nicht theoretisch begriffen werden kann. Konkret wird diese Aufhebung im Leiden erfahren. Nur die Spekulation, die „das leidige Kreuz
der Induktion aus der Erfahrung"[321] scheut, kommt weiter, die Erfahrung dagegen nicht.

Diese Passionstheologie bringt sich zunächst, in der Vulgatabasis des
dritten Abschnitts, streng christologisch zur Geltung. Im Fazit erscheint
sie dann in ihrer Wahrheit für jeden Christen und Menschen.

Dem entspricht dann genau die Unterschrift in den Selbstbezeichnungen, die allesamt die Zwiespältigkeit der Christenexistenz „zwischen
den Zeiten" und das Lernen durch Leiden im sich Einlassen auf die Welt,
wie sie ist, bezeugen.

Es ist damit deutlich geworden, wie der dritte Abschnitt in den Ge-
samtzusammenhang des Letzten Blattes verwoben ist, in welchem

---

[320] Vgl. Hamanns pointierte Verwendung von Joh 1,18 in „Golgatha und Scheblimini":
„ . . . der Eingebohrne Sohn, der in des Vaters Schooß ist, hat seine Fülle der Gnade und
Wahrheit *exegesirt*" (N III,315,25–27).

[321] Vgl. Anm. 347.

Sinne er dessen durchgehende „dualistische" Struktur in sich und durch sich trägt.

Bezogen auf diese „dualistische" Struktur, auf den Riß zwischen der Schöpfung und ihrer Verkehrung, der Offenbarung und ihrer Ablehnnung läßt sich nun abschließend umschreiben, was mit der Passion des „unigenitus" geschehen ist. In welchem Sinn ist sie „Stellvertretung"? Was vermittelt sie? Was besagt sie für die Gemeinschaft von Gott und Mensch? Was für die Rede von Gott und vom Menschen?

Dieser im engeren Sinn passionstheologisch-christologische Komplex soll im folgenden zuerst bedacht werden. In einem weiteren Gang der Darstellung muß dann, in einer abschließenden Interpretation des Fazits des dritten Abschnitts, die Bedeutung der christologischen Passionstheologie für die Christen in ihrer „Nachfolge" herausgestellt werden.

Das Nichtverstehen der Menschen läßt den die Humanität seiner Kraft und Weisheit offenbarenden Gott leiden. Er gibt sich ins Wort und Fleisch seines „unigenitus" – dessen, der ihn in einzigartiger Weise vertritt und ihn den „Erdensöhnen", mit ihnen auf dem Weg und ihnen „Zelt- und Tischgenosse" werdend, „erzählt". Sie aber verstehen ihn nicht. Es ist „das Leyden unsers Erlösers", daß „seine Nächsten, seine Tischfreunde, der *keines vernahmen,* und *nicht wusten, was er redete,* noch *ihnen zu verstehen geben wollte*"[322]. Weil sie ihn nicht verstanden und ablehnten, litt er. Und weil er litt, wurde er abgelehnt. Denn „gehört es nicht zu seinen Leiden, daß Seine *Brüder* an diesen Mann der Schmerzen nicht glaubten, und die Seinigen ihn nicht aufnahmen"[323]?

Mit seinem „Exegeten" wird der Schöpfer selbst verkannt; in seinem Willen zu endgültiger Gemeinschaft mit seinen Geschöpfen wird er von diesen verworfen. „Er kam in sein Eigentum; und die Seinen nahmen ihn nicht auf" (Joh 1,11).

Die Allmacht des Schöpfers ist nicht ohne die Demut des Sohnes[324], der Mensch wurde, litt und am Kreuz starb. Das Verhältnis des Sohnes zum Vater ist daher kein ideelles und intellektuelles, sondern ein zutiefst im Leiden geschehendes und in diesem Sinne ein geschichtliches Verhältnis. Im Unterschied zur Metaphysik kennt Theologie von ihrer Mitte her als „Wahrheit" deshalb nur eine „*zeitliche* und *ewige* Geschichtswahrheit"[325].

Hamann redet mit Hebr 5,8 von einem ,Lernprozeß', einer ,Bildungsgeschichte' des Sohnes, seiner Arbeit: „Ipse didicit ex iis quae passus est." Hamann läßt das Objekt „oboedientiam" aus; er will es

---

[322] ZH I, 414,3–5 (an J. G. Lindner am 28. 9. 1759).

[323] ZH I, 365,23–25 (an J. G. Lindner am 16. 7. 1759). Hamann zitiert Jes 53,3 („Mann der Schmerzen") und Joh 1,11.

[324] Vgl. oben bei Anm. 198 und unten bei Anm. 326 f.

[325] S. oben Anm. 235. Vgl. Anm. 229, 239, 241–243.

offenbar im „didicit" mitgesetzt sehen. Der Sohn lernte den „Gehorsam", das heißt sein im Hören bestehendes Verhältnis zum Vater, sein Sohnsein selbst. Der „unigenitus filius", Gottes einzigartiger Vertreter, wurde aufgrund dessen, was er litt, das, was er „in sinu patris", von Ewigkeit her, ist: der Sohn.

Es widerfährt ihm im Leiden nichts Fremdes – nichts, was er nicht von Ewigkeit her zugunsten der Gemeinschaft mit seinen „contubernales" gewollt und bejaht hätte. Gleichwohl sind Jesu Kampf gegen die Versuchung, die der Hebräerbrief im Zusammenhang seines Lernens durch Leiden sieht (Hebr 4,15; vgl. Mt 4,1–11; Lk 4,1–13), und seine Erfahrung der Anfechtung im Garten Gethsemane, sein leidenschaftliches Ringen im Gebet mit dem Vater um die Bejahung des Leidens (Hebr 5,7; vgl. Mk 14,32–42 und Parallelen), keine Scheingefechte. Denn der allmächtige Schöpfer Himmels und der Erden ist so frei, in der „*Demuth* seiner *Menschenliebe*"[326] sich selbst als wahrer Mensch gegenüberzutreten. „Freylich schuf er uns nach Seinem Bilde – weil wir dies verloren, nahm er unser eigen Bild an – Fleisch und Blut, wie die Kinder haben, lernte *weinen* – lallen – reden – lesen – dichten wie ein wahrer Menschensohn; ahmte uns nach, um uns zu Seiner Nachahmung aufzumuntern."[327]

So ist der schmerzhafte Prozeß, in dem der Sohn den Gehorsam lernte, nicht nur das, was der Mensch Jesus erlitt, sondern zugleich das, was kraft seiner einzigartigen Verbundenheit mit diesem Menschen Gott selbst erlitt. Gott selbst, das Wort, wird nicht verstanden; Gott selbst, das Leben, wird nicht wahrgenommen; Gott selbst, das Licht, wird nicht gesehen. Gott selbst erfährt handfesten Widerspruch. Das „Nicht-Verstehen" (Joh 1,5.10), weit entfernt davon, bloß im Intellektuellen zu spielen, ereignet sich als öffentliche und politische Geschichte, buchstäblich als Prozeß, der mit einer Hinrichtung endet. Die Menschlichkeit Gottes wird nicht angenommen, sondern verworfen. Der, der Gott in dessen Wortsein und Gemeinschaftswillen seinen Mitmenschen „erzählt" und darin Gottes Wort selbst ist, wird auf die entehrendste Weise getötet, am Kreuz.

Wenn im Übergang von der Vulgatabasis des Abschnitts zu seinem Fazit nach Hebr 5,8 die in diesem Zitat selbst schon vorausgesetzte und von ihm aufgenommene griechische Parechese „παϑηματα – μαϑηματα", von Hamann gesetzt, wieder ausdrücklich erscheint, legt dieser Vorgang die Frage nahe, wie sich griechisches Leidensverständnis – vor allem der attischen Tragödie – zum Verständnis des Leidens Jesu Christi verhält. Der herauszufindende Unterschied ist für die Gesamtintention

---

[326] ZH I, 394,17 (an G. I. Lindner am 9. 8. 1759).
[327] Ebd., Zeilen 6–9 („Bild" und „dichten" bei Hamann hervorgehoben).

des Letzten Blattes aufschlußreich: Muß in der attischen Tragödie der Mensch leiden, weil er den Göttern zu nahe kommt, so muß Gott, der Vater Jesu Christi, leiden, weil er den Menschen zu nahe kommt. Folgt dort das Leiden aus menschlicher Hybris, so hier aus Gottes Kondeszendenz.

Dieses christliche Leidensverständnis bestimmt die Pointe des Abschnitts, die sich kritisch auf den Stammbucheintrag Sophie la Roches zurückbezieht und zugleich – in einer noch deutlich zu machenden Weise – auf die Selbstbezeichnungen vorausweist: „παϑηματα, vera μαϑηματα et *Magna Moralia*".

Der Akzent liegt dabei auf „παϑηματα" und zugleich auf dem metakritisch aus dem Eintrag la Roches genommenen „vera". Hamann liegt an dem *wahren* Wissen und *wahrer* Erfahrung, die aus dem *Leiden* kommen, jedenfalls nicht an ihm vorbei gewonnen sind. Was nicht aus dem Leiden kommt, ist verblendetes und irrendes Wissen. So ist ein von der Erfahrung und dem Leiden abstrahierendes Denken, das „zur Vision eines allerhöchsten Vernunftwesens" aufsteigt, zu kritisieren.

Höchst bedeutsam ist nun, wie Hamann neben dem Wissen das Tun, neben dem Problem der Metaphysik das der Moral in das Blickfeld rückt. Parallel zu „vera μαϑηματα" setzt er „Magna Moralia" und gibt ihnen denselben Bezug zu „παϑηματα". In einem Oxymoron werden damit „Leiden" und „Verwirklichung" miteinander verbunden, insofern die mit „Magna Moralia" in einem ihrer Titel angesprochene aristotelische Ethik[328] durch und durch Ethik der „Verwirklichung" ist und in der Liebe zum „Werk" lebt. In einem für Hamanns Autorschaft bezeichnenden metakritischen Kunstgriff wird der aristotelische Titel in Anspruch genommen, zugleich aber in dem, was er vertritt, kritisiert. Wirklich *große* Ethik, wirklich erhabene Moral kommt aus dem Leiden, läßt sich jedenfalls nicht an ihm vorbei gewinnen. Dem entspricht, daß Hamann auch sonst davon redet, daß das „beste Wirken . . . Leiden" und „ein gedultiger" Mensch „beßer dann ein starker" ist[329].

Indem Hamann Wissen und Tun, Metaphysik und Moral gemeinsam auf das Leiden als ihr Kriterium bezieht, eröffnet sich ihm die Möglichkeit, das Recht und die Reichweite der geläufigen Unterscheidung von Wissen und Tun in Frage zu stellen. „*Wißen* und *Thun* sind freylich zwey sehr verschiedene Dinge, aber nicht geradezu das Gegentheil – als durch *Schuld* der Acteurs."[330]

Gemeinsam erhalten die μαϑηματα und moralia ihre Wahrheit und

---

[328] Vgl. oben Anm. 314. Die aristotelische Ethik ist indirekt bereits angesprochen in N II, 191,8–11 (Näschereyen); dazu: WIENER 1,123.

[329] ZH III, 305,6f. (an Herder am 12. 3. 1777). Vgl. das „Viel leiden! erfahren! lernen!" Herders an Hamann: ZH III,91,31 (Mai 1774).

[330] ZH III, 45,30f. (an Nicolai am 28. 3. 1773)

Größe aus einer Erfahrung, von der Hamann nicht erst im Letzten Blatt unter ausdrücklicher Bezugnahme auf Hebr 5,8 spricht: „Erfahrungen, wie Einsichten, sind neue Prüfungen, geben zu neuen Zweifeln Anlaß. Unsere Passibilität steht immer im Verhältniß mit unserer Actibilität nach der neuesten Theorie über den Menschen – Εμαθεν ἀφ᾽ ὧν ἔπαθε, Hebr. V. 8. gehört zur Nachfolge, die Kinder von Bastarden unterscheidet. Wenn dem Satan daran gelegen ist, unsern Glauben zu sichten, wie den Weizen, so ist es unseres Hohenpriesters Sache, für uns zu bitten, und durch unsere Vollendung die Brüder zu stärken."[331]

Im wechselseitigen Verhältnis von „Passibilität" und „Actibilität" verlieren „Action und Handlung alle männliche Würde durch weibische und kindische Paßion oder Leidenschaft"[332]. Hamann beruft sich dafür auf die Wahrheit von 2Kor 12,10: „Wenn ich schwach bin, so bin ich stark."[333]

Diese Wahrheit, daß das „beste Wirken . . . Leiden" ist, besagt für Hamann nie eine Identifikation von Leiden und Arbeit. Denn die Arbeit des Leidens ist nicht das Letzte. Zur Ruhe kommt Hamann in dem, was sich nicht erarbeiten – wie auch nicht ererben und ergrübeln – läßt: im „Genuß", der für Hamann selbst im Kreuz liegt und sein Verständnis der Leidensnachfolge im theologisch entscheidenden Punkte prägt. „Im *Kreutz*, wie es unsere Religion schon sinnlich und bildlich nennt, liegt ein großer *Genuß* unserer Existenz – und zugleich das wahre Treibwerk unserer verborgensten Kräfte."[334]

In welchem Sinne „das liebe Kreuz" der springende Punkt „in der Erfahrung"[335] ist, zeigt sich facettenreich in Hamanns am 30. März 1764 veröffentlichter Rezension der „Vernunft= und schriftmäßige[n] Gedanken von den Lebenspflichten der Christen, entworfen von Daniel

---

[331] ZH IV, 5,5–12 (an Lavater am 18. 1. 1778); Hamanns Hervorhebungen sind getilgt. Mit der „neusten Theorie über den Menschen" kann Hamann durchaus seine eigene meinen; N II, 217,15 (Aesthetica in nuce) spricht er von der „neusten Ästhetick" als seiner eigenen und N III, 400,3f. (Fliegender Brief, 1. Fassg.) ist mit der „jüngsten Kritik und Politik" ebenfalls seine eigene gemeint (s. unten IV. 4).

[332] ZH VI, 534,12f. (an Jacobi am 24. 8. 1786).

[333] Ebd., 13f. Die Fortsetzung (14f.: „Verstand und Erfahrung ist im Grunde einerley . . .") ist für Hamanns Auseinandersetzung mit Kant wichtig.

[334] ZH IV, 391,16–19 (an Reichardt am 17. 6. 1782); vgl. ZH V, 459,3–8.

[335] N II, 347,28 (Leser und Kunstrichter). Zu dem hier verwendeten Wort „Erfahrung" merkt Hamann an, indem er PLATON, Politeia X, 601 b 9–602 b 8 (mit Auslassungen) zitiert: „Zur Erfahrung gehört diejenige Kunst, welche Sokrates τεχνην χρησομενην in Platons letztem Gespräche περι δικαιου nennt und der poetischen sowohl als der mimischen entgegen setzt" (N II, 347, 29–31). Die Platonstelle lautet: περὶ ἕκαστον ταύτας τινὰς τρεῖς τέχνας εἶναι, χρησομένην, ποιήσουσαν, μιμησομένην (601 d). Das Begriffspaar „uti" und „frui" ist bei Hamann so aufgenommen, daß für ihn „Genuß" der gerechtfertigte „Gebrauch" ist.

Heinrich Arnoldt, der heiligen Schrift Doctor und Prof. Theol. ordin. auf der Universität zu Königsberg in Preußen. 1764"[336].

Der Text dieser Rezension ist in der Dichte der Gemeinsamkeiten wie kein zweiter Hamanntext mit dem Letzten Blatt verbunden – vor allem mit dem dritten Abschnitt – und erhellt besonders den kritischen Zusammenhang von Leiden und Sittlichkeit („παϑηματα . . . *Magna Moralia*").

Hamann bezieht sich auf die ‚Christliche Ethik' eines aufgeklärten Zeitgenossen, der „von den Lebenspflichten der Christen" redet. Im Kern seiner kritischen Rezension fordert er, daß „eine Erklärung der christlichen Sittenlehre nicht die Sittlichkeit der Handlungen, sondern die *Heiligkeit des Lebens* zum Gegenstande haben" sollte[337]. Denn die „Sittlichkeit der Handlungen scheint . . . eher ein Maaßstab der Werkheiligkeit, als eines mit Christo in Gott verborgenen Lebens zu seyn. In der Nachfolge Jesu, der durch Leiden Gehorsam lernte und vollkommen geworden [Hebr. 5,8f.], besteht die Fülle aller Tugend, welche gegenwärtige und zukünftige Verheißungen hat"[338].

Die „Magna Moralia", „die Fülle aller Tugend", besteht in „der Nachfolge Jesu, der durch Leiden Gehorsam lernte" (Hebr 5,8). Doch anstatt „die Schmach Christi und das Ärgerniß seiner Nachfolge auf sich zu nehmen, sucht man das Kreuz zu vernichten, weil es ein leichtes ist, die Vernunft in einen Engel des Lichts und in einen Apostel der Gerechtigkeit zu verstellen; dem Fleische angenehmer, klug in Christo, als ein Narr um Christus willen zu seyn, und weil der natürliche Mensch sich gern durch vernünftige Reden [Coloss. II,4] und vergebliche Worte [Ephes. V,6] betrügen, aber schwer überzeugen läßt, einer geistlichen Erkenntniß unfähig zu seyn [1 Cor⟨r⟩. II. 14]"[339].

Wer sich „überzeugen läßt, einer geistlichen Erkenntniß unfähig zu

---

[336] N IV, 281–283.

[337] Ebd., 282,28 f. Daß „die Heiligkeit des Lebens" dem Christen verborgen ist, betont Hamann wie „unser Kirchenvater Luther in seiner Vorrede zur Offenbarung" (283,14 f.). Hamanns Zitat (283,15–25): LUTHER, Deutsche Bibel, 7. Band, Weimar 1931, 421, 6–8, 10 f.

[338] Ebd., 282,36–40. Eine Parallele zum ersten Abschnitt des Letzten Blattes ist die Fortsetzung (282,40–283,3): „‚Er ward unter die Übeltäter gerechnet' [Mk 15,28 = Jes 53,12] und dieses Urtheil der Weisheit gerechtfertigt und vollzogen durch Sittenrichter und Schriftgelehrte, die sich kein Gewissen daraus machten, das Kreuzige! zu rufen über einen Fresser und Weinsäufer, Verführer des Volks und Gotteslästerer – Seht, welch ein Mensch! Seht, Christen! das ist euer Haupt. – Sein und seiner Worte schämt sich ein philosophisch-politisches Weltalter; denn das Wort vom Kreuz ist eine Thorheit; ja ein Stein des Anstoßes ist der *Eckstein* des christlichen Lehrgebäudes . . . In jener Wolke, die euch umgiebt, ist Stephanus mein Zeuge, aus dessen Munde man Lästerworte wider die Moral und Dogmatik gehört hatte!"

[339] Ebd., 283,8–14 (Die eingefügten Bibelstellen sind von Hamann angemerkt). Zur Fortsetzung vgl. Anm. 337.

seyn", versteht, „warum jeder *Heilige* ein *Sünder* seyn muß"[340] und
warum „eine Erklärung der christlichen Sittenlehre nicht die Sittlichkeit
der Handlungen, sondern die *Heiligkeit des* [verborgenen] *Lebens* zum
Gegenstande haben" sollte.

Bei Hamann bildet sich damit jenseits von Metaphysik und Moral ein
Verständnis von „Erfahrung" und „Leben", wonach der Mensch als
Sünder wie als Gerechtfertigter sich selbst entzogen und verborgen ist.

Wenn im Fazit des dritten Abschnittes des Letzten Blattes die μαθήματα und moralia, Wissen und Tun, Metaphysik und Moral nebeneinander erscheinen und gemeinsam den παθήματα kritisch zugeordnet
werden, so ist auch dies schon in der Rezension von 1764 vorgebildet,
wie denn für Hamann durchgehend Philosophie und Politik aufeinander
verweisen; der sich von seinen Untertanen abstrahierende Monarch in
seinem aufgeklärten Absolutismus und der ebenfalls vom Sinnlich-
Besonderen abstrahierende Gottesbegriff des „allerhöchsten Vernunftwesens" (H 8) der Metaphysiker und Philosophen spiegeln sich ineinander. „Auch hat der Begriff des *höchsten Wesens* die Weltweisen in
Irrthümer und Vorurtheile verleitet, welche so kräftig und verderblich
sind als die Vorstellungen, die sich die Juden unter dem Bilde eines
Monarchen von dem Messias machten."[341]

Solcher Philosophie und Politik, Metaphysik und Moral, die nach
„dem Typo eines metaphysischen Ölgötzen"[342] gemacht sind, begegnet
Hamann kritisch mit dem Wort vom Kreuz als „dem *kündlich großen
Geheimnisse* eines *Fleisch* gewordenen *Wortes*" (1 Tim 3,16; Joh 1,14)[343].

Wie dieses öffentliche, gleichwohl nicht „‚wie ein Kram auf dem
Markte‘"[344] liegende Geheimnis die Existenz der Christen als Leidensnachfolge bestimmt, ist in den „Zwey Scherflein" prägnant zusammengefaßt. Danach läßt sich der Christ in seine Welt und Zeitgenossenschaft
mit der Überzeugung ein, daß er deren Sprache „schlechterdings . . .
nehmen müsse, *wie sie ist*, mit allen Muttermälern der Sinnlichkeit",
weil der „USUS", der faktische Sprachgebrauch – als herrschende
Sprachregelung ein „Tyrann" und als Verführer ein „Sophist" – „durch
nichts als μαθηματα παθηματα, leidende Gelehrigkeit, ästhetischen
Gehorsam des Kreuzes entwaffnet, und nur mit dem Bild und der
Überschrift seiner eigenen Zinsemünze befriedigt werden kann"[345].

---

[340] Ebd., 282,34.
[341] Ebd., 282,19–22. Vgl. oben Anm. 284.
[342] Ebd., 282,26.
[343] Ebd., 282,26 f. Als „Wort vom Kreuz": 282,38 ff.

[344] Ebd., 283,25. Zitiert ist wiederum LUTHERS Vorrede zur Offenbarung: Deutsche
Bibel, 7. Band, Weimar 1931, 421, 11.

[345] N III, 234,18–24 (Hamanns Hervorhebungen getilgt). Nicht unwichtig sind die dazu
mitgeteilten Varianten (N III, 459): „Gehorsam des Kreuzes in ästhetischer Nachfolge"
bzw. „der Nachahmung". Das Ende des zitierten Satzes bezieht sich auf MK 12,13–17
(par). Der hier erzählte Umgang Jesu mit einer Fangfrage seiner Gegner ist für Hamann
vorbildlich. Zum Ganzen vgl. unten IV.5. d 2.

In diesen einen Satz ballt sich ein Verständnis des Lernens und der Erfahrung, das in seiner Bedeutung nicht überschätzt werden kann[346]. Es sprengt die Alternative, die seit Hegels Kontroverse mit Kant (vgl. Hegels Vorrede zu seinen „Grundlinien der Philosophie des Rechts"; 1821) nicht nur für die Diskussionslage der Philosophie und Theologie bezeichnend ist, sondern das geschichtliche und politische Klima weithin bestimmt: die Alternative eines Begreifens dessen, was ist, und eines Verwirklichens dessen, was sein soll.

Hamanns Satz zufolge darf man sich dem Zwang und der Härte der herrschenden Wirklichkeit weder begreifend noch protestierend-postulierend entziehen. Die philosophischen, politischen und theologischen Sprachregelungen, die sich durchgesetzt haben, sind nicht abstrakt zu negieren; sie sind weder nostalgisch noch zukunftssüchtig zu überfliegen. Sich auf sie einzulassen, bedeutet andererseits aber keine bruchlose Aneignung und schmerzlose Reproduktion, sondern eine Erfahrung, in der man riskiert, in fremden Bestimmungen, Schickungen, Wendungen und sich sprachlich manifestierenden Ansprüchen und Forderungen zugrunde zu gehen; es bedeutet, „das leidige Kreuz der Induktion"[347], die schmerzhafte Aufnahme und Verarbeitung alltäglichster und widerständigster Erfahrungen, nicht zu fliehen.

In Hamanns Satz aus „Zwey Scherflein" und in dem ihn aufnehmenden Fazit des dritten Abschnitts des Letzten Blattes bekundet sich in letzter Zuspitzung ein Verständnis des „Lernens", nach dem dieses „im eigentlichen Verstande eben so wenig *Erfindung* als bloße *Wiedererinnerung*" ist[348]; es besteht weder in reiner Anamnesis noch in reiner Konstruktion. Es geschieht vielmehr in einem Hören auf die sprachlich-geschichtlich sich mitteilende Wahrheit, in dem man sich auf die Geschichte der Natur und der Menschen einläßt und dabei leidet.

Ein entsprechendes Verständnis seiner eigenen Existenz dokumentiert Hamann in der aus sechs verschiedenen Selbstbezeichnungen bestehenden Unterschrift (H 24–27) und in einer wohlüberlegten Zeitangabe bei der Datierung (H 27 f.). Hamann nennt sich in der vierten seiner Selbstbezeichnungen „Π. et Ψ. λοσοφος $\frac{cruci}{furci}$-fer" (H 25) explizit „Kreuzträger".

Der folgende Abschnitt (IV.4) wird zur Auslegung der Unterschrift[349] und Zeitangabe[350] überleiten. Unter dem Titel „Kritik und Politik" soll

---

[346] Ausführlicher als im folgenden ist sie dargestellt in: BAYER, Umstrittene Freiheit (UTB 1092), 1981, 152–161 („Kommunikative Urteilsform").

[347] Hamann, Entwurf zur „Metakritik über den Purismum der Vernunft", Fotokopie der Handschrift in der Universitätsbibliothek Münster (G. I. 64).

[348] N III, 41,11 f. (Philologische Einfälle und Zweifel).

[349] Vgl. unten IV.5; zu „Kreuzträger" vgl. IV.5 d 2.

[350] Vgl. unten IV.6.

an einem zentralen Hamanntext die fundamentalanthropologische und
eschatologische Denkstruktur aufgewiesen werden, die für die Artikula-
tion seines Selbstverständnisses in den Selbstbezeichnungen bestim-
mend ist und einen Schlüssel zu ihrer Interpretation bietet.

4. Überleitung: Kritik und Politik

Dem „Sicuti aliquando – ita et nunc – Rm. XI. 30.31" (H 23) kommt
ein besonderes Gewicht zu. Denn es steht für sich selbst („Sicuti"
beginnt mit großem Buchstaben; das „enim" des Vulgatatextes, das
noch im ersten Entwurf hinter dem „Sicuti" [33] stand, ist wohl
gestrichen, um nicht eine falsche Verknüpfung nahezulegen[351]) und
schließt mit dem dritten Abschnitt alles Bisherige ab, indem es dieses
von den im vierten Abschnitt folgenden Selbstbezeichnungen absetzt.

Der Vulgatatext lautet: „Sicut enim aliquando et vos non credidistis
Deo, nunc autem misericordiam consecuti estis propter incredulitatem
illorum: ita et isti nunc non crediderunt in vestram misericordiam: ut et
ipsi misericordiam consequantur."

Den „großen evangelischen Plan der Erbarmung über das ganze
verführte menschliche Geschlecht"[352], in dessen heilsgeschichtlichem
und rechtfertigungstheologischem Zusammenhang Hamann dachte,
glaubte und handelte, macht er in seiner theologischen Aktualität, d. h.
in seiner zeitlichen Beziehbarkeit und Bezogenheit, in nicht zu überbie-
tender Kürze deutlich. Er nimmt die Anrede des Briefstellers Paulus an
die Heidenchristen in Rom auf und bezieht sie, im aktuellen Kontext des
Stammbucheintrags, auf sich selbst. Damit stellt sich Hamann in einer
bestimmten Relation zu seiner Zeit dar. Im Blick auf das in der
Verheißung zugleich gegenwärtige und ausstehende barmherzige
Gericht Gottes parallelisiert er sein Zeitalter in seinem Gesetzeseifer,
seinem Kritizismus und Unglauben den Juden in ihrem Verworfensein,
sich selbst aber den in Röm 11,30f. angesprochenen Heidenchristen.
Wie auch er einst nicht an Gottes Barmherzigkeit glaubte, vor der
Lebenswende im Jahre 1758 nämlich, in der Gott sich seiner endlich
erbarmte und damit alle Eigenmächtigkeit, Selbstgerechtigkeit, allen
Legalismus und alle Eitelkeit ins Unrecht setzte, so können die aufgeklärten Zeitgenossen die Erscheinung eines Hamann nur als Skandal

---

[351] Vgl. den Textkommentar zu Z. 33 und 44, der zwingend ergibt, daß Hamann erst
nach Formulierung der Selbstbezeichnungen im letzten Abschnitt das „Sicuti . . ."
zwischen den dritten Abschnitt und den Selbstbezeichnungskomplex lozierte.
[352] N III, 146,6–8 samt Kontext (Hierophantische Briefe); vgl. etwa auch N III,
189,36–190,4 (Zweifel und Einfälle).

empfinden, an ihm und dem wahren Gott verzweifeln und schließlich so
Gottes barmherziges Gericht auf sich ziehen.

Der Kontext von Röm 11,30–31 weist in V.32 „Conclusit enim Deus
omnia in incredulitate: ut omnium misereatur" zurück auf den am Ende
des zweiten Abschnitts mit Gal 3,28 angesprochenen heilsgeschichtlichen Zusammenhang, der mit Gal 3,22 bezeichnet ist: „Sed conclusit
scriptura omnia sub peccato ut promissio ex fide Iesu Christi daretur
credentibus".

Hamann betrachtet sich selbst als Gegenstand göttlicher Erbarmung,
dazu dienend, andere dahin zu bringen, daß Gott sich ihrer erbarme.

Hier deutet sich ein eschatologisches Selbstverständnis Hamanns an,
das sich in immer neuen Konkretionen in den Selbstbezeichnungen des
vierten Abschnitts aussprechen wird und sich in Hamanns Autorschaft
selbst unter den verschiedensten Titeln ausgesprochen hatte, die er in
Aufnahme verschiedener Masken und biblisch-eschatologischer Vor-
stellungskreise wählte[353].

Ganz besonders in der Berliner Aufklärung, die an den Namen
Friedrich Nicolais, Moses Mendelssohns und anderer haftet, erblickte
Hamann endzeitliche Formen, auf die er sich in seiner Autorschaft
bezogen sah. Von den Berlinern und den Mitarbeitern der „Allgemeinen Deutschen Bibliothek", dem von Nicolai begründeten einflußreich-
sten Organ der öffentlichen Meinung, redet Hamann als „lebendige[n]
Denkmale[n] und Vorboten, die durch ihr bloßes Daseyn uns anzumel-
den scheinen . . . die Epoche eines neuen Aeons, der vor der Thür steht
und anklopft"[354].

„Selbst der güldene Kelch Babel [gemeint ist Berlin], der alle Welt
truncken macht, ist in der Hand des HERRN . . . Ein Geist der
Weißagung erfüllt noch die Bezaleele und Oholiabe, Nicolaiten und
Bileamiten, Buchstaben- und Schriftmänner jeder Zeit alles mit Weis-
heit zu schneiden, wirken und zu sticken. Ihnen hat das allgemeine
Deutschland [gemeint ist die Allgemeine Deutsche Bibliothek] den
Prototype inspirateur, le mannequin precieux der neuesten Kritik und
Politick zu verdanken."[355]

Die großartigen philosophischen und poetischen Leistungen der Aufklärung vergleicht Hamann mit den Kunstwerken Bezalels und Oho-

---

[353] So beispielsweise in dem Titel eines „Predigers in der Wüsten", Ed. Wild, 14,29; N
III, 358,10 (Fliegender Brief, 1. Fassung); Ed. Wild, 17,1f.; N III 357,15f. (Fliegender
Brief, 2. Fassung). Seine Schrift „Golgatha und Scheblimini" versah Hamann mit der
Autorbezeichnung „Von einem Prediger in der Wüsten" (N III, 291); vgl. zu diesem Titel
Schreiner, HH VII,51f.
[354] Ed. Wild, 62,2–7; N III, 400,23–27 (Fliegender Brief, 1. Fassg.)
[355] Ed. Wild, 60,34–61,11; N III, 398,27–400,4 (Fliegender Brief, 1. Fassg.). – Zur Stelle
siehe den Kommentar von R. Wild, aaO. (s. Anm. 39), 524f.

liabs, die – vom Geist Gottes erfüllt – im Dienste des Heiligtums arbeiteten (vgl. Ex 35,30–36,2). Dieser Kunst- und Wissenschaftsbetrieb hat zwar noch eine Beziehung auf den Geist Gottes, jedoch verborgen unter einem Widerspruch, der in der Leugnung Jesu Christi besteht, dessen Zeugnis der Geist der Weissagung ist[356]. Die Nikolaiten (vgl. Apk 2,6) und Bileamiten (vgl. Apk 2,14 f.) Berlins provozieren durch ihren Widerspruch das Gericht des „scharfen zweischneidigen Schwertes" (vgl. Apk 2,12.16), das sich nun in der Gestalt des „Prototype inspirateur et mannequin precieux der neuesten Kritik und Politick" ankündigt.

Zu „Prototype inspirateur . . ." merkt Hamann selbst an: „Tableau de Paris Tom. II, p. 213, 215."[357] Es handelt sich hierbei um: Louis Sebastian Mercier, Tableau de Paris. Nouvelle Edition, corrigée et augmentée. Tome II, Kap. 173, Amsterdam 1782. Wild bemerkt, was nicht zutrifft, daß das Zitat in dieser Ausgabe nicht zu finden sei[358]. Auch Nadler[359] konnte es nicht verifizieren – und vermutet falsch Friedrich II. unter dem „prototype . . .". Hamann bezieht sich auf ein „Les Marchandes de Modes" überschriebenes Kapitel aus Merciers Tableau[360]. Darin wird die Pariser Modewelt karikiert und von einer Modepuppe erzählt, die als „mannequin précieux, affublé des modes les plus nouvelles, enfin le prototype inspirateur" monatlich zwischen Paris und London (!) und stets nach allen Richtungen (au nord et au midi) unterwegs ist, um ihre Grazien zu verbreiten. Sie weckt in ihrer Mobilität und modischen Flexibilität, Variabilität nur ungläubiges Erstaunen. Ihre verschiedenen Erscheinungsweisen in einem Lexikon der Modesprache festzuhalten, ist unmöglich. Die Sprache der Mode ändert sich noch während des Schreibens. Bereits ein Monat würde genügen, um die Schriften unverständlich werden zu lassen. Sie bedürften sodann eines Kommentars[361].

Daraus wird deutlich, daß Hamann mit dem Titel „Prototype . . ." sich selbst meint. Er kleidet sich stets in das in Mode stehende Sprachgewand, läßt sich ganz auf seine Zeit ein, schreitet in seiner Autorschaft extreme Richtungen ab, weckt Zweifel und Unglauben. Seine Schriften sind von solcher Aktualität, daß sie schon sehr bald aufgrund ihrer der Zeit entnommenen Bezüge nicht mehr verstanden werden, selbst vom Autor nicht, ein Sachverhalt, der von Hamann selbst so gesehen und formuliert wurde[362].

Hamann sieht sich im Spannungsfeld des Unglaubens seiner Zeit und

---

[356] Vgl. N II, 212,2 u. 10; N III, 192,26 f.
[357] Ed. Wild, 61,34; N III, 400,31 (Fliegender Brief, 1. Fassg.).
[358] AaO. (s. Anm. 39), 524 f.
[359] Vgl. N VI, 311.
[360] L. S. Mercier, Tableau de Paris. Nouvelle Edition, corrigée et augmentée. Tome II, Amsterdam 1782 (Slatkine Reprints Genf 1979), Kap. 173, 212–215.
[361] Ebd., 215.
[362] Vgl. etwa ZH VI, 269,30 ff. und 275,5–7, ferner ZH VI, 275,5–9.

des heraufziehenden, in seiner eigenen Person sich ankündigenden
wiederkommenden Herrn und Richters. Was gemeint ist, wenn
Hamann sich in diesem eschatologischen Zusammenhang als „proto-
type inspirateur und mannequin precieux der neuesten Kritik und
Politick" versteht, muß nun wiederum aus einem bestimmten Text des
„Fliegenden Briefes" erhoben werden, der als der systematischste Text
Hamanns überhaupt anzusprechen ist, und auf den Hamann sich mit
dem Ausdruck „Kritik und Politik" bezieht.

Es handelt sich um einen Abschnitt aus der ersten Fassung des
„Fliegenden Briefes" (1786), von dessen Denkstruktur und Terminologie her weite Zusammenhänge Hamannscher Theologie sich erschließen
lassen und nicht zuletzt eine Dechiffrierung der Selbstbezeichnungen im
vierten Abschnitt erleichtert wird.

Dieser aufschlußreiche Text soll in der hier gebotenen Kürze vorgestellt werden:

„Geist der Beobachtung und Geist der Weissagung sind die Fittige des
menschlichen Genius. Zum Gebiete des ersteren gehört alles Gegenwärtige;
zum Gebiete des letzteren alles Abwesende, der Vergangenheit und Zukunft.
Das philosophische Genie äussert seine Macht dadurch, daß es, vermittelst der
Abstraction, das Gegenwärtige abwesend zu machen sich bemüht; wirkliche
Gegenstände zu nackten Begriffen und bloß denkbaren Merkmalen, zu reinen
Erscheinungen und Phänomenen *entkleidet*. Das poetische Genie äussert seine
Macht dadurch, daß es, vermittelst der Fiction, die Visionen abwesender
Vergangenheit und Zukunft zu gegenwärtigen Darstellungen *verklärt*. Kritik
und Politik widerstehen den Usurpationen beyder Mächte; und sorgen für das
Gleichgewicht derselben, durch die nemlichen positiven Kräfte und Mittel der
Beobachtung und Weissagung."[363]

In diesem Versuch einer „Einteilung des intellectuellen Universums"[364], in der Erkenntnistheorie und Ontologie aufeinander bezogen
werden – einer Einteilung, die Hamann für die Erschließung von
Weltzusammenhängen als zwar notwendig ansieht, jedoch nicht als
endgültige Festlegung verstanden wissen will, sondern in ihrer „Eigenmächtigkeit" selbst durchschaut – wird der philosophische Abstraktionsgeist, der „Geist der Beobachtung", von der fiktionalen Macht und
poetischen Kraft des Menschen, dem „Geist der Weissagung", unterschieden; zugleich werden beide in ihrem gegenseitigen Verhältnis
bedacht.

Hamann macht Verhältnisse namhaft, die den Menschen in seinem
Wirklichkeitsverhältnis pro statu isto bestimmen. Sie gestalten sich aus

---

[363] Ed. Wild, 49,1–15; N III, 382,30–384,8 (Fliegender Brief, 1. Fassg.). Eine theologische Interpretation dieses Textes bietet BAYER, aaO. (s. Anm. 302), 135–151.
[364] H 6, Ed. Wild, aaO. (s. Anm. 39), 416.

Möglichkeiten des Verstandes und des Willens, die dem Menschen innewohnen und in deren Anwendung er Natur und Geschichte erkennen kann und auf je eigene Weise zu konstituieren in der Lage ist. „Gegenwart" und „Abwesenheit" bezeichnen als Reflexionsbegriffe eben jene Konstitutions- bzw. Destitutionsformen von wirklichen Gegenständen, wie sie sich aus den Wirkungen und dem raum-zeitlichen Bewegungsverhalten des Beobachtungsgeistes und Weissagungsgeistes ergeben.

„Gegenwart" und „Abwesenheit" bezeichnen als „Prädikate" „nichts als subjektive Bedingungen", „wodurch sich keine wirkliche Duplizität der Objekte selbst erhärten läßt, sondern ein bloßes Verhältnis der verschiedenen Ansichten und Seiten eines und desselben Dinges zu dem ihnen entsprechenden Masse des inwendigen Menschen, seiner negativen, wandelbaren [d. h. zeitlichen], endlichen [d. h. räumlichen] Kraft, die keiner Allgegenwart fähig sein kann, weil diese das ausschließende Eigentum einer positiven Unermeßlichkeit ist"[365].

Mit dem Geist der Beobachtung bezeichnet Hamann eine Strebung menschlichen Erkennens und Handelns, die, käme sie rein zur Geltung, letztlich auf die Konstitution einer in nackten Begriffen definierbaren künstlichen Welt zielt. Diese Welt trägt ihr Wahrheitskriterium in sich selbst, leugnet und macht das auf ewig abwesend, was nicht auf abstrakte Formeln zu bringen ist. Sie kann die Sprache nur als System purer Wörter[366], nur als Manifestation reiner Bedeutungen anerkennen.

Von dieser Strebung unterschieden und als verdrängte auch noch in den Usurpationen des Beobachtungsgeistes wirkende Kraft ist die entwerfende und utopische Erkenntnis- und Handlungsfunktion. Sie läuft Gefahr, sich in der Unergründlichkeit und Unendlichkeit eigener Wünsche, Vorstellungen und Projektionen zu verlieren und, in der Sehnsucht nach einer absolut neuen Zukunft, die Notwendigkeit strukturierender Festlegungen begrifflicher und gesetzlicher Art zu überspielen.

Die wechselseitige Emanzipation beider Strebungen voneinander führt zu einer, oder besser repräsentiert eine Zerrissenheit des Menschen, die nicht von sich aus, d. h. vom Menschen selbst aus, einfach aufzuheben ist.

„Kritik und Politik" nun bezeichnet das organisierende „Prinzip", das immer neu für ein vorläufiges Gleichgewicht beider Kräfte sorgt. So ist es keine weitere, dritte Kraft diesen beiden Kräften gegenüber, sondern ein dialektischer Vollzug, innerhalb dessen die extremen Tendenzen der einen Kraft an die der andern zurückgebunden werden.

---

[365] Ed. Wild, 57,12–20; N III, 396,22–29 (Fliegender Brief, 1. Fassg.).
[366] Vgl. H 6, Ed. Wild, aaO. (s. Anm. 39), 417.

„Kritik und Politik" bezeichnet einen Umgang mit Natur und Geschichte, ein Wirklichkeitsverhalten, ein Handeln und Leiden, das der Wandelbarkeit und Endlichkeit des Menschen und seiner Welt Rechnung trägt. Es hält sich jenseits eigenmächtiger Konstitutions- oder Destitutionsversuche und drängt auf vorläufige Restitution der Welt. „Kritik und Politik" bewegt sich in eben dem Horizont, der durch den Glauben an die Schöpfermacht Gottes, seinen Erlösungs- und Vollendungswillen gegeben ist. Auf Endgültigkeit eigener Festlegungen und den angemaßten Heilscharakter eigener Konstruktionen kann verzichtet werden, ohne daß man deshalb in apraktische Indifferenz verfällt oder enthusiastisch wird. Der Mensch kann die von Gott verliehene „kritische und archontische Würde"[367] wahrhaben, ohne damit das Heil und die Wahrheit der Welt selbst in totale Verfügungsgewalt nehmen zu müssen.

„Kritik und Politik" als je hic et nunc handelnd und leidend wahrzunehmende Verantwortungsform des Menschen vor Gott und der Schöpfung, die unter der Verheißung der Vollendung steht, hat Hamann in immer neuen Ansätzen im Bezug auf Zusammenhänge verschiedenster Art in seiner Autorschaft geltend zu machen versucht und seine eigene Existenz als eine kritisch-politische ausgelegt.

Selbst die intrikatesten Zusammenhänge philosophischer, logischer und grammatischer Art, wie etwa die zwischen Sprache und Vernunft spielenden Bewegungen – für Hamann ein fundamentaltheologisches Problem[368] – werden im Begriffszusammenhang von „Kritik und Politik" so bedacht:

„Daher wird die Vernunft durch die Sprache, oder auch umgekehrt diese durch jene vom Geist der Beobachtung und Weißagung gemeinschaftlich beschwängert und fruchtbar gemacht. Von der einen Seite sind Kritik und Politik die Vormünder und Pädagogen: von der andern Seite mögen sie . . . Diakritik und [Metapolitik] heißen."[369]

Was nun „Kritik und Politik" für die Hamannsche Existenz in ihrem konkreten Vollzug bedeutete, das wird in den folgenden Auslegungen

---

[367] Hamann kam zu dieser theologisch-anthropologischen Fundamentalbestimmung in der Auseinandersetzung mit der Anthropologie Herders. Siehe: „Philologische Einfälle und Zweifel" (N III [35–53], 39,17f.; 48,19; vgl. 37,25.) Vgl. dazu Büchsel, HH IV, S. 106, 215f., 256. Zu „Kritik und Politik" bei Hamann finden sich auch wertvolle Beobachtungen bei Manegold, aaO. (s. Anm. 273), 43ff.; zur Sache auch Bayer, aaO. (s. Anm. 302).

[368] Vgl. dazu die entsprechenden Ausführungen in Abschnitt IV. 2.

[369] H 6, Wild, aaO. (s. Anm. 39), 418. Hamann führt also noch eine weitere terminologische Unterscheidung „Diakritik und Metapolitik" ein, um Vernunft- und Sprachkritik sowohl einander zuzuordnen, als auch voneinander zu unterscheiden. [Wild liest statt „Metapolitik" „Metakritik", während Nadler, wie eine Überprüfung der Handschrift ergeben hat, richtig „Metapolitik" (N III, 488) liest].

der vom Autor des Letzten Blattes für seine Unterschrift ergriffenen Selbstbezeichnungen thematisch.

5. Die Unterschrift: Selbstbezeichnungen

Im vierten und letzten Abschnitt appliziert sich der Unterschreibende an das zuvor gesagte Geschehen. Es geht um die Nachfolge des Christen, der den Widerspruch erleidet und ihn austrägt. In seiner Person spiegelt sich der Widerspruch von alter und neuer Welt, von handelnder und wartend leidender Existenz, der im besagten Sinn kritisch-politischen Einstellung. Hamann gibt in den Selbstbezeichnungen sein eschatologisches Selbstverständnis in immer neuen Varianten preis. Er bezieht sich in seinen Selbstprädikationen zutiefst sowohl auf seine Zeit, die sich selbst als das „Zeitalter der Kritik" ausgibt, als auch auf das ergehende und ausstehende Gericht Gottes, dessen „Krisis". Alle Selbstbezeichnungen enthalten als Zweierelemente jeweils Titel, die Hamann im Laufe seiner Autorschaft für seine aufklärerischen Zeitgenossen verwendet hat, um die Selbstmächtigkeit und Selbstgerechtigkeit ihrer Urteile und ihrer Kritik in den verschiedensten Bereichen des Lebens anzusprechen. Verstand es Hamann als seinen Auftrag, seiner Zeit den wiederkommenden Christus zu verkündigen, ihr für das barmherzige Gericht Gottes Augen und Ohren zu öffnen, so mußte er sich in den Urteilsformen und Sprachformen ganz und gar auf seine „Gegner" einlassen, ohne jedoch ihnen damit ohne Unterschied gleich zu werden und in eigener Vollmacht das Wort zu ergreifen.

a) „L'hypocrite renversé"

Der „Hypokrit" bzw. die „Hypokrisie" ist für Hamann, über sein ganzes Werk an vielen Stellen ausweisbar, die Manifestation eigenmächtiger und darin verblendeter Kritik, einer Kritik, die über ihre Kriterien selbst keine Rechenschaft zu geben imstande ist und das eigene zum Gesetz erhobene Vorurteil zum einzigen und letzten Vehikel der Wahrheit macht. Hamann verwendet den Begriff der „Hypokrisis" äußerst häufig[370].

---

[370] Wichtig zu bemerken ist die Tatsache, daß Hamann „hypokritisch" und „politisch" synonym gebrauchen kann, dann nämlich, wenn es um die Bezeichnung von Verfahren geht, die ihre eigene Politizität selbst nicht durchschauen und von sich ausschließen wollen. Für weitere Belegstellen vgl. N III, 301,2–10; 303,26 ff.; 319,32 ff. (Golgatha und Scheblimini); Ed. Wild, 71,14 f.; 391,32; Ed. Wild 74,24–28; N III, 397,26–29 (Fliegender Brief, 2. Fassg.); ZH V 291,30–33 (an Kraus am 18. 12. 1784).

Im Blick auf die „Briefe die neueste Literatur betreffend" etwa fragt Hamann: „Warum bleibt man aber bey den durchlöcherten Brunnen der Griechen stehen, und verläst die lebendigsten Qvellen des Alterthums? Wir wissen vielleicht selbst nicht recht, was wir in den Griechen und Römern bis zur Abgötterey bewundern. Daher kommt der verfluchte Widerspruch in unsern symbolischen Lehrbüchern, die bis auf diesen Tag in Schaafsfell zierlich gebunden werden, aber inwendig – ja inwendig, sind sie voller Todtenbeine, voller hypo-kritischer Untugend."[371] Im Blick wiederum auf Lessing und Reimarus heißt es: „Wie nun! Soll eine *scheinheilige* Philosophie und *hypokritische* Philologie das Fleisch kreutzigen und das Buch ausrotten, weil Buchstabe und historischer Glaube desselben weder *Siegel* noch *Schlüssel* des Geistes seyn kann?"[372] Im Blick auf Mendelssohn und seine naturrechtlichen Argumentationen in seiner Schrift „Jerusalem oder über religiöse Macht und Judenthum" redet Hamann von der „ewige(n) petitio eines und desselben hypokritischen principii von äusserlicher Vollkommenheit der Rechte und Handlungen, von innerlicher Vollkommenheit der Pflichten und Gesinnungen"[373]. Am Ende seiner Rezension der „Kritik der reinen Vernunft"[374] nennt Hamann Kants Indifferentismus gegenüber Skeptizismus und Dogmatismus, der sich „gerne für kritisch"[375] ausgibt, „hypokritisch oder auch *politisch*"[376]; Kant überspielt das Dilemma von Skeptizismus und Dogmatismus nach Hamanns Meinung nur scheinkritisch.

Hamann sieht in dem usurpatorischen Umgang mit der Kritik eine bestimmte Form der Schauspielerei und Heuchelei. So wird an manchen Stellen der Hypokrit mit dem Pharisäer parallelisiert oder gar beide Begriffe synonym gebraucht[377]. Der Sinn der Selbstbezeichnung „L'hypocrite renversé" erschließt sich weitgehend aus den Bezügen, in denen Hamann den Begriff „Hypokrit" verwendet hat, um ihn dann dialektisch auf sich selbst anzuwenden.

Bei dem Titel „L'hypocrite renversé" handelt es sich um eine französische Übersetzung des englischen „hypocrite reversed". Thomas Sheridan gebraucht im Anschluß an Bolingbroke diesen Ausdruck von Jonathan Swift zu dessen besonderer Charakterisierung[378].

---

[371] N II, 209,18–25 (Aesthetica in nuce).

[372] Ed. Manegold XXX, 11–15; N III, 227,11–14 (Konxompax).

[373] N III, 298,5 f. (Golgatha und Scheblimini).

[374] N III, 275–280.

[375] Ebd., 279,37.

[376] Ebd., 280,2 f.

[377] Zu einigen Belegstellen siehe N VI, 184, und WIENER 2, 231 f.; siehe auch unter „Heuchelei", WIENER 2,219.

[378] Vgl. TH. SHERIDAN, The life of the Rev. Dr. Jonathan Swift, Dean of St. Patrick's, Dublin, 1784, 430: „It was this strangely assumed character, this new species of hypocrisy reversed, as Lord Bolingbroke justly termed it, which prevented his appearing in that

Hamann bezeichnete Sheridans Buch, das er von Jacobi bekommen hatte[379], in einem Brief vom 22. 3. 1788 an Jacobi überschwenglich als ein „kritisch-politisches Werk . . . Nun verstehe ich den hypocrite reversed[380]. In so gutem Verstande magst Du mich auch dem mad Parson parallelisieren. Kurz ich bin alles was Du willst vor Freude über ein so schönes Buch, und denke aus Swifts Herzen und Seele über die Torrys u Whigs, Eure theologisch-politische Vorurtheile und Parteylichkeit und Misverständnisse . . .". Daß und in welchem Sinne Hamann die für Swift verwendete Bezeichnung „hypocrite reversed" auf sich bezogen wissen wollte, weist die Tagebucheintragung der Fürstin vom 24. Mai 1788 (genau eine Woche nach Abfassung des Postskripts) aus.

„ . . . so viel ahndet mir immer mehr – daß Hamann *der wahreste Christ* ist den ich noch gesehn habe. – seine dunkle redensarten, seine anscheinende wiederspruche, ruhren meistens aus der reinesten erhabensten Quelle. – Er will nie durch seine meinungen und reden *glänzen, gefallen,* andere hinreissen – daher nimmt er gewöhnlich, wenn er auch eine meinung dahin gegeben hat, gar bald die entgegengesetzte Partey – insonderheit wenn es menschen betrifft, so bald er merkt – daß diese meinung von andern mit leydenschaft ergriffen wird. – beständig zeigt er sich beinah als ein Thor – damit nur andere auf die er glauben kann Einfluß zu haben, die ihrer lieblingsseite entgegengesetzte auch zu beherzigen Gelegenheit haben. Er selbst scheüt *nichts* so sehr – als sich *Tugendhaft oder gelehrt, wissend,* einem darzustellen – seine Dehmuth ist so ungekunstelt als Furstenbergens Gerechtigkeit, denn so wie dieser – selbst seine Feinde *so* zu vertheidigen pflegt daß Er die zuhörer *wirklich* überzeügt, so *zeigt* jener seine eigne *wirkliche schwächen* oder vielmehr *Er verbirgt sie nie und nirgends,* so daß sein zuschauer auch *wirklich* uberzeugt wird, *er habe sie.* denn nichts ist ihm abscheülich als *Heüchelei* und auch *dehmuth* ist heücheley, wenn sie nicht uberzeugt, nur feinere schlauere

---

amiable light, to which he was entitled from the benevolence of his heart, except to a chosen few. In his friendships he was warm, zealous, constant, and perhaps no man ever contracted such a number with so judicious and happy a selection. We find him every where extolled for his pre-eminence in this first and rarest of virtues, by his numerous correspondents; among whom were many the most distinguished of that age for talents and worth." – Nach SHERIDAN (aaO., S. 429) war Swift bestimmt „from a peculiar cast of his mind, which made him not only conceal these qualities [sc. good-will. love of mankind, friendship, liberality, Charity, good-nature] from the public eye, but often disguise them under the appearance of their contraries."

[379] Vgl. ZH VII, 428,17–19 (von Jacobi am 16. 3. 1788) sowie ebd. 421,27 (an Jacobi am 10. 3. 1788).

[380] Ebd., 435,16–19. In einem Brief an Fr. K. Bucholtz vom 3. März 1788 berichtet Hamann, von Jacobi mit dem Titel „Hypocrite reversed" bedacht worden zu sein; „ – und leider verstehe ich den Sinn des engl. Beyworts nicht" (ZH VII, 409,7f.).

und daher Satanischere heücheley. Er *spricht* Stolz und *zeigt* sich niedrig
– Falsche Demuth tuht das – gegentheil. – auch *aufklärungs-Sucht* ist ihm
als baarer Stolz, eingriff in die rechte der Vorsehung an der Er mit
kindlicher *ruhe* hangt, diese zwei Dinge verfolgt er wo er sie nur
muthmassen kann – uberall mit ironie. es scheint mir seine ganze
Philosophie mehr negatif und dem Satze ähnlich den er mir lezthin zu
Angelmodde mit einem liebhabernachdruck sagte – ma seule règle –
C'est de n'en point avoir."[381]

Es ist bedeutsam, daß Hamann die Bezeichnung „Hypocrite reversed" nicht nur im engeren charakterologischen Sinne auffaßt und auf
sich angewendet wissen will. Er würdigt Sheridans Buch als ein kritisch-politisches Werk, in dem Swifts Charakter in dem Zusammenhang seines Umgangs mit den politischen Kräften und Größen, Bewegungen und Fraktionen seiner Zeit zur Darstellung kommt[382].

Hatte Hamann seine Aufgabe stets darin gesehen, die Einseitigkeit
menschlichen Urteilens und Verurteilens in ihrer Gewalttätigkeit aufzuweisen und als Prophet Gottes, als Zeuge des wahren Geistes der
Weissagung, sich dagegen zu stemmen, nicht kraft eines neuen einseiti-
gen Urteils, sondern angesichts des verheißenen barmherzigen Gerichtes Gottes, kann er sich humorvoll mit Swift parallelisieren lassen. Von
diesem erzählt die Anekdote, daß er in der Verkleidung eines Geistlichen, der seiner Umgebung seinem ganzen Verhalten nach nicht ganz
normal erscheinen konnte und daher „mad Parson" genannt wurde, mit
einem Edelmann folgendes Kaffeehausgespräch begann:

„,Pray, Sir, do you remember any good weather in the world?' The country
gentleman, after starring a little at the singularity of his manner, and the oddity

---

[381] Zitiert nach SUDHOF, Von der Aufklärung zur Romantik, 203f. Nach Sudhof ist der
„Text der Fürstin Ausdruck enthusiastischer Verehrung für Hamann. Im einzelnen
betrachtet ist er eine Mischung einer mehr oder weniger genauen Persönlichkeitsbeschrei-
bung mit Zitaten Hamanns. Das Ineinanderfügen der Teile durch die Verfasserin ist in so
hohem Maße gelungen, daß die Erscheinung Hamanns in Münster sowohl in ihrer
persönlichen als auch in ihrer theologischen Bedeutung hier anschaulich wird." (Ebd.,
204). – KNOLL, aaO. (s. Anm. 45), 79 (hier Anm. 509), macht darauf aufmerksam, daß
Hamanns Freunde später diese Selbstbezeichnung „L'hypocrite renversé" auf Goethe
anwandten. In „Campagne in Frankreich" berichtet Goethe von seinem Besuch in
Pempelfort (Nov. 1792): Sein „Realismus" erbaute sie nicht, und schließlich nannten sie
ihn einen „umgekehrten Heuchler" (GOETHES Werke, Sophienausgabe, I.Abt., 33. Bd.,
Weimar 1898, 191 und 198).

[382] SHERIDAN, aaO. (s. Anm. 378), 33f.: „The truth is, Swift, at that time, was of no
party; he sided with the Whigs merely because he thought the Tories were carrying
matters too far, and by the violence of their proceedings were likely to overturn that
happy balance in our state, so lately settled by the glorious Revolution; to which there was
not a faster friend in England than himself." Hamann suchte die entscheidende Hand-
lungsorientierung nicht etwa in einer „glorious Revolution", sondern im Willen Gottes
und wurde dadurch von parteilichem Vorurteil abgehalten.

of the question answered, ,Yes, Sir, I thank God, I remember a great deal of
good weahter in my time.' ,That is more', said Swift, ,than I can say; I never
remember any weather that was not too hot; or too cold; too wet, or too dry;
but, however God Almighty contrives it, at the end of the year 'tis all very
well'."[383]

Auf ein hypokritisches Denken und Verhalten, das in bestimmten
Zusammenhängen, seien sie politischer, philosophischer oder ästheti-
scher Natur, zu Extremen neigt, in dem die eigenen Vorurteile zu
Gesetzen hypostasiert werden, antwortet das kritisch-politische Verhal-
ten, dasjenige, das sich der Vorläufigkeit aller menschlichen Urteile und
Konstruktionen bewußt bleibt. Hamann hat, wie wir gesehen haben,
diese Zusammenhänge in einer für ihn ungewöhnlich systematischen
Form in der ersten Fassung des „Fliegenden Briefes" dargelegt, wo er
Kritik und Politik als die gemeinschaftliche Bewegung des Denkens und
Handelns beschreibt, durch die die extreme und zügellose Abstraktion
und hemmungslose Fiktion mit der Erwartung des göttlichen Urteils
unter Vorbehalt gestellt und einander so zugeordnet werden, daß der
Geist der Beobachtung und der Geist der Weissagung in ein vorläufiges
Gleichgewicht kommen. Im Blick auf diese Zusammenhänge bedeutet
die „hypocrisie renversée" das jeweilige Geltendmachen eines Gegenge-
wichts gegen das einseitige Urteil, wobei das menschliche Richten
immer unter dem Aspekt des göttlichen und im Unterschied zu ihm
gesehen wird. Sofern die kritisch-politische Haltung per definitionem
nicht selbst abstrakt, sondern immer nur im Bezug auf aktuelle und
akute Verhältnisse eingenommen werden kann, wirkt diese Haltung bis
tief hinein in das persönliche Leben, den Stil und Charakter der handeln-
den Person.

So wie Swifts „kritisch-politische" Haltung einem bestimmten Charakter entsprach[384], so auch Hamanns Verhalten. Eine Tagebucheintragung der Fürstin Gallitzin vom 17. 2. 1788 legt davon Zeugnis ab:

„Den 17. Februar 1788. – In Wellbergen ward mir an der oft beinahe
übertrieben scheinenden Herabschätzung Hamanns seiner selbst manch
erweckender Augenblick, insonderheit war ich einmal so glücklich und
erhaschte bei ihm und durch seinen Anblick – ein hohes Bild einer
christlichen Größe in Lumpengestalt, der Stärke in der Schwäche, das
meine Seele begeisterte, aber auch beugte . . . wahrhafte Knechtsgestalt, die . . . nichts anderes ist als eine gänzliche Umwendung,
wodurch der Mensch dasjenige, was er pflegt auswärts zu tragen,
hinein, und das, was er pflegt ins innere zu verbergen, herauswendet.
Ach nur der, der das kann, ist ganz Christ . . . ,Unglaube an Wahrheit

---

[383] Vgl. Sheridan, aaO. (s. Anm. 378), 40 f.
[384] Ebd., 429.

oder vielmehr Zweifelsucht an Wahrheit und Leichtgläubigkeit des Selbstbetrugs', diese, wie Hamann sagt unzertrennliche Symptome, wie erlöse ich mich von diesem Übel und was ist Wahrheit? . . . – nur Eines – dem Herren Glauben, ihn lieben und hoffen auf seinen Tag."[385]

b) „Le Sophiste arctique"

Ebenso wie der „l'hypocrite renversé" läßt sich die zweite Selbstbezeichnung Hamanns als Doppelbezeichnung auslegen: „le Sophiste arctique", der nördliche Sophist. Hamann versieht in seinen Schriften und Briefen allenthalben Personen, Methoden, Argumentationsfiguren und Urteilsvollzüge mit dem Prädikat „sophistisch".

Mit dem Sachverhalt der Sophisterei verbindet Hamann nahezu durchgängig, ähnlich wie bei der Hypokrisie, jenen Umgang mit Sprache und Vernunft in Begriffen, Sätzen und Schlüssen, der menschliche Entscheidungen und Vorurteile zu Prinzipien erhebt, wobei die Sprache lediglich dazu dient, solche Prinzipien auf den nackten Begriff zu bringen und kraft der inneren Intransigenz solcher Sprache zu herrschen[386]. Angesichts der Erwartung des Gerichts Gottes aber wird die „Scheidemünze" der Sophisten als „zu leicht gefunden und ihre Wechselbank zubrochen"[387] sowie ihre Tyrannei gebrochen werden.

Die Sophisten befleißigen sich einer abstrakten Sprache. Abgehoben von den wirklichen Zusammenhängen kann die Grammatik dieser Sprache die Komplexität des Lebens und der politischen Verhältnisse nicht in sich auffangen. Unter diesem Gesichtspunkt ist sie eben in Wahrheit ungrammatisch. Hamann, der tief in die Sprache seiner Zeitgenossen eingedrungen ist und sich mit ihrem Sprachgewand gekleidet hat, bezeichnet sich selbst als Sophisten[388], freilich als einen „nördlichen"[389].

---

[385] Zitiert nach GRÜNDER, aaO. (s. Anm. 45), 282. Im Jahre 1821 charakterisiert FRIEDRICH ROTH im Vorbericht zu seiner Ausgabe von Hamanns Schriften die Persönlichkeit Hamanns so: „Hamann erschien gern *der er war*, und scheute sich nicht, *sich bloß zu geben*; eine Wirkung von Selbstvertrauen und von Demuth zugleich." (R I,XIV). Hamann selbst aber schrieb einmal: „Schlechter scheinen als man wirklich ist, beßer wirklich seyn als man scheint. Dies halt ich für Pflicht und Kunst": ZH V, 43,7f. (an E. F. Lindner am 20. 4. 1783).

[386] Sophisterei, Tyrannei und abstrakter Sprachgebrauch werden von Hamann zusammengesehen. Vgl. etwa N II, 302,18f. (Lettre perdue); N III, 234,20 (Zwey Scherflein); N III, 301,3–17 (Golgatha und Scheblimini); Ed. Wild, 70,25; N III 391,14 (Fliegender Brief, 2. Fassg.) (Kontext!). Weitere Belege siehe bei N VI, 359 und WIENER 2, 490f.

[387] Vgl. N III, 284,29–32 (Metakritik).

[388] In N II, 60,2–4 (Sokratische Denkwürdigkeiten) heißt es „Ich habe für ihn [sc. den ökonomischen und politischen Freund Berens] in der mystischen Sprache eines Sophisten geschrieben; weil Weisheit immer das verborgenste Geheimnis der Politik bleiben wird".

[389] Im ersten Entwurf des Letzten Blattes steht noch (24) „Sophiste arctique et antarcti-

In diesem Beiwort spielt er auf die von ihm akzeptierte und geliebte Bezeichnung seiner Person durch Carl Friedrich von Moser an, der Hamann mit den Weisen (Magi) aus dem Morgenland parallelisiert wissen wollte, indem er ihn „Magus in Norden" nannte[390].

„Die Magi aus dem Morgenlande drücken ihre Leidenschaft in Solözismen[391] aus."[392] Sie – und mit ihnen Hamann – sind den Sophisten vergleichbar darin, daß die Grammatik ihrer Sprache extreme Formen annimmt. Jedoch hat ihre Sprache einen Bewegungssinn, der dem der sophistischen Aufklärer genau entgegengesetzt ist. Sie sprechen aus dem Geist der Weissagung in der ihm eigenen Un-Grammatik und konterkarieren und konfrontieren den Despotismus der abstrakten Buchstaben- sprache mit der Sprache des barmherzigen Richters. So schreibt Hamann schon am 18. August 1759 an J. G. Lindner: „Ein Lay und Ungläubiger kann meine Schreibart nicht anders als für *Unsinn* erklären, weil ich mit mancherley Zungen mich ausdrücke, und die Sprache der

---

que" (nördlicher und südlicher Sophist). Diese Fassung bekommt ihren guten Sinn von der oben (bei Anm. 357–362) angegebenen und besprochenen Stelle, aus dem „Fliegenden Brief", 1. Fassung (Ed. Wild, 61,9f.; N III, 400,3) her, wo Hamann sich mit einer Modepuppe vergleicht, die sich innerhalb kürzester Zeit sowohl im hohen Norden als auch im tiefen Süden zeigt. Zu „nördlich-südlich" vgl. auch noch N III, 152, 2–4, wo auf die Universalität des Christuskerygmas abgehoben wird. Christus hat „die fröhliche Botschaft seiner Auferstehung und Erlösung und Wiederkunft zum Weltgerichte vom Auf- bis zum Niedergange der Sonne, vom Süd- bis zum Nordpol verkündigen und erschallen lassen". Die Weglassung des Beiwortes „antarctique" (südlich) in der Endfas- sung weist darauf hin, wie wesentlich Hamann die Assoziation mit dem „Magus in Norden" war. Sie weist zugleich auf die bereits im Textkommentar (zu Z. 44–47) herausgestellte Kombinationstechnik Hamanns, die er bei seinen Selbstbezeichnungen anwandte. Zum Titel „Magus in Norden" vgl. Anm. 390.

[390] Der Titel „Magus in Norden" war Hamann von Moser in dessen „Schreiben eines treuherzigen Layenbruders im Reich an den Magum in Norden oder doch in Europa" verliehen worden. Hamanns Zeitungsartikel über die „Magi aus Morgenlande zu Bethle- hem" (N II, 137–141) hatte zu dieser Anrede angeregt; der Magus ist der, der den Stern von Bethlehem gesehen hat. Hamann hat diesen Titel „Magus in Norden" auf dem Titelblatt seiner „Philologischen Einfälle und Zweifel" (N III,35) dann noch statt seines Namens als Autorangabe eingesetzt; siehe weiter dazu Büchsel, HH IV, 208 f.

[391] Zum Ausdruck „Soloecismen" bemerkt NADLER N VI, 359: „Die attische Pflanzstadt Sóloi in Cilicien hatte in so fremder Umgebung ihre Muttersprache verdorben. Davon kommen gr. sóloikos = sprach fehlerhaft und soloikízein = sprachfehlermachen. Soloikis- mós = Sprachschnitzer oder salopp reden." Hamann verwendet den Begriff mehrmals; die Verbindung von Solözismus und Grammatik wird explizit besonders N III, 208,44–46. Semler und Starck soll der „Soloecismus gemein seyn . . ., το εδαφος in secunda zu declinieren wider alle Analogie des Geschlechtzeichens". Zur Stelle vgl. SEILS, HH V, 320, Anm. 17, sowie auch WILD, aaO. (s. Anm. 39), 516 (= Kommentar zu Ed. Wild, 54, 1–9; Fliegender Brief, 1. Fassg.). Hamann übertrug den Begriff „Solözismus", dem intrikaten Zusammenhang von Sprache und Politik folgend, aus dem sprachlichen Bereich in den des Politischen. Siehe etwa N III, 50,28–51,4–26 f. (Philologische Einfälle und Zweifel); dazu BÜCHSEL, HH IV, 263.

[392] N II, 139,14 (Die Magi aus Morgenlande).

Sophisten, der Wortspieler, der Creter und Araber, der Weißen und
Mohren und Creolen rede, Critick, Mythologie, rebus und Grundsätze
durch einander schwatze, und bald κατ' ἀνθρωπον bald κατ' ἐξοχην
argumentire. Der Begrif, den ich von der Gabe der Sprachen hier gebe
ist vielleicht so neu, als der Begrif, den Paulus vom Weißagen giebt
[gemeint ist 1Kor 14,22–25], daß nämlich selbiges in der parrhesie und
ἐξουσια also zu strafen und also zu richten bestünde, daß das Verborgene des Herzens offenbar würde und der laye auf sein Angesicht fiele,
Gott anbetete und bekennete, daß Gott wahrhaftig in uns sey."[393]
Im Blick auf die „göttliche Schreibart", die „auch das alberne – das
seichte – das unedle – erwählt", sich also noch tiefer herabläßt als allen
„Profanskribenten" begreiflich ist, sagt Hamann: „ . . . so gehören
freylich erleuchtete, begeisterte, mit Eyfersucht gewaffnete Augen eines
Freundes, eines Vertrauten, eines Liebhabers dazu, in solcher Verkleidung die Strahlen himmlischer Herrlichkeit zu erkennen. DEI Dialec-
tus, Soloecismus."[394]

c) „Philologus Seminiverbius"

Sieht Hamann sich als „Philologus" an, so versteht er sich gemäß der
von ihm selbst in Anlehnung an Hebr 4,12–13 gegebenen Definition
dieses Namens als einen „Liebhaber des lebendigen, nachdrücklichen,
zweyschneidigen, durchdringenden, markscheidenden und kritischen
Worts . . ., vor dem keine Kreatur unsichtbar ist, sondern alles liegt
bloß und im Durchschnitt vor seinen Augen; hiernächst funckelt im
Panier seiner fliegenden Sammlung jenes Zeichen des Ärgernisses und
der Thorheit, in welchem der kleinste Kunstrichter mit Constantin
überwindet und das Orakel des Gerichts zum Siege ausführt"[395]. Als
Philologe sieht sich Hamann im Dienst des in die Entscheidung stellen-
den göttlichen Wortes, das inhaltlich das Ärgernis des Kreuzes bedeu-

---

[393] ZH I, 396,29–397,3.

[394] N II, 171,12–17 (Kleeblatt hellenistischer Briefe). Vgl. oben Anm. 215–218.

[395] N II, 263,50–264,1 (Beurteilung der Kreuzzüge). – Schon in N I, 85,19–31 (Biblische
Betrachtungen) ist Hamann die Verbindung von Wort Gottes und „krisis" existentiell
wichtig gewesen: „wie ein wahrer Christ das Wort Gottes, je länger, je mehr er es liest,
von allen Büchern durch ein Wunderwerk unterschieden findt, den Geist des Worts in
seinem Herzen schmeltzen, und wie einen Thau des Himmels die Dürre desselben
erfrischt fühlt, wie er es lebendig, kräftig, schärfer denn ein zweyschneidig Schwerdt, an
sich prüft, das durchdringt bis zur Scheidung der Seele und des Geistes, der Gebeine und
des Marks in demselben, das die Gedanken und Triebe des Herzens sichtet; und daß
derjenige sein Antlitz im demselben aufhebt und endeckt, in dessen Augen alles offenbar,
für den alles bloß und nackt sind, daß es der Geist ist, der über die Tiefen der gantzen
Schöpfung schwebt, mit dem wir zu thun haben, dessen Stimme wir in der heiligen
Schrift fragen und hören."

tet[396]. Diesem Worte gegenüber fühlt sich Hamann verantwortlich. Es kommt darauf an, dieses Wort der Wahrheit recht zu teilen und mitzuteilen[397]. Diese Verantwortung wiederum wollte Hamann in konkretem publizistischen und literarischen Umgang mit seinen Zeitgenossen wahrnehmen.

Das Verharren der modernen Exegeten im Bereich des Buchstabens interpretiert Hamann als „verdienstliche Gerechtigkeit", die tot bzw. tödlich ist[398]; die „opera operata" eines Michaelis oder Semler erreichen nicht den Geist der Weissagung[399]. Reimarus, dem gegenüber er den Wortlaut der Bibel gegen spirituelle Verflüchtigung verteidigt, ist ihm Inbegriff „hypokritischer Philologie"[400]. Angesichts der herrschenden Philologie seiner Zeit wollte Hamann sich auch einmal gern als „Misologe" bezeichnen[401].

In der zweiten und dritten Fassung des Letzten Blattes verbindet Hamann das „Seminiverbius" aus Acta 17,18, das in der ersten Fassung noch für sich selbst gestanden hatte, mit „Philologus"[402]. Durch diese Kombination erreicht er erneut die besagte, alle Selbstbezeichnungen durchherrschende Ambivalenz. Hamann nimmt die Selbstbezeichnung „Seminiverbius" (= Vulgataübersetzung des griechischen σπερμόλογος) an und versteht sich so als Paulus, mit dem epikureische und stoische Philosophen auf dem Areopag streiten wollen. Sie halten ihn

---

[396] So HOFFMANN, aaO. (s. Anm. 14), 132, der die in Hamanns Werk häufig vorkommende Selbstbezeichnung „Philologe" als Konzentrat der Autorschaft Hamanns (vgl. aaO., 128–137) aufzuweisen versucht. Im Schlußkapitel seines Buches geht Hoffmann (aaO., 226 f.) der Selbstbezeichnung „Philologus Seminiverbius" näher nach. Zur Bildung dieser Selbstbezeichnung vgl. Textkommentar zu Z. 26, 29 und 45.

[397] ZH I, 429,9–12 (an J. G. Lindner am 12. 10. 1759): „Zu Hirtenbriefen gehören 2 Griffel, der Griffel Wehe und der Griffel Sanft. Wir müßen die Bibel nicht nach §. sondern ganz lesen; es ist ein zweyschneidig Schwert, und Gott muß uns Gnade geben es recht zu theilen; zur Rechten und zur Linken damit umzugehen. 1.Cor 4,21." Vgl. auch ZH VI, 68,29–37 (an Scheffner am 18. 9. 1785) und ebd., 71,2f. (an Lavater am 22. 9. 1785); im Hintergrund steht hier 2 Tim 2,15.

[398] Vgl. N II, 203,5–9 (Aesthetica in nuce).

[399] Vgl. N III, 151,2–5 (Hierophantische Briefe).

[400] Ed. Manegold XXX, 12 (vgl. XL, 29); N III, 227,11 f. (Konxompax). – Vgl. hierzu HOFFMANN, aaO. (s. Anm. 14), 185, Anm. 62 und MANEGOLD, aaO. (s. Anm. 273), 162; weiter SCHOONHOVEN, HH V, 252–254.

[401] Vgl. dazu SCHREINER, HH VII,16 und NADLER, aaO. (s. Anm. 26), 344. Bei PLATON, Laches 188 c 6, wird „μισόλογος" im Gegensatz zu φιλόλογος" gebraucht; vgl. auch Phaidon 89 d 1–4.

[402] BÜCHSEL, aaO. (s. Anm. 105), 177, interpretiert das in der ersten Fassung des Letzten Blattes stehende „Seminiverbius" im Zusammenhang mit 2 Petr 3,15. Aber bereits dort steht das „Seminiverbius" großgeschrieben und abgesetzt von dem Zitat aus dem 2. Petrusbrief. M. SEILS (Theologische Aspekte zur gegenwärtigen Hamanndeutung, Göttingen 1975 [= Theol. Diss. Rostock 1953]) folgt Büchsel in dieser durch das von Nadler falsch gelesene Zitat 2 Petr 3,15 ohnehin irreführenden Interpretation. Vgl. Textkommentar zu Z. 29f., 45 und H 25.

für einen „Schwätzer" (Luther übersetzt „Lotterbube"), weil er ihnen das Evangelium verkündigen will.

Auf dem Titelblatt von Hamanns Schrift „Magi aus Morgenlande zu Bethlehem" erscheint als Motto: „Τι αν θελοι ο ΣΠΕΡΜΟΛΟΓΟΣ ουτος λεγειν"[403]. In dieser Schrift stellt Hamann die dem Weissagungsgeiste verpflichtete Reise der „Magi" nach Bethlehem den dem Beobachtungsgeiste verpflichteten astronomischen und orientalistischen Expeditionen seiner Zeit gegenüber; die letzteren dienten ihm zum Anlaß seiner Schrift. „Meine gegenwärtigen Gedanken werden dort zu stehen kommen, wo das Kindlein war, dessen Geheimnißvolle Geburt die Neugierde der Engel und Hirten beschäftigte, und zu dessen Huldigung die Magi aus Morgenland, unter Anführung eines seltenen Wegweisers, nach Bethlehem eilen."[404] Epikureer und Stoiker aber werden gemäß ihrem „Sprachspiel", das auf einer Usurpation des Beobachtungsgeistes beruht, die Rede von einer geheimnisvollen Geburt nur als Geschwätz vernehmen, als Spermologie. Ihr philosophisches Vorurteil läßt ihnen keinen Anteil am Wort Gottes, wenn es ihnen nicht auf ihre Weise gepredigt wird, wenn ihnen nicht in ihrer eigenen Spermologie vor Augen geführt wird, daß sie mit ihren Einteilungen und Festlegungen nicht bestehen können, so wie auch Paulus es in Athen tat. Deshalb kann Hamann sowohl sich selbst als auch seine Zeitgenossen[405] als „spermologisch" bzw. als „Spermologen" bezeichnen. So zum Beispiel Christian Tobias Damm, der in seinem Buch „Vom historischen Glauben" (1772) die „Erdichtungen" alttestamentlicher Schriftsteller von den in ihren Geschichten enthaltenen Lehren zu trennen unternahm, um damit der Vernunft zur Selbstständigkeit gegenüber dem tradierten Text zu verhelfen[406], oder auch Voltaire, der als „unverschämtester Spermolog, . . . seines Jahrhunderts" nicht in Abrede stellen kann, „daß die *christliche Epoche* alle seine Aeonen an den *ausserordentlichsten* Wirkungen von Umfange und Dauer unendlich übertreffe"[407].

---

[403] N II, 137. Vgl. dazu E. Büchsel, Hamanns Schrift „Die Magi aus Morgenlande", in: Theologische Zeitschrift 14 (1958), 196–213; hier 196, Anm. 6.

[404] N II, 139,9–13 (Die Magi aus Morgenlande).

[405] Vgl. N IV, 433,14 (Königsbergische Zeitungen), wo er von seiner Schrift „Zweifel und Einfälle . . ." als einer „eckeln Spermologie" redet. Diese Schrift ist in ihrer mannigfachen Gebrochenheit und indirekten Anknüpfung an die philosophischen Spekulationen Friedrich Nicolais eben darin „spermologisch", daß sie sich auf die Spekulation und deren Artikulationsformen einläßt. Zugleich wendet sie sich gegen die mit Nicolai kollaborierenden „Areopagiten" ZH III, 241,23, die Theoretiker der natürlichen Religion. Vgl. weiter ZH IV, 175,19 (an Herder am 25. 3. 1780).

[406] Vgl. dazu Büchsel, HH IV, 245 f.

[407] N III, 144,31–35 (Hierophantische Briefe). – Vgl. auch N III, 309,35–310,1, wo „gesunde Vernunft" den „Spermologen" zugeordnet wird, und N III, 306,26 f., wo im Blick auf Mendelssohns Sprachstil von „epikurisch-stoischer Wortklauberey" die Rede ist.

Die über die Etymologie des Wortes „Spermologos" sich nahelegende Assoziation zu „Samenredner", womit sich dann der ganze
Vorstellungskomplex vom Wort und der Wahrheit als Samenkorn
verbindet [408], der bei Hamann zwar in der Tat eine bedeutende Rolle
spielt[409], scheint an dieser Stelle aber angesichts des „dialektischen",
wechselseitigen Gebrauchs sowohl für Hamanns Zeitgenossen als auch
für sich selbst nicht primär intendiert zu sein. Als „Philologus Seminiverbius" konfrontiert Hamann in der spermologischen Sprache seiner
Zeit diese selbst mit dem kritischen Wort Gottes. Dem entspricht
Hamanns Wille, „aus dem Geist und in den Geist seines Jahrhunderts zu
schreiben"[410], ohne in diesem aufzugehen, vielmehr „das leichte Werk
der Barmherzigkeit [zu übernehmen], den von philosophischer und
kritischer Heiligkeit aufgeblasenen Schriftgelehrten auf der Stelle zu
überführen"[411].

Der „Philologus" kann aber als solcher nur tätig werden, indem er
sich auf die „Spermologie" genau so voll einläßt, wie der „hypocrite
renversé" sich auf die Dimension der Hypokrisis beziehen und wie der,
der den Stern von Bethlehem gesehen hat, sich in die Sophisterei
versteigen muß.

d) „Π. et Ψ. λοσοφος $\frac{cruci}{furci}$-fer"

1. „Π. et Ψ. λοσοφος"

„Psilosophie" hat Hamann als von ihm selbst „neugebackene[s] Wort
für *reine Vernunft* ψιλος tenuis, ieiunus, purus, putus cet." einführen
wollen[412]. Dem Drucker seiner Schrift „Golgatha und Scheblimini"
(1784), in der Hamann es zum ersten Mal verwendete, kam diese
Wendung offenbar so abwegig vor, daß er das Wort „Psilosophie"

---

[408] Darauf heben vor allem BÜCHSEL, aaO. (s. Anm. 105), 177 ff. und SEILS, aaO. (s.
Anm. 36), 116 ab.

[409] HOFFMANN, aaO. (s. Anm. 14), ist in dem Kapitel „Hamanns ‚Hermeneutica in
nuce'. Die Erörterung einer Augustinus-Interpretation von J. M. Chladenius durch
Hamann" (154–161) dieser Sache nachgegangen. Er interpretiert einen Passus aus einem
Brief Hamanns an J. G. Lindner am 1. 6. 1759 (ZH I, 333–338), in dessen Mitte es heißt:
„Die Wahrheit ist also einem Saamenkorn gleich, dem der Mensch einen Leib giebt wie er
will; und *dieser Leib der Wahrheit* bekommt wiederum durch den *Ausdruck* ein *Kleid* nach
eines jeden Geschmack, oder nach den Gesetzen der Mode" (ZH I, 335,22–25).

[410] N III, 146,20 f. (Hierophantische Briefe).

[411] Ebd., 146,30–32.

[412] ZH V, 349,32–37 (an Herder am 3. 2. 1785). ZH V, 239,3 (an Hartknoch am 18. 10.
1784) übersetzt Hamann „Psilosophie = $\frac{leere}{reine}$ Vernunft". Vgl. ZH V, 440,21 und ZH VII,
434,17 f.

stillschweigend „ungeachtet alles Vormahlens und einer ausdrückl. Note" in „Philosophie" korrigierte[413]. Hamann hatte in dieser Schrift mit diesem neuen Ausdruck die Religions- und Rechtsphilosophie bezeichnen wollen, die Mendelssohn in seinem Buch „Jerusalem oder über religiöse Macht und Judenthum" (1783)[414] entwickelt hatte. Einen wichtigen Angriffspunkt stellte für Hamann Mendelssohns reine Scheidung von Gesinnungen und Handlungen dar. Hamann nennt diese Scheidung „ehebrecherische *Psilosophie*"[415]. Die „psilosophische" Theorie entleert das Jüdische vom Prophetischen und assimiliert es dem Griechischen und Philosophischen.

„Psilosophie" bezieht Hamann an dieser Stelle zugleich auf die von ihm zuvor ironisierte Religionsphilosophie David Humes. Dem Skeptiker Hume widerfährt es am Schluß seiner „Dialogues concerning natural religion", daß er durch den Sprecher Philo jüdisch redet, daß er „judenzt und weissagt, wie Saul der Sohn Kis"[416]. Angesichts der manifesten Unzulänglichkeit menschlicher Vernunft zu endgültiger Beantwortung religiöser Fragen bleibt ihm nämlich offenbar nichts anderes als die futurisch reine Hoffnung auf einen „adventitious instructor"[417]. „So verliert sich doch die ganze Andacht der natürlichen Religion

---

[413] ZH V, 349,32–35; vgl. ZH V, 294,18–20 (an Lavater am 20. 12. 1784) in Bezug auf N III, 316,25 (Golgatha und Scheblimini). Zur Entstehungsgeschichte dieses Worts bei Hamann vgl. Wild, aaO. (s. Anm. 39), 494–496; ferner Hoffmann, aaO. (s. Anm. 14), 226, Anm. 9.

[414] Vgl. auch bei Anm. 424.

[415] N III, 316,25; die Verbindung „Ehebrecher-Philosoph" taucht ebenso in einer Handschrift des „Fliegenden Briefs" (H 2, Ed. Wild, aaO. [s. Anm. 39], 393) auf. Wild liest hier allerdings „Ehrbrecher", während Nadler (N III, 484) „Ehebrecher" liest. Eine Prüfung der Kopie der Handschrift erweist Nadlers Lesung als die wahrscheinlichere. Das „Ehehafte" ist Hamann in allen theoretischen und praktischen Bezügen stets insofern wichtig, als darin jeweils unbarmherzige Scheidungen unter Hinweis auf Mk 10,1–12 (Scheidungsverbot Jesu) konterkariert werden können. So zum Beispiel im Blick auf die abstrakte Trennung von Sinnlichkeit und Verstand in Kants „Kritik der reinen Vernunft" (N III, 278,10–17). Vgl. weiter: N III, 40,3–15; 51,21 f. (Philologische Einfälle und Zweifel); vgl. in Bezug darauf auch Hamanns Schrift „Versuch einer Sibylle über die Ehe" (N III, 197–203; Kommentar von J. Schoonhoven, HH V, 137–163). Seine eigene Einteilung des „intellectuellen Universums" in den Geist der Weissagung und den Geist der Beobachtung und die in Kritik und Politik gewährleistete Gemeinschaft beider will Hamann als „ehehaft" verstanden wissen (vgl. Ed. Wild, 57,8 und H 6, Ed. Wild, aaO. [s. Anm. 39], 416; N III, 396,17, Fliegender Brief, 1. Fassg.).

[416] N III, 316,12 f.

[417] Vgl. D. Hume, Dialogues concerning natural religion, in: The Philosophical Works, ed. by T. H. Green und T. H. Grose, (4 Vols.) Vol. 2, London 1886 [Repr. Scientia Verlag Aalen 1964], (375–468), 467. In seiner Übersetzung der „Dialogen die natürliche Religion betreffend von David Hume" (N III, 243–274) übersetzt Hamann „adventitious instructor" mit „neuer Lehrer" (N III 274,23). Vgl. das Urteil Hamanns über Humes „Dialoge" und deren Eschatologie im Brief an Herder vom 10. 5. 1781: ZH IV, 294,7 f. 10–12.

in dem *jüdischen Anachronismum* eines sehnlichen Verlangens und Wartens, daß es dem Himmel gefallen möchte, die Schmach einer so groben Unwissenheit wo nicht zu heben, doch wenigstens durch ein ander Evangelium als des Kreutzes, und durch einen Parakleten, der noch kommen soll (adventitious instructor) zu erleichtern."[418]

Der von Hamann mit der Verbindung von Π. et Ψ. λοσοφος intendierte Sinn ist nicht leicht aufzuhellen. Die Deutung Nadlers, wonach hier der bekleidete und unbekleidete Philosoph gegenübergestellt sind[419], entspricht zunächst einmal nicht der von Hamann selbst gegebenen Übersetzung von Psilosophie[420]. Doch könnte Hamann mit dieser Verbindung durchaus eine bestimmte Dialektik andeuten wollen, die sich aus der Bedeutungsopposition der Stämme ψιλος = „kahl, unbehaart" und πιλος = „mit Filz(-haar) bedeckt" – dies entspräche den Beobachtungen Nadlers[421] – ergibt. Damit wäre angespielt auf die im „Fliegenden Brief"[422] entwickelte Dialektik von Entkleidung und Verklärung. Philosophische Abstraktion als Manifestationsform des Geistes der Beobachtung und Selbstvollzug reiner Vernunft, Psilosophie also, einerseits, und poetische Fiktion als Manifestationsform des Geistes der Weissagung, Pilosophie also, andererseits, sind von Hamanns kritisch-politischer Existenz her in ein Gleichgewicht gebracht. Er koexistiert mit seinen Zeitgenossen im Blick auf das kommende Gericht als Π. et Ψ. λοσοφος.

Die Psilosophie ist Hamann der Inbegriff gesetzlicher Vernunft, die ihre heilsgeschichtliche Bedeutung darin hat, ins Gericht zu führen. In der ersten Fassung des „Fliegenden Briefes" etwa heißt es: „damit alle Schrift, die Othem in der Nase hat, erfüllt werde in omni sensu possibili; kein Jota noch Tüttel psilologischer und psilosophischer Satzungen zergehe."[423] So wie Mendelssohn in Usurpation des „prophetischen Namens ,Jerusalem' seine „psilologische und psilosophische Schutz- und Trutzschrift"[424] allein und rein dem Geiste der Beobachtung verpflichtet schrieb und doch unter dem Widerspruch eines verkehrten Spachgebrauchs vom Geist der Weissagung zeugte, der an dem von Mendelssohn beschworenen Wort „Jerusalem" unweigerlich hängt, so ist Mendelssohn dem „römischen Landpfleger" [sc. Pontius Pilatus] vergleichbar, der keine „Bedenken trug dem allergrösten Uebertreter

---

[418] N III, 312,19–24; vgl. den Kommentar zur Stelle von Schreiner, HH VII, 156–158.
[419] N VI, 298.
[420] Vgl. Anm. 412.
[421] Nadler verweist auf [Ed. Wild, 26,19;] N III, 366,19 (Fliegender Brief, 1. Fassg.) und [Ed. Wild 27,19f.;] N III, 367,18 (Fliegender Brief, 2. Fassg.) als Beleg.
[422] Siehe dazu oben bei Anm. 363.
[423] Ed. Wild, 32,27–34,1; N III, 370,12–15.
[424] Gemeint ist Mendelssohns Schrift „Jerusalem oder über religiöse Macht und Judenthum" (1783); vgl. Ed. Wild, 72,16f.; N III, 393,31 (Fliegender Brief, 2. Fassg.).

der außerordentlichen Gesetzgebung seinen rechtmäßigen und ehehaften Titel mit drey Zungen und Sprachen im Geiste der Wahrheit am mittelsten Pfahl allgemeiner öffentlicher Schädelstäte zu verlautbaren, zu bekräftigen und zu behaupten"[425].

2. „$\frac{\text{cruci}}{\text{furci}}$ -fer"

Hamanns Auseinandersetzung mit Mendelssohn, wie er sie in „Golgatha und Scheblimini" und im „Fliegenden Brief" führt, läuft auf die kritisch-politische Dialektik von Entkleidung und Verklärung hinaus. Eine in dieser Dialektik gelebte Existenz, die sich hier gegen selbstmächtige Abstraktionen, dort gegen selbstmächtige Fiktionen stemmt, kann nur unter dem Spott der Zeitgenossen, leidend wahrgenommen werden. Hamann sieht sich als Π. et Ψ. λοσοφος $\frac{\text{furci}}{\text{cruci}}$ -fer.

Die „furca" diente in der Antike als Züchtigungsmittel. Die Züchtigung bestand darin, daß einem Menschen ein gabelförmiges Holz derart aufgelegt wird, daß der Nacken in die Gabelmitte eingespannt und die Arme nach vorn an die Gabelenden gebunden werden. Wahrscheinlich kam es auch vor, daß außer den beiden Gabelteilen, an denen die Arme befestigt sind, noch ein drittes Holz quer über die Brust gelegt wurde, so daß sich der Hals innerhalb eines Dreiecks befand. Das Einspannen in die „furca" ist ursprünglich durchaus Sklavenstrafe. Der Sklave wird mit der Gabel herumgeführt, dem Publikum, besonders den Nachbarn, gezeigt und gleichzeitig mit Ruten geschlagen; die Prozedur kann mit der Schaustellung am Pranger verglichen werden; das Publikum soll sich künftig vor dem Sklaven in acht nehmen. Neben dem Schimpf bedeutet die „furca" für den Sklaven eine Marter, deren Intensität von der Art der Vollstreckung abhängt. „Furcifer" heißt nun derjenige, der die „furca" trägt. Da die „furca" von Haus aus Sklavenstrafe ist, wird „furcifer" vorzüglich als Schimpfwort für Sklaven verwendet[426].

In der „Schlußrede" der „Sokratischen Denkwürdigkeiten"[427], mit

---

[425] Ed. Wild, 72,18–23; N III, 393,32–36. Den polemisch gebrauchten Begriff der Psilosophie wendet Hamann ironisch auf sich selbst und auf seinen Glauben, wenn er in dem bekenntnishaft formulierten Brief an die Fürstin Gallitzin vom 11. Dezember 1787 von der „logischen lautern Milch des Evangelii" sagt: „Hierinn besteht das Alpha und Omega meiner ganzen Psilosophie, an der ich täglich zu meinem Trost und Zeitvertreibe saugen und kauen muß" (ZH VII, 377,15f.,24f.). Vgl. oben bei Anm. 87–89, zur Lesart „Psilosophie" Anm. 88.

[426] Zu detaillierten Informationen und Stellenbelegen siehe H. F. HITZIG, Artikel „furca" und „furcifer" in: Paulys Real-Encyclopädie der classischen Altertumswissenschaft. Neue Bearbeitung. Unter Mitwirkung zahlreicher Fachgenossen hg. v. G. Wissowa, Bd. 7, Stuttgart 1912, 306f.

[427] Vgl. hierzu und zu den folgenden angegebenen Stellen den Kommentar von S. A.

denen Hamann im Jahre 1759 seine Autorschaft begann und in denen er seinen Freunden, dem „Politiker" Berens und dem „Kritiker" Kant[428], mit einem unter der Gestalt des Sokrates verborgenen Christuszeugnis auf ihre aufklärerischen Bekehrungsversuche antwortete, heißt es: „Wer nicht von *Brosamen* und *Allmosen,* noch vom *Raube* zu leben, und für ein *Schwert* alles zu entbehren weiß, ist nicht geschickt zum Dienst der Wahrheit; Der werde frühe! ein vernünftiger, brauchbarer, artiger Mann in der Welt, oder lerne Bücklinge machen und Teller lecken: so ist er für Hunger und Durst, für Galgen und Rad sein Lebenlang sicher."[429]

Hamann hat sich als Diener der Christuswahrheit verstanden und den Kampf gegen deren Verkürzung und Leugnung in den vielfachen Usurpationen, die der Zeitgeist betrieb, aufgenommen. Indem er seinen Zeitgenossen jeweils in ihrer eigenen Sprache widersprach, machte er sich zu ihrem Gespött. Als „Philologus" im oben erläuterten Sinne wußte er für ein Schwert (vgl. Lk 22,36) alles zu entbehren. Vor Galgen und Rad konnte er als „furcifer" nicht sicher sein.

Mit der Selbstbezeichnung „$^{cruci}_{furci}$-fer" ist im Blick auf die Leidensnachfolge ausdrücklich der Zusammenhang zu dem bereits besprochenen „παθηματα vera μαθηματα et Magna Moralia"[430] hergestellt. Der seinen Zeitgenossen als „furcifer" Erscheinende trägt in Wahrheit das Kreuz Christi. Er trägt es als einer, der das Gericht Gottes herbeisehnt und in dieser Erwartung handelt und leidet.

Ein Satz, den Hamann im Zusammenhang einer ganz spezialistisch erscheinenden orthographie-politischen Auseinandersetzung mit Klopstock im Blick auf das Verhältnis des Menschen zur Sprache ausspricht, läßt sich präzise auf das Verhältnis des Christen zu seiner Welt deuten und so auf das Verhältnis Hamanns zu seinem Zeitalter und dessen Kultur. Hamann kommt, in teilweiser Übereinstimmung mit Klopstock[431], zu der Forderung, daß man „schlechterdings die Sprache nehmen müsse, *wie sie ist,* mit allen *Muttermälern der Sinnlichkeit,* weil der Tyrann und Sophist − − − USUS Quem penes arbitrium est et ius et norma legendi: durch nichts als μαθηματα παθηματα, leidende Gelehrigkeit, ästhetischen Gehorsam des Kreuzes entwaffnet, und nur mit

---

JØRGENSEN, J, G. Hamann: Sokratische Denkwürdigkeiten. Aesthetica in nuce. Mit einem Kommentar herausgegeben von S. A. Jørgensen, Stuttgart 1968 (= Reclams Universal-Bibl. 926/26 a/b), 8 ff. und 72 f.

[428] Vgl. N II, 59,28–60,17.
[429] N II, 82,1–7.
[430] Vgl. IV. 3.
[431] Zu den speziell hier angesprochenen Problemen vgl. J. SIMON, Johann Georg Hamann. Schriften zur Sprache. Einleitung und Anmerkungen von Josef Simon, Frankfurt 1967, 61–65.

dem *Bild* und der *Überschrift* seiner eigenen *Zinsemünze* befriedigt werden kann"[432].

So wie die Sprache nicht einfachhin zu reformieren, zu reinigen oder eigenmächtig in den Griff zu bekommen ist, wogegen sie sich in ihrer Sinnlichkeit, Eigendynamik und Vielschichtigkeit eben sperrt, sondern nur in rückhaltloser Einlassung auf sie verwandelt und überwunden werden kann, so will auch Hamann mit seiner Zeit als Π. et Ψ. λοσοφος kommunizieren, indem er sich unter die „furca" der Tyrannei beugt und Christus das Kreuz[433] nachträgt. Nicht aufgrund eigenen Urteils, sondern indem dem göttlichen Gericht Raum gegeben wird, stehen sowohl im Bereich des Sprachlichen als auch im Bereich des Politischen, Theologischen, des Technisch-Praktischen alle gesetzlichen oder enthusiastischen Tendenzen zur Disposition und müssen sich so in kritisch-politischem Gleichgewicht halten lassen.

In dem Begriff des „ästhetischen Gehorsam[s] des Kreuzes"[434] ist auch, wie auch eine frühere Textvariante[435] ausweist, der Sachverhalt der „Nachahmung" ausgesprochen, der für Hamann eine erhebliche Rolle gespielt hat und als kritisch-politischer Vollzug auszulegen ist.

e) „Metacriticus bonae spei et *voluntatis*"

An dem Titel „metacriticus bonae spei et voluntatis" wird nun vollends deutlich, daß und wie Hamann sich in konkreter Bezugnahme auf die theoretische, publizistische und politische Praxis seiner Zeit eschatologisch verstanden hat: als einen, der das barmherzige Gericht Gottes erwartet und in eigener Person vorbereitet und aufweist.

1. „metacriticus"

Die Idee, sein eigenes Wirken als das eines Metakritikers zu bezeichnen, kam Hamann zum ersten Mal im Jahre 1782[436]. Das Wort „Metakri-

---

[432] N III, 234,18–24 (Zwey Scherflein). Vgl. oben bei Anm. 345.

[433] Zum Selbstverständnis Hamanns als Kreuzträger vgl. auch N II, 243,12 (Hamburgische Nachricht) und N II, 364,7 (Fünf Hirtenbriefe). Betont hat die „Philologie des Kreuzes" H. M. Lumpp, Philologia crucis. Zu Johann Georg Hamanns Auffassung von der Dichtkunst. Mit einem Kommentar zur ‚Aesthetica in nuce' (1762), Tübingen 1970 [= Stud. z. dt. Lit., Bd. 21]. Den Titel „Kreuzzüge des Philologen", den Hamann für einen Sammelband einiger seiner Schriften (1762) wählte, besprechen Lumpp, aaO., 22ff. und Hoffmann, aaO. (s. Anm. 14), 128ff.

[434] N III, 234,22 (Zwey Scherflein).

[435] Vgl. N III, 459.

[436] Vgl. ZH IV, 400,16–18 (an Herder am 7. 7. 1782): „Über Hume u. Kant versauert alles in meinem Kopf; muß erst die *Prolegomena der Metaphysik, die noch geschrieben werden soll,* erleben, wenn es Gottes Wille ist, ehe ich mit meiner Metakritik herauskomme." Vgl. auch ZH IV, 409, 7–10 (an Reichardt am 28. 7. 1782).

tik" dürfte seine eigene Erfindung sein. Als er um 1784/85 eine Gesamt-
ausgabe seiner Schriften plante[437], die schließlich nicht zustande kam,
entwickelte er diese Idee weiter und überlegte sich als Titel „Metakriti-
sche Wannchen", nachdem er sich von dem Titel „Saalbadereyen" von
Herder hatte abbringen lassen. Am 3. 2. 1785 schrieb Hamann an
Herder: „Sie wollen also nicht *Saalbadereyen* – könnten es denn nicht
Wannchen, etwa metakritische oder sonst etwas. Meines seel. Vaters
Badwanne[438] ist mir so heilig, als dem alten Sokrates[439] seiner Mutter
Stuhl. Ich habe immer an ein altes griechisches Epigramm, das Vater
Hagedorn übersetzt, eine kindische Freude gehabt und es in meinem
Athenäo wacker gezeichnet. Wie meine Muse eine der barmherzigen
Schwestern ist; so läuft der Inhalt aller meiner Blätter auf eine barmher-
zige Kunstrichterey heraus, aber ohne Ansehen der Person, – beständig
nur in Einer Wanne."[440] Knapp zwei Wochen zuvor hatte Hamann an
Jacobi am 23. 1. 1785 geschrieben: „Mein seel. Vater war ein sehr
beliebter Wundarzt . . . Seine Badwanne ist mir so heilig, als de⟨s⟩m
Sokrates seiner Mutter *Hebammenstuhl,* und ich nahm mir bisweilen die
Freyheit zum Belag ein griechisches Epigramm anzuführen, daß Vater
Hagedorn übersetzt

>   Der Bader und die H.. baden
>   Den schlechtsten Mann und besten Kerl
>   Beständig nur in Einer Wanne[441].

Herder will den Titel *Salbadereyen* nicht gelten laßen: nun mögen sie
metakritische Wannchen heißen – die Füße = medios terminos progressus
unsers aufgeklärten Jahrhunderts zu waschen."[442]

   Hamann als „Wundarzt" unternimmt es, die „Wunden", die die
Kunstrichterei[443] seiner Zeit schlägt, bloßzulegen, d. h. die Vorurteile

---

[437] Zu der Geschichte dieses Unternehmens und der damit verbundenen Korrespondenz, vor allem mit Herder und Jacobi, siehe WILD, aaO. (s. Anm. 39) 102ff.; vgl. auch
H.-A. SALMONY, aaO. (s. Anm. 167), 202ff.
[438] Hamanns Vater war Wundarzt. Ed. Wild 8,1–5; N III, 350,23–352,3 (Fliegender
Brief, 1. Fassg.) rühmt er den Vater: „Billigkeit im schärfsten, weitesten und tiefsten
Verstande, war das Losungswort seiner Urtheile, die Seele seiner Handlungen, und
machte ihn eben so bescheiden als standhaft gegen alles Ansehen der Person, Gestalt und
Form."
[439] Der die Philosophie als Hebammenkunst (Mäeutik) betrieb.
[440] ZH V, 350,19–27.
[441] Siehe auch Ed. Wild, 8,34–37; 9,26–29; N III, 352,37–39; 353,33–35 (Fliegender
Brief, 1. und 2. Fassg.); dazu die Variante in H 1, Ed. Wild, aaO. (s. Anm. 39), 375 und
den Kommentar, ebd., 473, der die ausführlichen Belegstellen angibt; vgl. noch ZH IV,
351,14–21 (an Hartknoch am 9. 12. 1781), wo Hamann von seiner „kritischen Wanne"
(Z. 17f.) redet.
[442] ZH V, 331,11–29.
[443] Zum Aufkommen der Gestalt des Kunstrichters (Criticus) und seiner Rolle im

und die Intransigenz aller Gesetzlichkeit in ihrer Heillosigkeit sichtbar
zu machen, ohne Ansehn der Person, und – sie zu waschen und zu
salben[444]. Das geschieht nun eben wiederum nicht als eine endgültige
Heilung, sondern als ein vorbereitendes Tun im Blick auf die eschatologische Reinigung, – auf „die Seife der Wäscher"[445]. So parallelisiert sich
Hamann gern mit Johannes dem Täufer, dem „moralischen Wäscher in
der Wüsten" als dem wahren politischen und kritischen „Prediger"[446].

Seine Muse verhält sich zu seiner Zeit in „barmherziger Kunstrichterey", indem sie das barmherzige Gericht Gottes über die Mitbrüder

---

Kulturbetrieb des 18. Jahrhunderts siehe W. STRUBE, Artikel „Kunstrichter", in: Histori-
sches Wörterbuch der Philosophie, Bd. 4, hg. v. K. Gründer, Darmstadt 1976,
Sp. 1460–63. Hamann kam es bei seiner Auseinandersetzung mit der zeitgenössischen
Kunstrichterei und dem Rezensentenwesen (vgl. dazu besonders seine beiden Schriften
„Schriftsteller und Kunstrichter" [N II, 328–338] und „Leser und Kunstrichter" [N II,
339–349]) darauf an, die Gewalttätigkeit aufzuweisen, die in der Anwendung einer festen
Kriteriologie auf so innige Kommunikationszusammenhänge wie die zwischen Autor,
Buch und Leser spielenden liegt.

[444] Es verdient Beachtung, daß der von Hamann zunächst vorgeschlagene Gesamttitel
„Salbadereyen", unter dem die einzelnen Bände seiner Schriften als „Wannchen" versam-
melt werden sollten, in seiner Wortbedeutung genau mit der von Hamann mit dem Wort
„Metakritik" verbundenen Bedeutung übereinkommt. J. C. ADELUNG, Versuch eines
vollständigen grammatisch-kritischen Wörterbuches Der Hochdeutschen Mundart mit
beständiger Vergleichung der übrigen Mundarten, besonders aber der oberdeutschen, 4
Theile, Leipzig 1774–80, 3. Teil, Sp. 1578, Art. „Salbader" heißt es: „1. Ein alltäglicher
Schwätzer, welcher andern mit unerheblichen Erzählungen lästig wird. 2. ein Quacksal-
ber, wohl eigentlich ein unreinlicher Bader, der seine Kranken mit Salben curiret. Daher
die Salbaderey, plur, die -en, sowohl langweiliges ekelhaftes Geschwätz, als auch Quack-
salberey." Wenn Hamann im Fliegenden Brief (Ed. Wild, 4,11–15; 5,11–15; N III,
350,2–6; 351,3–6 [1. bzw. 2. Fassg.]) es als Ziel seiner Autorschaft angibt, „einigen
Saalbadereyen herrschender Kunstrichter und Schriftsteller . . . zum Besten solcher Leser,
die noch immer danach suchen und fragen, oder darauf warten, andere Saalbadereyen
entgegen zu stellen", so ist hier nicht einfach „langweiliges ekelhaftes Geschwätz"
gemeint, sondern das waschende und salbende [!] Tun, das endgültige Reinheit und
endgültiges Heil selbst nicht erbringen kann, aber vorbildet. Der von Herder gegen den
Titel „Saalbadereyen" vorgebrachte Einspruch: „Ich bitte Sie um unsrer Freundschaft
willen: opfern Sie ihn mir auf: denn ihre Sokratischen Denkw. ppp [sc. alle weiteren
Schriften Hamanns] gehören doch wahrlich nicht unter diesen Namen, der in der That die
Wirkung des Buchs stört u. seinen reinen, wahren Gesichtspunkt hindert" (ZH V,
248,17–20; an Hamann, Ende Oktober 1784) ist von Hamann der Sache nach überhaupt
nicht akzeptiert worden; er hat wohl nur – tatsächlich „um der Freundschaft willen" – das
beanstandete Wort durch ein anderes ersetzt.

[445] Vgl. N II, 207,10f. (Aesthetica in nuce) unter Zitation von Mal 3,2.

[446] Vgl. N III, 77,1–4 (Selbstgespräch eines Autors); „Stimme in der Wüsten": ZH IV,
408,10. Weiter: Ed. Wild, 41,6–11; N III, 377,8–13 (Fliegender Brief, 2. Fassg.) und H 1,
Ed. Wild, aaO. (s. Anm. 39), 390, wo Hamann die Seife seiner Metakritik von der Seife
zeitgenössischer Sprachwäscher unterschieden wissen will. – Mit der „Fliegenklatsche"
der Metakritik (vgl. ZH V, 349,36) verfolgt Hamann wohl die „schädlichen Fliegen, die
gute Salben verderben" (Pred. 10,1). Vgl. den Gebrauch dieser Stelle bei Hamann N III,
149,6–8; N IV, 382,8f.

heraufbringt, ebenso wie Maria Magdalena bei der Salbung in Bethanien es tat, indem sie sich zu Christus verhielt. Sie tat an ihm ein Werk der Barmherzigkeit und vertraute sich darin ganz Gott und seinem Willen an. Wie Maria Magdalena Anstoß erregte und mit ihrem Verhalten auf Unverständnis und Ablehnung stieß – „einige barmherzige Brüder und Kunstrichter aber waren unwillig über den Unrath, und hatten ihre Nase nur vom Leichengeruche voll"[447] – , so auch Hamann, wenn er „das Gedächtnis des Schönsten unter Menschenkindern mitten unter den Feinden des Königs, eine ausgeschüttete Magdalenensalbe"[448] wieder aufrichten will. Am Abschluß seiner Autorschaft sieht Hamann seine kritisch-politische Existenz und sein Tun als einen an Prostitution grenzenden hingebungsvollen Dienst an, der ihm selbst das Leiden bringt. So bittet er am Ende der ersten Fassung des „Fliegenden Briefes":

„Bekümmert nicht meine Muse bey ihrer silbernen Hochzeitfeyer [25 Jahre Autorschaft!] und sprecht nicht: was soll doch dieser Unrath? Selbst diese ihre letzte Tändelei ist Tortur."[449]

Hamann dienen seine „metakritischen Wannchen" dazu, „die Füße = medios terminos progressus unsers aufgeklärten Jahrhunderts zu waschen". Sein Dienst ist Fußwaschung[450].

---

[447] Ed. Wild, 76,16–18; N III, 401,5–7 (Fliegender Brief, 2. Fassg.).

[448] Ebd., 76,11–13; N III, 401,1 f.; auch Ed. Manegold, XXXI,12 f.; N III, 227,25 f. (Konxompax) – Aufnahme von Cant 1,3. – In seiner Interpretation des „metacriticus bonae spei" übergeht SEILS, aaO. (s. Anm. 36), 38, den wesentlichen Bezug auf die „barmherzige Schwester" – er läßt den betreffenden Halbsatz in seiner Zitation von ZH V, 350,19–27 aus – und sieht das Athenäuszitat einzig als Aufweis der Parallelität der Hamannschen Metakritik mit der sokratischen Mäeutik. Doch heißt es im „Fliegenden Brief" (Ed. Wild, 6,1 f.; 7,1 f.; N III, 350,12 f.; 351,12 f.): „Statt [!] des phänaretischen Hebstuhls nahm er [sc. Hamann] zur Badewanne seiner Metakritik Zuflucht." Damit soll allerdings nicht bestritten werden, daß sich Hamann in bestimmter Weise von Anfang seiner Autorschaft an immer auch mit Sokrates verglichen hat, jedoch nie im Sinne einer einfachen Parallelität, sondern über eine typologisch-christologische Auslegung der Sokratesgestalt auf Christus und seine Erniedrigung hin. In dem hier angezogenen Textzusammenhang liegt der Akzent also anders. Auch sonst weicht unsere Deutung in einigen Zügen von der ab, die Seils gibt. WILD, aaO. (s. Anm. 39), 101 ff. trifft weitgehend das Richtige, macht aber den Bruch, der in dem Vergleich mit Sokrates liegt, nicht hinreichend deutlich.

[449] Ed. Wild, 64,3–5; N III, 404,18–20 (Fliegender Brief, 1. Fassg.). – Vgl. in Bezug auf Hamanns Hingabe an das „Publikum" Ed. Wild, 8,20–10,6; N III, 352,16–354,3 (Fliegender Brief, 1. Fassg.). Am Anfang des „Fliegenden Briefes" (1786) heißt es: „Vor länger denn 25 Jahren, der Jubelzahl silberner Hochzeitfeyer, wiedmete Jemand die Erstlinge seiner Autorschaft *Niemand*, dem *Kundbaren*, in einer förmlichen Zueignungschrift" (Ed. Wild, 3,1–4; N III, 349,1–3). Gemeint sind die „Sokratischen Denkwürdigkeiten" (1759), die sich „mit einer doppelten Zuschrift an Niemand und an Zween" (N II 57,5 f.) zugleich an das Publikum und an Kant und Berens richteten.

[450] ZH V, 331,28 f. (an Jacobi am 23. 1. 1785). – Vgl. ZH IV, 195,23–26 (an Herder am 25. 6. 1780), in dem Hamann den ersten „Vers aus dem alten Liede von D. M. Luther: Sie

Hamanns Schrift „Zweifel und Einfälle über eine vermischte Nachricht"[451], die in ihrer Stoßrichtung auf den Berliner Aufklärer Nicolai ging und unter der Autormaske der Abigail aus 1 Sam 25 herauskam, endet mit dem Satz: „‚Siehe hie ist Deine Magd, daß sie diene den Knechten meines Herrn und ihre Füße wasche.–‘ Abigail."[452] Aufschlußreicherweise findet sich in einem Druckexemplar Hamanns zu dieser Stelle folgende Notiz: „‚Siehe! hier ist deine Magd etc.‘ = Theologia = Orthodoxia. Pedes, med. termini progressus. Joh. XIII.10. Sie ist mir lieb, die werte Magd,/und kann ihr nicht vergessen;/Lob, Ehr und Zucht von ihr man sagt,/sie hat mein Herz besessen./Ich bin ihr hold,/Und wenn ich sollt/Groß Unglück han/da liegt nichts dran,/Sie will mich deß ergötzen,/Mit ihrer Lieb und Treu an mir/Die sie zu mir will setzen/und thun all mein Begier./ D. M. Luther (Rigisches Gesangbuch)."[453]

In der typologischen Deutung steht David für Christus und Abigail für Theologia-Orthodoxia und Kirche. Hamann selbst wollte „keine andere Orthodoxie als unsern kleinen Lutherschen Katechismus verstehe[n]"[454] und konterkarierte diese seine Orthodoxie einer etwa von Nicolai propagierten.

Wenn Hamann Joh 13,10 vermerkt, so macht er den Bezug von Metakritik und Fußwaschung explizit. Joh 13,10 spricht Jesus zu Petrus, der nicht die Füße allein, sondern auch die Hände und das Haupt von Jesus gewaschen haben wollte: „Wer gewaschen ist, der bedarf nichts als noch die Füße waschen; denn er ist ganz rein. Und ihr seid rein, aber nicht alle." Hamann betreibt das Werk der Fußwaschung an denen, die, indem sie rein sein wollen, es in eigentlichem Sinne nicht sind und werden können. Hamann betreibt Fußwaschung als konkrete Christusnachfolge.

Hamanns Fußwaschung richtet sich auf die herrschenden Grundannahmen seines Zeitalters, deren begriffliche Manifestationen er aufsucht und darin wiederum jeweils den Mittelbegriff aufspürt, über den das jeweilige theoretische oder praktische Räsonnement aufklärerischer Vernunft verfährt.

„Medius terminus" (Mittelbegriff) ist ein Begriff aus der Aristotelischen Syllogistik, der von Aristoteles in den Ersten Analytiken[455] für die erste Figur des Syllogismus „Barbara"

> Alle Menschen sind sterblich;
> Sokrates ist ein Mensch.
> Sokrates ist sterblich.

---

ist mir lieb die werthe Magd" als Motto der von ihm geplanten Sammelschrift „Schiblemini" ins Auge faßt. Zur Geschichte von „Schiblemini" als Buchtitel Hamanns siehe SCHREINER, HH VII, 19–23. Vgl. auch N II, 146,32.39–41 (Klaggedicht).

[451] N III, 171–196 (Zweifel und Einfälle). Zu dieser Schrift vgl. E. BÜCHSEL, Don Quixote im Reifrock. Zur Interpretation der „Zweifel und Einfälle über eine vermischte Nachricht der allgemeinen deutschen Bibliothek" von J. G. Hamann, in: Euphorion 60 (1966), 277–293.   [452] Ebd., 196,4f.

[453] Zitiert nach WIENER 1,281.101. Vgl. M. LUTHER, Ein Lied von der heiligen christlichen Kirche aus dem 12. Kapitel Apokalypsis, 1535, WA 35, 462f.

[454] N III, 173,7f. (Zweifel und Einfälle).   [455] Anal. Priora, 25b, 32–37.

im Zusammenhang so definiert wird:

„Wenn sich drei Termini (ὅροι) so zueinander verhalten, daß der letzte in dem mittleren (als in einem) ganzen und der mittlere im ersten Terminus (als in einem) ganzen ist oder nicht ist, dann gibt es notwendigerweise einen vollkommenen Schluß hinsichtlich der Außenbegriffe.

Unter Mittelbegriff verstehe ich den Begriff, der selbst in einem anderen (enthalten) ist und in dem ein anderer Begriff (enthalten) ist, der auch der Stellung nach (θέσει) der mittlere ist.

Außenbegriff aber nenne ich den Begriff, der selbst in einem anderen (enthalten) ist und (den), in dem ein anderer (enthalten) ist."[456]

In der Lehre vom wissenschaftlichen Beweis, die Aristoteles in den Zweiten Analytiken entwickelt hat, spielen die Mittelbegriffe eine erhebliche Rolle, ebenso in der Lehre vom praktischen Syllogismus. Hamann hat die Analytiken des Aristoteles gut gekannt. Er bewegt sich leicht in ihrer Begrifflichkeit[457].

Hamann zweifelt beispielsweise „sehr . . . an der dogmatischen und historischen Zuverläßigkeit von jenem poetischen Goldalter der ersten Mutterkirche, welche Ihr Hierophant[458] zum Mittelbegriffe seiner Vergleichung mit, ich weiß eben so wenig, was für einem ihm gegenwärtigen Zustande des Christentums annimmt. Vielleicht liegt in der ganzen Voraussetzung so viel Aberglauben und Misverständnis zum Grunde als bey der Verehrung der Mutter Maria"[459].

Die von Hamann bezweifelte Theorie läßt sich auf die Form dieses Syllogismus bringen:

> Die reine Kirche ist die wahre Kirche;
> die Urkirche ist die reine Kirche.
> Also ist die Urkirche die wahre Kirche.

---

[456] Übersetzung nach G. PATZIG, Die aristotelische Syllogistik, Göttingen 1969, 97, der ebd. 11 und passim die je verschiedenen Stellen und Funktionen des Mittelbegriffs in den verschiedenen syllogistischen Figuren aufweist.

[457] Zum Stichwort „Syllogismus" vgl. N VI, 371, zum Stichwort Mittelbegriff N VI, 253; ferner N II, 139,30–34; ZH II 209,17f.; Ed. Wild 74,32; N III, 397,33 (Fliegender Brief, 2. Fassg.); N III, 313,7–14 (Golgatha und Scheblimini), wo es heißt: „Die *Juden* haben sich durch ihre *göttliche Gesetzgebung* und die *Naturalisten* durch ihre *göttliche Vernunft* eines Palladiums zur Gleichung bemächtigt: folglich bleibt den Christen und *Nikodemen* kein anderer Mittelbegriff übrig, als von ganzem Herzen, von ganzer Seele, von ganzem Gemüthe zu glauben: *Also hat Gott die Welt geliebt* – – Dieser Glaube ist der Sieg, welcher die Welt überwunden hat." Vgl. auch den freien, übertragenen Gebrauch von „medii termini": ZH IV, 192,16f. Weitere für Hamann wichtige Termini aus der Syllogistik und Beweislehre sind „Proton Pseudos" und „Petitio principii".

[458] Gemeint ist J. A. STARCK und die seiner Schrift „De tralatitiis ex gentilismo in religionem christianam" (1774) immanente Grundannahme.

[459] N III, 148,2–8.

Im Vergleich dazu lauten Minor und Conclusio für die gegenwärtige
Kirche so:

> . . .
>
> die gegenwärtige Kirche ist nicht die reine Kirche.
> Also ist sie nicht die wahre Kirche.

Die Reinheit – das heißt in diesem Falle die Unberührtheit von
heidnischen Elementen – ist der Mittelbegriff, der die erste Mutterkirche als die wahre, die gegenwärtige Kirche als unwahre Kirche erweist.

Hamanns Schrift „Hierophantische Briefe", aus der obiges Zitat
stammt, stellt die Problematisierung dieses Mittelbegriffs dar und ist
darin ein Beispiel der Metakritik.

In der „Metakritik über den Purismum der Vernunft" (1784) heißt es
im Blick auf Kants Kritik der reinen Vernunft: „. . . die Synthesis des
Prädicats mit dem Subject, worinn zugleich das eigentliche Object der
reinen Vernunft besteht, [hat] zu ihrem Mittelbegriff weiter nichts, als
ein altes kaltes Vorurtheil für die Mathematik vor und hinter sich"[460],
eine Vorliebe nämlich auch hier für die Reinheit. Diesen „Fuß" zu
waschen, ist Aufgabe des Metakritikers.

In seiner Rezension der „Kritik der reinen Vernunft" Kants (1781)
hatte Hamann so formuliert: „Erfahrung und Materie ist also das
Gemeine, durch dessen Absonderung die gesuchte *Reinigkeit* gefunden
werden soll, und die zum Eigentum und Besitz des Vernunftvermögens
übrig bleibende *Form* ist gleichsam die *jungfräuliche Erde* zum künftigen
System der reinen (speculativen) Vernunft unter dem Titel: *Metaphysik
der Natur*, wovon gegenwärtige Critik blos die Propädeutik ist. Da nun
aber der ganze Innhalt nichts als Form ohne Innhalt seyn muß; so war
auch keine ausgezeichneter als das Gemächte der scholastischen Kunst-
form, und kein Schematismus reiner, als die Synthesis des syllogistischen apodictischen Dreyfusses?"[461] Hamann vergleicht die drei Termini
eines formallogischen Schlusses, der ohne Inhalt ist, mit dem Dreifuß,
auf dem die Priesterin in Delphi orakelte und bringt Kant damit in die
Nähe von „Zauberkräften", über die er nicht rein deduzierend verfügen
kann. Auch in der Auseinandersetzung mit Mendelssohns „Jerusalem"
gebraucht Hamann dieses Bild, in dem er aufweist, daß bei Mendelssohn „aus dem delphischen Dreyfuß ein vierfüßiger Syllogismus"[462]
wird.

---

[460] N III, 285,16–19.

[461] N III, 278,18–27.

[462] Ed. Wild, 69,19 f.; N III, 389,17 f. (Fliegender Brief, 2. Fassg.). Vgl. auch Ed. Wild,
55,4 f.; N III, 392,26 f. sowie Ed. Wild, 32,22 f.; N III, 370,8 f. (Fliegender Brief,
1. Fassg.), wo Hamann im Blick auf den verborgen wirkenden Geist der Weissagung
„vielfüßige lebendige und rührende Beweise der *Wahrheit*! und ihres *Gottesfingers*!"
anspricht. Die Termini eines Beweises sind ihm die „Füße".

Hamann bezeichnete in der zweiten Fassung des „Fliegenden Briefes"
seine dort geführte Diskussion mit Mendelssohns „Jerusalem oder über
religiöse Macht und Judenthum" als „metakritisches Paradigma"[463].
Hamann hat „das Geheimnis des geistlichen, apokalyptischen Namens
[sc. Jerusalem], statt des auf der Zinne des Buchs ausgehängten Schildes
. . . entsiegelt und offenbart durch die Claviculam III Terminorum, aus
welchen die Aufschrift [sc. der Titel des Mendelssohn'schen Buches] des
jüngsten jüdisch-babelschen Wolfianers zusammengesetzt ist"[464]. In
immer neuen Anläufen hatte Hamann aufgewiesen, daß Mendelssohn in
seinem naturrechtlichen Diskurs einen bestimmten Mittelbegriff
benutzt, einen allein dem Geist der Beobachtung entlehnten, vom Geist
der Weissagung entleerten Begriff von Jerusalem. Abgesehen von
immanenten Unstimmigkeiten, die Hamann in Mendelssohns Konstruktionen und Ableitungen aufweisen kann, stellt Hamann über eine
Problematisierung des Mittelbegriffs den ganzen Syllogismus, also
alles, in Frage und zur Entscheidung. Metakritik vollzieht sich im
Medium von Kritik und Politik, die eben für das Gleichgewicht beider
Kräfte, des Geistes der Beobachtung und des Geistes der Weissagung,
sorgen und ihre jeweiligen Usurpationen auch in Sprach- und Urteilsformen aufspüren. Eben dies hat Hamann in allen seinen Schriften seit
1759 versucht.

2. „metacriticus bonae spei"

Die Metakritik ist insofern „barmherzige Kunstrichterei", als sie dem
einem Werk jeweils immanenten Vorurteil nicht ein eigenes Vorurteil
entgegensetzt, formuliert in einer Regel oder einem Gesetz, nach welchem der andere sich richten lassen muß; das liefe auf unbarmherzige
Gerechtigkeit[465] hinaus, unter der ein Autor zugrunde gehen müßte,
würde alle Hoffnung abschneiden und aus dem Vorletzten das Letzte
machen. Alle menschliche Hoffnung würde zur Funktion des vom
Menschen selbst in die Hand genommenen Gerichts, oder sie erstreckte
sich, wie bei Kant, in eine abstrakte Zukunft[466].
Der Metakritiker aber als barmherziger Kunstrichter wahrt einen
anderen Bezug zur Hoffnung. Er ist „metacriticus bonae spei". In 2
Thess 2,14 heißt es: „Er aber, unser Herr Jesus Christus, und Gott,
unser Vater, der uns hat geliebt und uns gegeben einen ewigen Trost

---

[463] Ed. Wild, 74,17f.; N III, 397,19f. (Fliegender Brief, 2. Fassg.).

[464] Ebd., 74,13–17; N III, 397,15–19.

[465] Vgl. dazu N III, 50,18–26 (Philologische Einfälle und Zweifel) und N III, 117,2
(Beylage zun Denkwürdigkeiten); dabei ist der Kontext zu beachten.

[466] Zu Hamanns Kritik an Kants „kosmopolitischem Chiliasmus": BAYER, aaO. (s.
Anm. 284), 91f.

und eine gute Hoffnung durch Gnade, der mache getrost eure Herzen und stärke euch in allem guten Werk und Wort." Dem keine Hoffnung lassenden Gericht der Kunstrichter, die verurteilen, indem sie urteilen, begegnet Hamann mit der eschatologischen Aussicht auf das gnädige Richten Gottes, das Grund einer guten Hoffnung ist. Der Metakritiker wahrt durch Destruktion und Reinigung menschlicher Vorurteile, Gesetzlichkeit und Enthusiasmus den Raum für eine neue und gute Hoffnung.

3. „. . . et [bonae] *voluntatis"*

Nannte Hamann sich in den ersten beiden Entwürfen des Letzten Blattes (26.49) „Metacriticus bonae spei", so erscheint nun in der letzten Fassung der Titel „Metacriticus bonae spei et [bonae] *voluntatis"* (H 26 f)[467]. Der Vor- bzw. Nachvollzug des immer schon verheißenen barmherzigen und gnädigen Gerichts nimmt seine Kriterien und

---

[467] Welche Bibelstelle definitiv Hamann für die Aufnahme von „voluntatis" in diese Selbstbezeichnung ausschlaggebend war, ist wohl schwer anzugeben. Die Assoziation zu Lk 2,14 „gloria in altissimis Deo et in terra pax hominibus bonae voluntatis [εὐδοκίας]" liegt zwar durchaus nahe, wie WILD, aaO. (s. Anm. 39), 229, es andeutet; doch sollte man auch den biblischen Kontext näher untersuchen, dem Hamann das „bonae spei" (2 Thess 2,1) entnommen hatte, wie Wild mit Gründen annimmt, also die Thessalonicherbriefe selbst. Der Brief Hamanns an die Fürstin vom 11. 12. 1787 (ZH VII, 376–380) [vgl. dazu oben bei Anm. 89] weist an zentraler Stelle auf, wie wichtig diese Briefe seiner „Psilosophie" (ebd., 377,24) gewesen sind, was sich auch von vielen anderen Stellen her, die den eschatologischen Frieden betreffen (vgl. nur N III, 318,3–15 [Schluß von „Golgatha und Scheblimini"]), zeigen läßt. „Ihm – [sc. Jesus Christus]" so schreibt Hamann, „trauen Sie, daß Er jedes Werk des Glaubens, jede Arbeit der Liebe und die Geduldt unserer Hoffnung [am Rande:] 2 Thess I,3 (gemeint ist eindeutig 1 Thess 1,3) ans Licht bringen treu und reichlich vergelten wird" (ZH VII, 377,21–23). Folgende Stelle aus dem 2. Thess 1,11 f. ist nun im Blick auf das noch hinzugefügte „voluntatis" interessant; sie lautet in der Vulgata: „In quo [sc. Christo] . . . oramus semper pro vobis: ut dignetur vos vocatione sua Deus noster, et impleat omnem voluntatem [εὐδοκίαν] bonitatis, et opus fidei in virtute, ut clarificetur nomen Domini nostri Iesu Christi in vobis, et vos in illo secundum gratiam Dei nostri, et Domini Iesu Christi." So wahr die „bona spes", die Hoffnung auf ein gnädiges Gericht Gottes, den Metakritiker bestimmt, so auch ein Wille zum Guten, der nur von Gott gut gemacht und gut genannt und zum Guten vollendet werden kann. Die Alternative: gen. obj.-gen. subj. im Blick auf das „bonae spei et voluntatis" ist von daher überholt. Besondere Beachtung verdient noch die Zielbestimmung „ut clarificetur . . .". Der mit dem „Namen unsers Herrn Jesus Christus" bezeichnete wahre Geist der Weissagung soll im Menschen und seinem Werk klar werden. Hier liegt der Bezug zur Metakritik offen zutage. Was die Verklärung des Namens Jesu Christi (nämlich des Namens des Gesalbten) für eine Bewandtnis im Blick auf die metakritischen (salbenden) Unternehmungen Hamanns hat, bedarf noch weiterer Untersuchung; ebenso die sich nahelegende Vermutung, daß das metakritische Unterfangen darauf hinaus läuft, Sprache und Vernunft in ihren verschiedenen faktischen Manifestationen auf den Namen Christi zu „taufen".

Gesetze, Normen und Regeln nicht aus sich selbst, hypostasiert und vergöttlicht sie nicht zu einem Ideal des guten Willens, sondern versteht sich aus einem fremden Willen und stellt den Gelesenen nur der göttlichen Krisis anheim.

Die Willensmetaphysik Kants, die Hamann am Begriff und „Idol" des „guten Willens" mit der Philosophie der „reinen Vernunft" parallelisiert[468] und ironisch als „Geheimnis" bezeichnet, dessen „Offenbarung" er wohl noch abwarten muß[469], hält er für ein für allemal überboten von „Gottes Barmherzigkeit". „Was ist der *gute Wille* für ein schöner Pendant zur *reinen Vernunft*? Verdienen sie nicht beide einen Mühlenstein am Halse? Gottes Barmherzigkeit ist die einzige seeligmachende Religion."[470] Sie ist der wahre „gute Wille", sie ist „Maßstab" der Metakritik. Der gute Wille, wenn er als moralische Haltung eingenommen wird, ist ein verfügender und despotischer Wille, dem letztlich der Wollende selbst zum Opfer fallen muß. Hamann versucht in seiner Kunstrichterschaft sich nicht zum „Märtyrer des guten Willens, es besser zu machen,"[471] zu versteigen und mahnt am Ende seines Lebens Jacobi in einem Brief: „*Du verstehst Dich selbst nicht,* und bist *zu übereilt Dich* andern verständlich zu machen und Deine kranke Philosophie andern mitzuteilen, aus einem Principio des *guten Willens.*"[472]

Hamann bringt in der zweiten Fassung des „Fliegenden Briefs"[473] sein Verständnis von barmherziger und wahrhaft wohlwollender Kunstrichterschaft und Kritik in ironischer Aufnahme kantischer Termini so zum Ausdruck: „Die Lection eines Recensenten ist kaum Beurtheilung; höchstens Geschicklichkeit, was er gelesen hat, recht auf zu sagen. Jeder Mensch ist, kraft der Autonomie reiner Vernunft, oder ihres guten Willens vielmehr, sein nächster Gesetzgeber und natürlicher Richter; folglich richtet jeder Schriftsteller sich selbst, auch ohne sein Bewußtsein, und zwar von Rechtswegen, durch sein eigen Werk, mit eigener Hand."

In einem Entwurf dazu[474] heißt es: „Wie jeder Mensch, im Lichte der Wahrheit so wohl sein eigener Gesetzgeber als Richter ist: so richtet auch jeder Schriftsteller und sein Buch sich selbst. Die Lection eines ächten Kunstrichters besteht blos darinnen, die Schrift seines älteren

---

[468] So urteilt Hamann im Blick auf Kants eben erschienene „Grundlegung zur Metaphysik der Sitten" in einem Brief vom 14. 4. 1785 an Herder: „Statt der *reinen Vernunft* ist hier von einem andern Hirngespinst und Idol die Rede, dem *guten Willen* (ZH V, 418,21 f.); vgl. ZH VI,482,25 f.

[469] ZH V, 434,24–27 (an Scheffner am 12. 5. 1785).

[470] ZH VI, 440,5–8 (an Jacobi am 22. 6. 1786).

[471] Ed. Wild, 31,35 f.; N III, 371,27 (Fliegender Brief, 2. Fassg.).

[472] ZH VII, 168,21–24 (an Jacobi am 27. 4. 1787).

[473] Ed. Wild, 21,16–22; N III, 361,22–27 (Fliegender Brief, 2. Fassg.).

[474] H 2, Wild, aaO. (s. Anm. 39), 387.

Bruders in Elemente aufzulösen, ohne gewalttägige oder lieblose Eingriffe des Billigungsvermögens"; Hamann weist im folgenden darauf hin, in seiner Kritik an Mendelssohn nichts anderes getan zu haben. Hier ist implizit auf die dem Menschen und speziell dem Autor eingeräumte „kritische und archontische Würde" hingewiesen, die seitens des Lesers nur anerkannt werden kann, indem dieser sich ganz und gar auf die Äußerungen des anderen einläßt. „Jeder ist sein eigener *Gesetzgeber,* aber zugleich der *Erstgeborne* und *Nächste* seiner *Unterthanen.*"⁴⁷⁵ Ein „guter Wille" im Sinne Kants würde im Zusammenhang des Beurteilens und des Verstehens in all seiner Gesetzlichkeit dogmatische Züge annehmen, eine Instanz jenseits der wirklichen Kommunikationszusammenhänge postulieren und statuieren. Guter Wille und Wohlwollen sind ohne das Warten auf Gottes Langmut und ohne das Verlangen nach Gottes Barmherzigkeit Moralismen, die das Handeln lähmen. Darin ist Hamann Metacriticus bonae voluntatis, daß er den guten Willen der Moralität ad absurdum führt, um den Willen auf Gottes Barmherzigkeit zu weisen und alle Handlungen zu ihr in Beziehung zu setzen.

Diese Interpretation kann sich des näheren auf jene Notiz des ersten Entwurfes zum Letzten Blatt stützen, in der Hamann sich zur Selbstbezeichnung ausdrücklich auf Röm 9,20f. und 2Petr 3,15⁴⁷⁶ bezieht. Er versteht sich hier (vgl. 30) als Werk der grundlosen Barmherzigkeit Gottes, in welcher der „zureichende Grund" (ratio sufficiens) aller Religion (omnis religionis) zu sehen und zu schätzen sei.

Anstelle der Leibnizschen „ratio sufficiens", „die ich", wie er von sich sagt, „von meiner akademischen Jugend an nicht habe ausstehen können"⁴⁷⁷, steht nach Hamann bei Kant die Güte des Willens und, ihr genau entsprechend, die Reinheit der Vernunft. In beidem zusammen sieht er den springenden Punkt von Kants Transzendentalphilosophie.

Systematisch denselben Ort wie die Rede vom transzendentalen Ich in der Philosophie Kants nimmt bei Hamann die Rede von der Barmherzigkeit ein, in der ich nicht zuerst verstehe, sondern verstanden bin und verstanden werde. „Mit allem Kopf [zer]brechen geht es mir wie dem Sancho Pancha, daß ich mich endlich mit seinem Epiphonem beruhigen

---

⁴⁷⁵ N III, 38,16f. (Philologische Einfälle und Zweifel).
⁴⁷⁶ Zur Domini nostri longanimitas (2Petr 3,15) vergleiche Hamanns „Gedanken über meinen Lebenslauf": „Ich erkannte meine eigenen Verbrechen in der Geschichte des jüdischen Volks, ich las meinen eignen Lebenslauf, und dankte Gott für seine Langmuth mit diesem seinem Volk, weil nichts als ein solches Beyspiel mich zu einer gleichen Hoffnung berechtigen konnte" (N II, 40,25–29).
⁴⁷⁷ ZH V, 327,15f. (an Jacobi am 16. 1. 1785).

muß: Gott versteht mich!"[478] „Des Sancho Pancha Transcendentalphilosophie ist mir so heilsam, wie des Samariters Oel und Wein."[479]

Am 8. März 1788 schreibt Hamann an Jacobi: „Vergebt es alle samt und sonders dem ehrlichen Knappen eines irrenden Ritters, wenn ihm in der Angst sich selbst nicht zu verstehen, und noch ärger misverstanden zu werden von vorschnellen Auslegern, so mancher Seufzer wider Wißen und Willen entfährt. Mit ⟨s⟩meiner *Überzeugung* von Gott *würklich* verstanden zu seyn, leb ich wenigstens guter Hofnung. Ein guter Vater nimmt sich und läßt sich ein wenig mehr Zeit und Jahre lang die Wünsche seiner Kinder zu verstehen; als diese die Absichten und Winke ihrer Väter, sie mögen so arg seyn wie sie wollen. Nach dieser Analogie vermuthe ich daß der Vater im Himmel mehr Jahrhunderte nöthig hat die Plane seiner Kinder hienieden auszuführen, ins reine zu bringen, als selbige Augenblicke anwenden ihre pia desideria auszustoßen oder zu entwerfen, schwarz auf weiß."[480]

Seit der Wende in London 1758 ist Gott für Hamann der Autor seiner Lebensgeschichte, der Freund, der ihn auslegt und versteht[481]. Und bei der Abfassung des Letzten Blattes denkt er, wie er im unmittelbaren Anschluß an seine Abschrift der Endfassung (A) an Jacobi schreibt, an „des Sancho Pancha Sprichwort u 1Cor 9.10"[482].

Gemeint ist, wie eine wenig ältere Aufzeichnung Hamanns beweist, 1Kor 4,9f.: „Wir sind der Welt und den Engeln und den Menschen ein Schauspiel geworden. Wir sind Narren um CHRISTI willen; Ihr aber seid klug in Christo: wir schwach; Ihr aber stark – 1.Cor. IV.9.10."[483]

Dieses Pauluswort ist mit „des Sancho Pancha Sprichwort" nicht nur im Brief an Jacobi im unmittelbaren Anschluß an die Abschrift der Endfassung des Letzten Blattes und im Blick auf dieses verknüpft. Es korrespondiert auch in dem Zusammenhang, zu dem die besagte Aufzeichnung gehört, dem Bekenntnis: „Gott versteht mich!", das Hamann nun für seine „Leser im Verborgenen, die Gott besser kennt und

---

[478] ZH V̇II, 135,17–19 (an Jacobi am 8. 4. 1787). Vgl. schon den Brief von Bode an Hamann (16. 11. 1773): ZH III, 65,13f. und ZH V, 358,31–34 (an Scheffner am 11. 2. 1785). Den Ausruf Sancho Pansas „Gott versteht mich" siehe in: M. DE CERVANTES SAAVEDRA, Der sinnreiche Junker Don Quijote von der Mancha, München 1956, 579,884,972.

[479] ZH IV, 340,5f. (an Herder am 17. 9. 1781).

[480] ZH VII, 419,31–420,5. Vgl. ZH VII, 426,30–32 (an Jacobi am 10. 3. 1788).

[481] Vgl. O. BAYER, Wer bin ich? Gott als Autor meiner Lebensgeschichte, in: Theologische Beiträge 11 (1980), (245–261) bes. 258–261.

[482] ZH VII, 482,29 (18. 5. 1788).

[483] N IV, 461,16–18; vom 16. 3. 1788: s. ebd. Z. 22. Von dieser Stelle her rechtfertigt sich die vorgeschlagene Konjektur. Zudem nennt Hamann im Letzten Blatt die Kapitelzahlen der biblischen Bücher immer in römischen Ziffern; eine solche fehlt ZH VII,482,29. Es ist zu ergänzen: „1Cor [IV] 9.10". Eine frühe Parallele findet sich N I, 270,3ff. (Londoner Aufzeichnung vom 4. 5. 1758).

versteht als Ich"[484], in Anspruch nimmt und gelten läßt[485]; wer „des Sancho Pancha Sprichwort" ernst nimmt, hat darauf verzichtet, die Mitteilung der Wahrheit erzwingen zu wollen[486].

In der Verbindung von 1 Kor 4,9f. und „des Sancho Pancha Sprichwort" bekundet sich also eine weitere Selbstbezeichnung Hamanns. Er versteht sich als einer, der um der Stärke der andern willen schwach und um ihrer Klugheit willen – die darin besteht, von Gott verstanden zu werden – zum Narren wird. Schwach und zum Narren, auf öffentliche Anerkennung verzichtend, kann er deshalb werden, weil er weiß: „Gott versteht mich." In dieser *stultitia* (vgl. H 11) des einfältigen Sancho Pansa – als Narr – mischt er sich „unter die Legion anonymer und pseudonymer Scribler" und sucht „in kleinen Heften mit Zweifeln und Einfällen gegen die Dictatoren der reinen Lehre und Vernunft . . . zu laborieren"[487].

Zwar gibt sich auch Hamann, wie jeder Autor, seinen Lesern hin. Das geschieht jedoch nicht in „dickbäuchigen" Systemen, sondern in „dünnen Fladen". „Auch ich opferte Hekatomben Niemand, dem Kundbaren, wie einer meiner Brüder das attische Publikum unseres aufgeklärten Jahrhunderts nannte, aber nicht in feisten Farren und fetten Ochsen, sondern in Oblaten, petits pâtés und dünnen Fladen, nicht in großen Säcken in gangbarer Scheidemünze, sondern in λεπτοις alter Schaupfennige, in urceis zerbrochener Scherben, aber in keinen dickbäuchigen amphoris bereister und belesener Legendenschmiede".[488] „Wir leben hier von Brocken. Unsere Gedanken sind nichts als Fragmente. Ja unser Wissen ist Stückwerk."[489] „Wahrheiten, Grundsätze, Systems bin ich nicht gewachsen. Brocken, Fragmente, Grillen, Einfälle."[490]

Durch diese Narrheit und Schwäche werden die andern, die Leser, freigelassen und selbst stark. Sie haben ihre Stärke darin, daß Gott sie besser versteht als der menschliche Autor; sie haben sie darin, daß *Gott*

---

[484] N IV, 460,10–13. Vgl. als Kontrast dazu: ZH VII, 168,21–24 (an Jacobi am 27. 4. 1787): „*Du verstehst Dich selbst nicht*, und bist zu übereilt *Dich* andern verständlich zu machen und Deine kranke Philosophie andern mitzutheilen, aus einem Principio des guten Willens." In einem Brief Hamanns vom 24. 5. 1788 an Jacobi heißt es: „Ich kenne *mich selbst* nicht, geschweige *Dich*" (ZH VII, 487, 18 f.). Vgl. ZH VI, 483,29 ff.

[485] Die enge Zusammengehörigkeit von N IV, 460,1–25 und 460,26–461,22 ergibt sich schon aus den jeweils am Ende in derselben Reihenfolge stehenden Zitaten Hi 32,22 und Cant 8,6: 460,23 f. (Cant 8,6 in der Umformung eines Paul-Gerhardt-Liedes); 461,19 f.

[486] Vgl. ZH VII, 458,12 f.; 459,31–35 (an Steudel am 4. 5. 1788).

[487] N IV, 460,39–42. Vgl. ZH VII, 419,12 f (an Jacobi am 8. 3. 1788).

[488] N IV, 460,42–461,4. Vgl. ZH VII, 425,2 f. (an Jacobi am 10. 3. 1788). Das hier im Hintergrund stehende Zitat „amphora coepit institui: currente rota cur urceus exit?" (Horaz, Ars poetica, 21 f.) verarbeitet Hamann gerichtstheologisch im ersten Entwurf des Letzten Blattes (30); vgl. auch N II, 240,2 f.

[489] N I, 299,27–29 (Brocken).

[490] ZH I, 431,29 f. (an J. G. Lindner am 12. 10. 1759).

ihr Autor ist und bleibt. Die Autorschaft Hamanns ist der Versuch, dies anzuerkennen, der Autorschaft Gottes Raum zu lassen und sie nicht, als „Dictator" „der reinen Lehre und Vernunft"[491], zu verstellen. Deshalb kämpft Hamann gegen die diktatorisch und apodiktisch geforderte Reinheit der Vernunft[492] und Güte des Willens[493]. Auf diese Weise ist er „Metacriticus bonae voluntatis".

f) „Pierre à deux pôles"

Die besondere Stellung Hamanns *zwischen* dem gegenwärtigen Äon und dem zu erwartenden Gericht, die auf je eigene Weise in jeder der vorangegangenen Selbstbezeichnungen deutlich geworden ist, wird nun noch einmal ins Wort und Bild gesetzt.

Friedrich Leopold Graf zu Stolberg berichtet seiner Frau am 8. Oktober 1785: „Endlich kam Hamann, ein sehr interessanter, sehr sonderbarer Mann. Er hat zuweilen das Ansehen, nicht drei zählen zu können, und gleich darauf strömt er über von Genie und Feuer. So kindlich im Wesen, zuweilen so but [ndt. einfältig] und doch so tief, so wahrhaft philosophisch, und das mit einer Herzlichkeit, Naivetät, Offenheit, Entfremdung von allem, was *Welt* heißt, daß er mir sehr lieb und interessant ward."[494]

Hamanns kritisch-politische Existenz, die sich im Wissen um das ausstehende barmherzige Gericht Gottes in die Auseinandersetzung mit zeitgenössischer Kritik und Politik verwickeln läßt, erscheint als ein Stein mit zwei Enden, die zwei Bewegungsrichtungen und ihre Extreme markieren. Psychologisch gesprochen äußert sich eine solche Bipolarität in der Dialektik von Blödsinn und Tiefsinn[495].

In erkenntnistheoretischer und philosophischer Bedeutung entsprechen diese beiden Pole wiederum dem Geist der Beobachtung einerseits und dem Geist der Weissagung andererseits[496]. Mit der Einheit des

---

[491] N IV, 460,41.

[492] Vgl. ebd. Z. 41, Z 36f. und Z. 32 („Hirngespinst") mit ZH V, 418,21f.: s. Anm. 468f. Daß die „Göttin reiner Lehre und Vernunft" „unbekannt" sei (ebd., 460,35), entspricht dem „unbestimmte[n] Etwas = x" der „Metakritik": N III, 285,32f.

[493] Vgl. N IV, 460,30 („Guter Wille").

[494] Friedrich Leopold Graf zu Stolberg, Briefe, hg. v. J. Behrens, Neumünster 1966, 188 (zitiert nach ZH VI, XII).

[495] Vgl. N IV, 456,35–40 (Über das Spinozabüchlein Jacobis), wo Hamann Blödsinn und Tiefsinn „entgegengesetzt wie die zwey Pole einer Achse" ansieht.

[496] In der ersten Fassung des „Fliegenden Briefes" (Ed. Wild, 50,19–22; N III, 386,6–9) ist vom Geist der Beobachtung die Rede, „dessen blöde [!] Sinne mit den Waffen der Weissagung . . . gestärkt und ausgerüstet werden". Vgl. auch schon den frühen Text aus den „Chimärischen Einfällen" (N II, 161,17–21), wo Hamann „demüthige", also nicht-selbst-mächtige Beobachtung mit dem Tiefsinn des unerschrocken Gläubigen in Zusammenhang bringt. Vgl. auch N I, 167,18–36. Ein Stein, kraft dessen beide Extreme, auf die

Steines in seiner Bipolarität ist die kritisch-politische Existenz Hamanns bezeichnet.

Im Zuge eines grandiosen publizistischen Versteckspiels, das Hamann mit Friedrich Nicolai in der bereits angeführten Schrift „Zweifel und Einfälle . . ."[497] betrieb, findet sich im Blick auf Hamanns „Spekulantentum", das ihm dazu dient, „das ganze Geschlecht durch und an sich zu recensieren[498], die von „Abigail" ausgesprochene Charakterisierung: „In der höchst einfältigen *Person* dieses Mannes soll würklich eine *doppelte Natur* liegen, deren Gränzlinien eben so sehr in einander laufen, als ihre äußersten Ende sich von einander zu entfernen und ganz entgegen gesetzt zu seyn scheinen."[499]

Christologische Terminologie klingt an; die communicatio idiomatum wird angedeutet. Klar wird, daß die Praxis christlichen Glaubens, christliche Existenz zwischen den Zeiten, der Form nach bestimmt ist vom Bild des Gekreuzigten und Auferstandenen. Die eschatologische Existenz bestimmt sich in ihrem Vollzuge christologisch.

Das folgende „et parfois fungens vice cotis, exsors ipse secandi" weist darauf hin, in welcher Weise Hamann sich auf die kritisch-archontische Schwäche seiner Zeit in der Erwartung des Gerichts beziehen wollte. Er faßt darin noch einmal zusammen, wie er seine Rolle als „Hypocrite renversé, Sophiste arctique, Philologus seminiverbius, II. et Ψ. λοσοφος $\frac{\text{cruci}}{\text{furci}}$-fer, Metacriticus bonae spei et voluntatis" wahrgenommen hat.

Ein Musterbeispiel dafür ist Hamanns frühe Auseinandersetzung mit Mendelssohn über die „ästhetische Wahrscheinlichkeit", die Hamann in seiner Schrift „Chimärische Einfälle . . ."[500] führte. Hamann beschließt diese Schrift, indem er der sich ernst gebenden Philosophie Mendelssohns eine Konfrontation mit dem philosophischen Roman des Pseudo-Hippokrates über die Lachsucht des Demokrit empfiehlt, in welchem das Vorurteil einer gesunden und nicht albernen Philosophie in bestimmter Weise ad absurdum geführt wird. Hamann empfiehlt sich mit einem Horaz-Zitat[501], das im Letzten Blatt verkürzt wieder

---

der Abstraktionsgeist und die fiktionale Kraft des Menschen tendieren, zusammengehalten werden, ist verschieden von einem Stein, an dem die Wahrheit in abstracto erscheinen soll. Nur so, in seiner inneren Dialektik, hat er eine Beziehung zu dem „berühmten Stein unserer Weisen, die urplötzlich jedes unreife Mineral und selbst Stein und Holz, in wahres Gold zu verwandeln wissen" (vgl. N III, 131,25–29).

[497] N III, 171–196.
[498] Ebd., 176,16f.
[499] Ebd., 176,1–4.
[500] N II, 157–166.
[501] Horaz, Ars poetica, 304.305.

erscheint: „– – Ergo fungar vice cotis, acutum Reddere quae ferrum valet, exsors ipsa secandi."[502]

Hamann verstrickt den Leser, in diesem Falle Mendelssohn, in Geschichten (nämlich den Roman des Pseudo-Hippokrates), an deren Ende dieser feststellt, daß die Waffen seiner Kritik gegen andere stumpf und gegen sich selbst scharf geworden sind. Solches Verfahren ist vorgebildet in der Nathan-Parabel (2Sam 12), an deren Ende David erkennen muß, daß der Mann, über den er das Todesurteil gefällt hat, er selbst ist[503].

Im Falle Mendelssohns erfährt eine despotische Inanspruchnahme des philosophischen Abstraktionsgeistes im Namen einer ernsten Philosophie ihre kritisch-politische Korrektur. Hamann beschwört Urteile herauf, ohne selbst zu urteilen[504].

Legt man das „Pierre à deux pôles" als Prüf-Stein aus, so erschiene die Gestalt Hamanns als Kriteriumspaar, das nicht selbst kritisiert, sondern die Kritik in ihrem Vollzug dem Leser überläßt, dem die Krisis Gottes in Hamanns Gestalt vor Augen kommt. Als „pierre à deux pôles" ist Hamann leidend[505] tätig im Auftrag des Wortes Gottes, als eines „lebendigen, nachdrücklichen, zweyschneidigen, durchdringenden, markscheidenden und kritischen Worts", „vor dem keine Kreatur unsichtbar

---

[502] N II, 165,5–19. – D. DIDEROT hatte dieses Horaz-Zitat seiner Abhandlung „De la Poésie dramatique" (1758) vorangestellt (Collection complette des oeuvres philosophiques, littéraires et dramatiques de M. Diderot, Tome V, London 1773, [1–112] 1). Auch sonst findet es sich häufig und kann als Topos gelten. Vgl. etwa den Gebrauch bei LUTHER in „De servo arbitrio" WA 18,614,33.

[503] Ein entsprechendes Verfahren hat Hamann in seinem Brief vom 18. 12. 1784 an Kraus (ZH V, 289–292,11) angewandt, indem er Kants Aufklärungsbegriff einer Kritik unterzieht (vgl. aaO., 290, 11.18f.). Hamann will in der „Autorhandlung" dieses Briefes nichts anderes tun als Nathan; er will konkret überführen. Der Angeredete kann dem Wort nicht entkommen, weil dieses sein eigenes Wort ist, das er nicht verleugnen kann. Dieses eigene Wort wendet sich gegen seinen sich erhaben und unschuldig dünkenden Urheber. Vgl. das „Warum lachst du aber? Du bist selbst der Mann der Fabel"! in Hamanns Brief an Lindner vom 18. 8. 1759 (ZH I, 396,27). Hierin verquickt sich 2Sam 12,7 mit einem Wort des HORAZ: „Quid rides? mutato nomine de te fabula narratur" (Satiren I,1,69f.).

[504] In der Auseinandersetzung Hamanns mit D. F. Michaelis und dessen Disqualifikation des Alten Testaments heißt es: „Ein Leser, der die Wahrheit haßt, möchte in der Beurtheilung der hebräischen Sprachmittel viel zu seiner Beruhigung antreffen, und sie könnten ihm zum Wetzstein dienen, seine Waffen der Ungerechtigkeit zu schärfen. Ein Leser, der die Wahrheit sucht, möchte für Angst hypochondrisch werden. Der sie liebt und hat, möchte den Verfasser mit der meisten Anwendung und Beurtheilung lesen können" (N II, 180,4–9). Die Widerborstigkeit der hebräischen Sprachmittel übt die gleiche Funktion aus wie die Widerborstigkeit Hamanns.

[505] Vgl. dazu die beiden Stellen N III, 75,1; 28–31 und N II, 326,14–17, wo Hamann das „vice cotis" mit der ebenfalls bei HORAZ (Oden II, 8) zu findenden „Cos cruenta" zum „blutigen Wetzstein" verschmilzt (vgl. N VI, 397). HOFFMANN, aaO. (s. Anm. 14), 111f. hat Hamanns Umgang mit den beiden Horazzitaten eingehend analysiert.

ist, sondern alles liegt bloß und im Durchschnitt vor seinen Augen"[506].
Der Zweischneidigkeit entspricht die Bipolarität des Steins, an dem
jeder, ohne Ansehn der Person, sich wetzend, zu seinem eigenen Urteil
qualifiziert wird und als Urteilender und Richtender, sich Entscheiden-
der sich schließlich selbst richtet, da er von Gott gerichtet wird.

Auch im Kommunikationszusammenhang mit seinen Freunden hat
Hamann sich selbst in dem Bild vom Wetzstein sehen wollen. In einem
Brief an Scheffner vom 10. 11. 1784 schreibt er: „Kraus . . . wird auch
nächstens einen Beytrag für D. Biester liefern, wozu ich mein Bestes
thun werde ihn aufzumuntern vice cotis – exsors ipsa secandi."[507]
Hamann will als „stumpfer Stein" dazu dienen, „andere zu wetzen und
ihnen Schneide zu geben, die mir selbst fehlt"[508].

Wie Hamann ein Wetzstein für andere ist, so braucht er auch andere
als Wetzstein für sich selbst.

„Ich habe hier", klagt er in einem Brief an Herder vom 15. 9. 1784,
„keinen, einzigen Freund, mit dem ich zu Rath gehen kann – so
glücklich ich übrigens mit Freunden versehen bin, aber sie dienen blos
zum Gegengift der langen Weile, und nicht zum adiutorio – kein Bein
von meinen Beinen, kein Fleisch von meinem Fleisch – keinen animae
dimidium meae! keinen Prüf= noch Wetzstein meiner Ideen! keinen
arbitrum meiner Einfälle."[509]

6. *Das Datum: Zwischen den Zeiten*

Die Orts- und Zeitangabe „à Munster ce 17 May la veille du Dimanche de la S. Trinité 88" (H 27f.) ist keineswegs nur technisch zu
verstehen. Hamann spricht mit dieser Datierung zugleich eine
bestimmte Erfahrung seiner Situation und Zeit aus.

Er hat sich auch das letzte Element seines Stammbucheintrags sorg-
sam überlegt. Im ersten Entwurf folgte unter seiner Unterschrift
„Johann Georg Hamann" (23) zunächst die deutsch-lateinische Formel
„Münster den 18 May am heil Abend des Dom Festi Trinitat." (25).
Später setzte er die in französischer Sprache gehaltene Formel „La veille
de la fete de Sct. Trinité" (31), was wohl als Korrektur anzusehen ist.
Mit ihr wollte Hamann offenbar dem stilistischen Gesamtcharakter des

[506] Vgl. N II, 263,51–53 und das in Abschnitt IV.5.c über den „Philologus" Gesagte.
[507] ZH V, 259,11–14.
[508] ZH IV, 401,20–21 (an Herder am 7. 7. 1782). Vgl. ZH IV, 469,7f. (an E. F. Lindner am 27. 12. 1782).
[509] ZH V, 220,15–20; „animae dimidium meae" ist ein Ausdruck, den HORAZ (Oden I, 3,8) für den von ihm vermißten Vergil verwendet.

Letzten Blattes gerecht werden, der von der Mischung aus vornehmem Französisch und Vulgata-Latein geprägt ist. Zusammenzusehen mit dieser Veränderung ist das ebenfalls französische „d' un gent entre chien et loup" (32). Wie der Textbefund zeigt, hat Hamann es nachträglich allen Selbstbezeichnungen vorangestellt[510].

Im zweiten Entwurf ebenso wie in der Endfassung erscheint dann nur noch die Formel „à Munster ce 17 May la veille du Dimanche de la S. Trinité 88." (47; H 27 f.). Hamann verzichtet auf namentliche Unterschrift; sein Name ist in den Selbstbezeichnungen und in der Zeitangabe enthalten und aufgehoben[511]. Die irrtümliche Datierung des Abends vor dem Trinitatisfest auf den 18. Mai wird beseitigt (17. Mai). „La fete" fällt aus. Auf das „d'un gent entre chien et loup" ist verzichtet; man kann es in „la veille" aufgehoben sehen.

Die Entwürfe bezeugen eine Geschichte probeweise gesetzter, korrigierter und erweiterter Bestimmungen der Situation und Zeit dessen, der sich in seinen Selbstbezeichnungen bekundet. Die Bestimmungen konzentrieren sich schließlich in „la veille". So erlauben und gebieten sie, diese für sich genommen schlichte Zeitangabe in ihrer bedeutungsvollen Metaphorik zu erkennen.

Wie im ersten Entwurf zum Letzten Blatt (25.32) erscheint die Zeit „entre chien et loup" als „heiliger Abend" auch in Hamanns Entgegnung auf Kants „Beantwortung der Frage: Was ist Aufklärung?", in der sich Hamann auf Kants Epochen- und Geschichtsverständnis metakritisch einläßt, „Geschrieben den heil. Abend des vierten und letzten Advent Sonntags 84 entre chien et loup"[512].

„Entre chien et loup", im Dämmerlicht, hatte Hamann seine produktiven Stunden, in denen er, nach der Arbeit und vor dem Schlafen, Briefe las und beantwortete[513]. Dieser Bereich zwischen Tag und Nacht[514] wurde ihm zum Symbol seiner eschatologischen Existenz[515] zwischen

---

[510] Siehe Textkommentar zu Z. 32.

[511] Hamann läßt auch sonst bei Briefunterschriften seinen Namen in Selbstbezeichnungen aufgehoben sein. Vgl. z. B. die Selbstbezeichnung „Magus in telonio" in der Unterschrift zum Brief an Christian Jacob Kraus am 18. 12. 1784 (ZH V, 291,17).

[512] ZH V, 291,11 f. (an Kraus am 18. 12. 1784). Zur Interpretation dieses Briefes (ZH V, 289–291), aus der der folgende Abschnitt zitiert ist, s. BAYER, aaO. (s. Anm. 284), 66–96. Speziell zu Hamanns metakritischem Bezug auf Kants Geschichtsphilosophie, insbesondere ihren Chiliasmus vgl. ebd. 91 f. Die Bezeichnung „heiliger Abend" verwendet Hamann auch für den Vorabend des Pfingstfestes: ZH IV, 300,22 f. (an Herder am 3. 6. 1781), ZH VII, 468,29 (an Jacobi am 10. 5. 1788), ZH VII,470,26 (an Jacobi am 14. 5. 1788).

[513] Vgl. die Schilderung A. HENKELS in seiner Einleitung zu ZH IV (S. XVIII–XXIII).

[514] „Entre chien et loup" begegnet als Zeitbestimmung häufig: ZH III, 112,3 f.; 195,35; 198,8; 278,14 f.; ZH IV,70,24; 231,12; 248,13.

[515] Vgl. z. B. ZH VI,295,12 (an Jacobi am 2. 3. 1786). Hier gebraucht Hamann die

den Zeiten und deshalb zum *heiligen* Abend. Nicht dachte er daran, gegen das von der Aufklärung beschworene Licht des Tages das Dunkel der Nacht zu suchen und zu feiern – wie später die Romantiker. Vielmehr hoffte er, „entre chien et loup", auf eine Aufklärung, die keine „blinde Illumination"[516] mehr ist, sondern wahres Licht[517] und barmherzige Wärme – die unangefochtene Nähe Gottes bei den Menschen.

Die Gegenwart aber und in ihr die eigene Existenz liegen im Zwielicht. Hamann weiß sich einem Geschlecht zugehörig, das im Zwielicht der Dämmerung lebt; er ist „d'un[e] gent entre chien et loup" (32)[518]. In dieser Dämmerung selbst und aus ihr heraus kann niemand sagen, ob sie sich in die ewige Nacht oder in den ewigen Tag hinein wendet.

Hamann läßt es sich, wie er bezeugt, gesagt sein, daß das Zwielicht der Gegenwart sich nicht zur ewigen Nacht, sondern zum ewigen Tag wendet.

„La veille" ist der Vorabend des Tages, auf den keine Nacht mehr folgen wird; „la veille du Dimanche de la Sainte Trinité" ist der Vorabend des ewigen Sonntags, der von dem dreieinigen, definitiv menschlichen Gott ohne Anfechtung und Versuchung erfüllten Zeit.

Zeitbestimmung „entre chien et loup" zur theologischen Qualifikation der ambivalenten Situation, in der er sich gerade befindet.

[516] ZH V,291,10 (an Kraus am 18. 12. 1784; s. oben Anm. 512).

[517] Vgl. Apk 21,23. Dem entspricht der eschatologische Ausblick am Ende vieler Briefe Hamanns. Vgl. z. B. ZH III,316,33–35: „Gott gebe . . .", daß „sich alle Nacht unsers Schicksals bald in Morgenröthe und Tag aufkläre". Ebenso enden viele Schriften Hamanns im eschatologischen Ausblick. Vgl. oben Anm. 275.

[518] Zur Zugehörigkeit Hamanns zum „verführten menschlichen Geschlecht" vgl. N III, 146,7–11 und N II, 115,9f und N III, 176,16f. Vgl. hiermit die Bemerkungen Hamanns über das „ehebrecherische und verkehrte Geschlecht" bei Anm. 352 und 415; vgl. weiter: ZH VII, 419,19; 424,23. Johann Caspar Häfeli schreibt an Hamann: „Ach, daß die Himmel sich über Ihnen aufthuen und Gott Ihnen zeige Gesichte und der Geist des Ewigen Sie ergreife zu einer neuen mächtigen Prophezeiung über Gegenwart und Zukunft des bösen und ehebrecherischen Geschlechtes!" (ZH IV, 236,3–6; am 20. 11. 1780).

V. Anhang

1. Liste der zitierten Hamannschriften
(in alphabetischer Anordnung)

Aesthetica in nuce. Eine Rhapsodie in Kabbalistischer Prose
in: Kreuzzüge des Philologen 1762, N II 195–217.
(= Aesthetica in nuce)

Au Salomon de Prusse
entst. 1772 (in engem Zusammenhang mit den Philologischen Einfällen), von
Hamann nicht veröff., N III, 55–60.

Beiträge zu der Wochenschrift „Daphne"
Königsberg 1750, N IV, 13–34.

Betrachtungen über Newtons Abhandlung von den Weissagungen
entst. 1758, von Hamann nicht veröff., N I, 315–319.

Beurtheilung der Kreuzzüge des Philologen, nach dem zwey hundert und vier
und funfzigsten Briefe die neueste Literatur betreffend, welcher der letzte Brief
des XVten Theiles ist
Mitau ohne Verf. 1763, N II, 257–274.
(= Beurtheilung der Kreuzzüge)

Biblische Betrachtungen
entst. März–April 1758, von Hamann nicht veröff., N I, 7–249.

Brocken
entst. Mai 1758, von Hamann nicht veröff., N I, 298–309.

Abaelardi Virbii Chimärische Einfälle über den zehnten Theil der Briefe die
Neueste Litteratur betreffend
o. O. [Königsberg] u. Verf. 1761, nachgedr. in „Briefe die neueste Litteratur
betreffend", XII. Th., S. 194–209, dann in „Kreuzzüge des Philologen" 1762, N
II, 157–165.
(= Chimärische Einfälle)

Weder *an* noch *über* das jüngste Triumvirat der allgemeinen welschen Jesabel
und ihren starken, und stärkeren Dictator; sondern *für* wenigstens XCV Leser
im Verborgenen, die Gott besser kennt und versteht als Ich, Ahasverus Lazarus
Elias Redivivus, weiland irrender Israelit und zeitiger Proselyt der protestieren-
den Pforte, 1787/1788 (ungedruckt)

in: Die Mappe von Münster (N IV, 454–461), N IV, 460–461.
(= Das Triumvirat)

Dialogen die natürliche Religion betreffend, von David Hume. Übersetzt von einem fünfzigjährigen Geistlichen in Schwaben
ungedruckt 1780, N III, 245–274.
(= Dialogen)

Die Magi aus Morgenlande, zu Bethlehem
in: Wochentliche Königsbergische Frag- und Anzeigungsnachrichten, Nr. 52, 27. Dez. 1760, Einzeldruck Königsberg 1760, dann in: Kreuzzüge des Philologen 1762, N II 137–141.
(= Die Magi aus Morgenlande)

Entkleidung und Verklärung. Ein Fliegender Brief an Niemand den Kundbaren
entst. Dez. 1785-April 1787 in zwei Fassungen, von Hamann nicht veröff., N III 348–407.
(=Fliegender Brief)

Fünf Hirtenbriefe das Schuldrama betreffend
o. O. [Königsberg] u. Verf. 1763, N II, 351–374.
(= Fünf Hirtenbriefe)

Gedanken über meinen Lebenslauf
entst. 1758 und 1759, von Hamann nicht veröff., N II, 9–54.

Golgatha und Scheblimini! Von einem Prediger in der Wüsten
o. O. [Riga] u. Verf. 1784, N III, 291–320.
(= Golgatha und Scheblimini)

Hamburgische Nachricht
Mitau ohne Verf. 1763, N II, 241–252.

Vetii Epagathi Regiomonticolae hierophantische Briefe
o. O. [Riga] u. Verf. 1775, N III, 135–167.
(= Hierophantische Briefe)

Klaggedicht, in Gestalt eines Sendschreibens über die Kirchenmusick; an ein geistreiches Frauenzimmer ausser Landes
Einzeldruck o. O. [Königsberg] u. Verf. 1761, dann in: Kreuzzüge des Philologen 1762, N II, 142–150.
(= Klaggedicht)

Kleeblatt Hellenistischer Briefe
in: Kreuzzüge des Philologen 1762, N II, 167–184.

Konxompax. Fragmente einer apokryphischen Sibylle über apokalyptische Mysterien
o. O. [Weimar] u. o. Verf. 1779, N III 215–228.
(= Konxompax)

Le Kermes du Nord où La Cochenille de Pologne
o. O. [Mitau] u. Verf. 1774, N II, 317–322.

Leser und Kunstrichter nach perspectivischem Unebenmaße
o. O. [Königsberg] u. Verf. o. J. [1762], N II, 339–349.
(= Leser und Kunstrichter)

Lettre perdue d'un sauvage du nord à un financier de Pe-kim
o. O. [Mitau] u. Verf. 1773, N II, 299–315.
(= Lettre perdue)

Näschereyen; in die Dreßkammer eines Geistlichen in Oberland
in: Kreuzzüge des Philologen 1762, N II, 185–193.
(= Näschereyen)

Neue Apologie des Buchstaben h
Oder: Außerordentliche Betrachtungen über die Orthographie der Deutschen
[Frankfurt a. M. 1773] mit der Angabe „Zweite verbesserte Auflage Pisa 1773"
und der Verfasserangabe „H. S. Schullehrer", N III, 89–108.
(= Neue Apologie des Buchstaben h)

Metakritik über den Purismum der Vernunft
entst. 1782–84, von Hamann nicht veröff., N III, 281–289.
(= Metakritik)

Philologische Einfälle und Zweifel über eine akademische Preisschrift
entst. 1772, von Hamann nicht veröff., N III 35–53.
(= Philologische Einfälle und Zweifel)

CHRISTIANI ZACCHAEI TELONARCHAE ΠΡΟΛΕΓΟΜΕΝΑ über die
neueste Auslegung der ältesten Urkunde des menschlichen Geschlechts. In
zweyen Antwortschreiben an APOLLONIUM PHILOSOPHUM
o. O. [Hamburg] u. Verf. 1774, N II, 124–133.
(= Prolegomena)

Rezension der „Kritik der reinen Vernunft"
entst. 1781, von Hamann nicht veröff., N III, 275–280.

Schriftsteller und Kunstrichter geschildert in Lebensgröße, von einem Leser, der
keine Lust hat Kunstrichter und Schriftsteller zu werden
o. O. [Königsberg] u. Verf. 1762, N II, 329–338.
(= Schriftsteller und Kunstrichter)

Schürze von Feigenblättern – Stellenloses Blatt
entst. 1777–1779, von Hamann nicht veröff., N III, 205–213.

Sokratische Denkwürdigkeiten für die lange Weile des Publicums zusammenge-
tragen von einem Liebhaber der langen Weile
Halle 1759 ohne Verf. mit fingierter Angabe Amsterdam 1759, N II, 57–82.
(= Sokratische Denkwürdigkeiten)

Über das Spinozabüchlein Friedrich Heinrich Jacobis, 1787/1788 (ungedruckt)
in: Die Mappe von Münster (N IV, 454–461), N IV, 456–459.
(= Über das Spinozabüchlein)

Des Ritters von Rosencreuz letzte Willensmeynung über den göttlichen und
menschlichen Ursprung der Sprache

o. O. [Königsberg] u. Verf., datiert auf 1770 [1772], N III, 25–33.
(= Über den göttlichen und menschlichen Ursprung der Sprache)

Über den Styl. Beylage zum 6.–10. Stück der Königsbergschen Gelehrten und politischen Zeitungen (Januar-Februar 1776)
von Hamann veröffentlichte und mit eigenen Anmerkungen versehene Übersetzung Buffons, N IV, 419–425.
(= Über den Styl)

Vermischte Anmerkungen über die Wortfügung in der französischen Sprache
in: Wochentliche Königsbergische Frag- und Anzeigungsnachrichten, Nr. 49–51, 6.–20. Dez. 1760, Einzeldruck Königsberg 1761, dann in: Kreuzzüge des Philologen 1762, N II, 127–136.
(= Vermischte Anmerkungen)

Versuch einer Sybille über die Ehe
o. O. [Riga] u. Verf. 1775, N III, 197–203.

Versuch über eine akademische Frage. Vom Aristobulos, in: Wochentliche Königsbergische Frag- und Anzeigungsnachrichten
Nr. 24 u. 25, 14. u. 21. Juni 1760, Einzeldruck Königsberg 1760, dann in: Kreuzzüge des Philologen 1762, N II, 119–126.
(= Versuch über eine akademische Frage)

Wolken. Ein Nachspiel Sokratischer Denkwürdigkeiten
Altona ohne Verf. 1761, N II, 83–109.
(= Wolken)

Zweifel und Einfälle über eine vermischte Nachricht der allgemeinen deutschen Bibliothek
o. O. [Riga] 1776, N III, 171–196.
(= Zweifel und Einfälle)

Zwey Scherflein zur neusten Deutschen Litteratur
o. O. [Weimar] u. Verf. 1780, N III, 229–242.
(= Zwey Scherflein)

Zwo Recensionen nebst einer Beylage, betreffend den Ursprung der Sprache
o. O. [Königsberg] u. Verf. 1772, N III, 13–24.
(= Zwo Recensionen)

2. Literaturverzeichnis

a) Quellen:

ARISTOTELES, Magna Moralia, übers. und kommentiert von F. DIRLMEIER, 4. Aufl., Berlin 1979 (Bd. 8 der Reihe: Aristoteles, Werke in deutscher Übersetzung, begr. v. E. Grumach, hg. v. H. Flashar).
Biblia Sacra iuxta Vulgatam Clementinam. Nova editio (IV.) logicis partitioni-

bus aliisque subsidiis ornata a A. Colunga et L. Turrada (= Biblioteca de autores Christianos) Matriti, 1955.

CERVANTES SAAVEDRA, M. de, Der sinnreiche Junker Don Quijote von der Mancha, München 1956.

CICERO, Vom Wesen der Götter [lat. und dt.] hg., übers. und erl. v. W. GERLACH und K. BAYER, München 1978.

DIDEROT, D., De la Poésie dramatique, in: Collection complette des oeuvres philosophiques, littéraires et dramatiques de M. Diderot, Tome V, London 1773, 1–112.

GOETHE, J. W. v., Werke, Sophienausgabe, I. Abtheilung, 33. Bd., Weimar 1898.

HAMANN, J. G.
- Hamann's Schriften. Herausgegeben von Friedrich Roth, 7 Bde.: Bd. 1–6, Berlin 1821–1824; Bd. 7, Leipzig 1825 (zitiert: R I-VII).
- Hamann's Schriften. Ergänzungsband (VIII) zur Rothschen Ausgabe, hg. v. G. A. Wiener. Erste Abteilung: Nachträge, Erläuterungen und Berichtigungen, Berlin 1842; zweite Abteilung: Register, Berlin 1843 (zitiert: Wiener 1, 2).
- Johann Georg Hamann's, des Magus im Norden, Leben und Schriften, hg. v. C. H. Gildemeister, 4 Bde., Bd. 5, Hamann's Briefwechsel mit Jacobi, Gotha, 1868.
- [H. Weber,] Neue Hamanniana. Briefe und andere Dokumente, erstmals herausgegeben von H. Weber, München 1905.
- Johann Georg Hamann, Sämtliche Werke. Historisch-kritische Ausgabe von J. Nadler, 6 Bde., Wien 1949–1957 (Zitiert: N I–VI mit Seiten- und Zeilenzahl).
- Johann Georg Hamann, Briefwechsel, Bd. I–III, hg. v. W. Ziesemer und A. Henkel, Wiesbaden 1955–1957; Bd. IV–VII, hg. v. A. Henkel, Wiesbaden 1959, Frankfurt 1965–1979 (zitiert: ZH I–VII mit Seiten- und Zeilenzahl).
- Johann Georg Hamanns *Hauptschriften erklärt,* Bd. I–III, hg. v. F. Blanke und L. Schreiner; Bd. IV–VII, hg. v. F. Blanke und K. Gründer, Gütersloh; bisher erschienen:
  Bd. I: Die Hamann-Forschung, 1956,
  Bd. II: Sokratische Denkwürdigkeiten, 1959,
  Bd. IV: Über den Ursprung der Sprache, 1963,
  Bd. V: Mysterienschriften, 1962,
  Bd. VII: Golgatha und Scheblimini, 1956
  (zitiert: HH I–VII, der Erklärende wird jeweils mitgenannt).
- [S.-A. Jørgensen,] J. G. Hamann: Sokratische Denkwürdigkeiten. Aesthetica in nuce. Mit einem Kommentar herausgegeben von S.-A. Jørgensen, Stuttgart 1968 (= Reclams Universal-Bibl. 926/26a).
- [S.-A. Jørgensen,] Johann Georg Hamann. Fünf Hirtenbriefe das Schuldrama betreffend. Einführung und Kommentar von S.-A. Jørgensen, København 1962 (= Historisk-filosofiske Meddelelser udgivet af Det Kongelige Danske Videnskabernes Selskab 39, Nr. 5).
- [M. Seils], Entkleidung und Verklärung. Eine Auswahl aus Schriften und Briefen des „Magus in Norden", hg. v. M. Seils, Berlin 1963.

- [I. Manegold,] Johann Georg Hamanns Schrift „Konxompax". Fragment einer apokryphischen Sibylle über apokalyptische Mysterien. Text, Entstehung und Bedeutung. Diss. Heidelberg 1963 (= Heidelberger Forschungen, 8. Heft).
- [J. Simon,] J. G. Hamann. Schriften zur Sprache. Einleitung und Anmerkungen von J. Simon, Frankfurt 1967.
- [R. Wild,] ,Metacriticus bonae spei'. Johann Georg Hamanns ,Fliegender Brief'. Einführung, Text und Kommentar, Bern-Frankfurt 1975 (= Regensburger Beiträge zur deutschen und Literaturwissenschaft, Bd. 6).

HEGEL, G. W. F., [Rezension von] Hamanns Schriften. Herausgegeben von Friedrich Roth, VII Teile, Berlin, bei Reimer 1821–1825 (zuerst in: Jahrbücher für wissenschaftliche Kritik, 1828, Nr. 77–80, Sp. 620–640, Nr. 107–114, Sp. 859–900), in: G. W. F. HEGEL, Suhrkamp-Werkausgabe Bd. 11, 1970, 275–352 [danach zitiert].

HORAZ, Sämtliche Werke, lateinisch und deutsch, hg. v. H. Färber und M. Falzner, München 1967.

HUME, D., Dialogues concerning Natural Religion, in: The Philosophical Works, ed. by T. H. Green and T. H. Grose, (4 Vols.) Vol. 2, London 1886, 375–468 (Repr. Scientia Verlag Aalen 1964).

KANT's gesammelte Schriften, herausgegeben von der Königlich Preußischen Akademie der Wissenschaften, Erste Abtheilung: Werke, Bd. 2, Berlin 1912; Bd. 8, Berlin und Leipzig 1923.

KIERKEGAARD, S., Gesammelte Werke, Bd. 5: Der Begriff Angst, Jena o. J., Bd. 6: Abschließende unwissenschaftliche Nachschrift. Erster Teil, Jena 1910.

LESSING, G. E., sämtliche Schriften, hg. v. K. Lachmann, Dritte, auf's neue durchgesehene und vermehrte Auflage, besorgt durch F. Muncker, 13. Bd., Leipzig 1897.

LUTHER, M., Werke. Kritische Gesamtausgabe, 18. Bd., Weimar 1908, 19. Bd., Weimar 1897, 25. Bd., Weimar 1923, 35. Bd., Weimar 1923.

–, Werke. Kritische Gesamtausgabe. Die Deutsche Bibel, 7. Band, Weimar 1931.

MENDELSSOHN, M., Jerusalem oder über religiöse Macht und Judenthum (1783), in: Schriften zur Philosophie, Aesthetik und Apologetik, hg. v. Moritz Brasch, 2 Bde., Leipzig 1880, Repogr. ND Hildesheim 1968.

MERCIER, L. S., Tableau de Paris. Nouvelle Edition, corrigée et augmentée, Tome II, Amsterdam 1782 (Slatkine Reprints Genf 1979).

Neu verbessert-vollständiges Kirchen- Schul- und Haus-Gesangbuch. In dem Königreich Preußen, Königsberg 1702.

Novum Testamentum Graece et Latine. Utrumque textum cum apparatu critico imprimendum curavit D. Dr. EBERHARD NESTLE, novis curis elaboraverunt D. Dr. ERWIN NESTLE et D. KURT ALAND, Editio vicesima secunda, Stuttgart 1963.

ROUSSEAU, J. J., Correspondance complète. Edition critique établie et annotée par R. A. Leigh, Tome XIX (janvier-avril 1764), Banbury/Oxfordshire 1973.

DE SAINT-PIERRE, J.-H.-B., Etudes de la Nature, 3 vol., Paris 1784.

SCHLÜTER, C. B., Briefwechsel und Tagebücher der Fürstin Amalie von Galitzin. Neue Folge. Tagebücher der Fürstin aus den Jahren 1783–1800 enthaltend, Münster 1876.

SHERIDAN, TH., The life of the Reverend Dr. Jonathan Swift, Dean of St. Patrick's, Dublin 1784.

Stoicorum Veterum Fragmenta, Vol. I., hg. v. J. von Arnim, Stuttgart 1964.

[SUDHOF, S.], Der Kreis von Münster. Briefe und Aufzeichnungen Fürstenbergs, der Fürstin Gallitzin und ihrer Freunde, hg. v. S. Sudhof, 1. Teil (1769–1788), mit einem Vorwort von E. Trunz, 1. Hälfte: Texte, Münster 1962; 2. Hälfte: Anmerkungen, Münster 1964 (= Veröffentlichungen der Historischen Kommission Westfalens XIX. Westfälische Briefwechsel und Denkwürdigkeiten, Bd. V, Der Kreis von Münster, 1. Teil) [zitiert als „Kreis von Münster"].

[TRUNZ, E.], Fürstenberg, Fürstin Gallitzin und ihr Kreis. Quellen und Forschungen zusammengestellt von E. Trunz (= Sonderheft: Westfalen 33, 1955, Heft 1).

[TRUNZ, E., – LOOS. W.], Goethe und der Kreis von Münster. Zeitgenössische Briefe und Aufzeichnungen, in Zusammenarbeit mit W. Loos hg. v. E. Trunz (= Veröffentlichungen der Historischen Kommission Westfalens XIX, Westfälische Briefwechsel und Denkwürdigkeiten, Bd. VI), Münster 1971.

b) Ungedruckte Quellen

Universitätsbibliothek Erlangen, Ms. 2035 (Brief J. G. Hamanns vom 18. 5. 1788 an Friedrich Heinrich Jacobi).

Staats- und Universitätsbibliothek Königsberg. Folioblatt in der Kopie von J. Nadler: R. II. 8 (= 2. Kapsel 2:2,2 im Hamann-Nachlaß der Universität Münster).

Staats- und Universitätsbibliothek Königsberg. Bruchstück eines Entwurfs Hamanns zur „Metakritik über den Purismum der Vernunft"; 2 Blätter in der Kopie von J. Nadler: G. I. 64 (= 2. Kapsel 2:2,3 im Hamann-Nachlaß der Universität Münster).

c) Literatur

ADELUNG, J. C., Versuch eines vollständigen grammatisch-kritischen Wörterbuches Der Hochdeutschen Mundart mit beständiger Vergleichung der übrigen Mundarten, besonders aber der oberdeutschen, 4 Theile, Leipzig 1774–80, 3. Teil.

BAUDLER, G., ‚Im Worte sehen'. Das Sprachdenken Johann Georg Hamanns (Phil. Diss. München) Bonn 1970 [= Münchener Universitäts-Schriften. Philosophische Fakultät. Münchner Philosophische Forschungen. Hg. v. Max Müller. Bd. 2].

BAYER, O., Selbstverschuldete Vormundschaft. Hamanns Kontroverse mit Kant um wahre Aufklärung, in: Der Wirklichkeitsanspruch von Religion und Theologie. Ernst Steinbach zum 70. Geburtstag, hg. v. D. Henke, G. Kehrer und G. Schneider-Flume, Tübingen 1976, 3–34; wieder abgedruckt in: ders., Umstrittene Freiheit. Theologisch-philosophische Kontroversen (UTB 1092), Tübingen 1981, 66–96, [danach zitiert].

–, Rationalität und Utopie, in: Wissenschaft und Praxis in Kirche und Gesellschaft 66 (1977), 140–153; wieder abgedruckt in: ders., Umstrittene Freiheit. Theologisch-philosophische Kontroversen [UTB 1092], Tübingen 1981, 135–151 [danach zitiert].

–, Gegen System und Struktur. Die theologische Aktualität Johann Georg Hamanns, in: Johann Georg Hamann. Acta des Internationalen Hamann-Colloquiums in Lüneburg 1976, mit einem Vorwort von A. Henkel hg. v. B. Gajek, Frankfurt 1979, 40–50.

–, Schöpfung als ‚Rede an die Kreatur durch die Kreatur‘. Die Frage nach dem Schlüssel zum Buch der Natur und Geschichte, in: EvTh 40 (1980), 316–333.

–, Wer bin ich? Gott als Autor meiner Lebensgeschichte, in: Theologische Beiträge 11 (1980), 245–261.

–, Umstrittene Freiheit. Theologisch-philosophische Kontroversen [UTB 1092], Tübingen 1981.

–, Johann Georg Hamann, in: Gestalten der Kirchengeschichte, hg. v. M. Greschat, Bd. 8 (Aufklärung), Stuttgart 1983, 347–361.

BENSELER, G. E., Griechisch-Deutsches Schulwörterbuch, 7. Aufl., Leipzig 1882.

BLANKE, F., Johann Georg Hamann und die Fürstin Gallitzin, in: DERS., Hamannstudien, Zürich 1956 [= Studien zur Dogmengeschichte und systematischen Theologie, Bd. 10], 113–123.

BOEHLICH, W., Die historisch-kritische Hamannausgabe, in: Euphorion 50 (1956), 341–356.

BOROWSKI, L. E., Darstellung des Lebens und Charakters Immanuel Kants, in: Immanuel Kant. Sein Leben in Darstellungen von Zeitgenossen [1. Aufl. 1912], 1974.

Brockhaus Enzyklopädie in zwanzig Bänden, 17. völlig neubearbeitete Auflage des Großen Brockhaus, Bd. 11, Wiesbaden 1970, Bd. 16, Wiesbaden 1973.

BÜCHSEL, E., Untersuchungen zur Struktur von Hamanns Schriften auf dem Hintergrunde der Bibel, Diss. Göttingen 1953 (Masch.).

–, Hamanns Schrift „Die Magi aus Morgenlande", in: Theologische Zeitschrift 14 (1958), 196–213.

–, Don Quixote im Reifrock. Zur Interpretation der „Zweifel und Einfälle über eine vermischte Nachricht der allgemeinen deutschen Bibliothek" von J. G. Hamann, in: Euphorion 60 (1966), 277–293.

DÖRRIE, H., Leid und Erfahrungen. Die Wort- und Sinnverbindung παθεῖν-μαθεῖν im griechischen Denken [Akademie der Wissenschaften und der Literatur; Abhandlungen der Geistes- und Sozialwissenschaftlichen Klasse Jahrgang 1956, Nr. 5], 303–344.

FIEDLER, A., Vom Stammbuch zum Poesiealbum, Weimar 1960.

[FRISCHBIER, H.], Preußische Sprichwörter und volksthümliche Redensarten, gesammelt und herausgegeben von H. Frischbier, 2. vermehrte Ausgabe, Berlin 1865.

GADAMER, H. G., Wahrheit und Methode, 4. Aufl., Tübingen 1975.

GALLAND, J., Die Fürstin Gallitzin und ihre Freunde, Köln 1880; Kapitel VI: „Der Magus im Norden" [105–125].

GRIMM, J. und W., Deutsches Wörterbuch, in 16 Bänden, Leipzig 1854 ff., 3. Band, Leipzig 1862.

GRÜNDER, K., Hamann in Münster, in: E. Trunz, Fürstenberg, Fürstin Gallitzin und ihr Kreis. Quellen und Forschungen, zusammengestellt von E. Trunz, Münster 1955, 74–91 = Johann Georg Hamann [Wege der Forschung, Bd. 511], hg. v. R. Wild, Darmstadt 1978, 264–298 [danach zitiert].

GUDELIUS, G., J. G. Hamann und die Fürstin Gallitzin, in: Auf Roter Erde 10 (1934/35), 1–4.

HIRSCH, E., Geschichte der neueren evangelischen Theologie im Zusammenhang mit den allgemeinen Bewegungen des europäischen Denkens, Bd. 4, 3. Aufl., Gütersloh 1964.

HITZIG, H. F., Artikel „furca", „furcifer", in: Paulys Real-Encyclopädie der Classischen Altertumswissenschaft. Neue Bearbeitung. Unter Mitwirkung zahlreicher Fachgenossen, hg. v. G. Wissowa, Bd. 7, Stuttgart 1912, 306 f.

HOFFMANN, V., Johann Georg Hamanns Philologie. Hamanns Philologie zwischen enzyklopädischer Mikrologie und Hermeneutik, Stuttgart 1972 [= Studien zur Poetik und Geschichte der Literatur, Bd. 24].

HOLZHEY, H., Kants Erfahrungsbegriff. Quellengeschichtliche und bedeutungsanalytische Untersuchungen, Basel-Stuttgart 1970.

JANSEN, H., Sophie von La Roche im Verkehr mit dem geistigen Münsterland, Münster 1931.

JØRGENSEN, S.-A., Zu Hamanns Stil, in: Johann Georg Hamann [Wege der Forschung, Bd. 511], hg. v. R. Wild, Darmstadt 1978, 372–390.

KEIL, R., Die deutschen Stammbücher des sechzehnten bis neunzehnten Jahrhunderts, Berlin 1893.

KITTEL, G., Art.: αἴνιγμα (ἔσοπτρον), in: Theologisches Wörterbuch zum Neuen Testament, hg. v. G. Kittel, Erster Bd., 1. Aufl. 1933, Stuttgart 1957, 177–179; Art.: ἔσοπτρον, κατοπτρίζομαι, ebd., Zweiter Bd., 1. Aufl. 1935, Stuttgart 1960, 693 f.

KNOLL, R., Johann Georg Hamann und Friedrich Heinrich Jacobi, Heidelberg 1963 [= Heidelberger Forschungen, 7. Heft].

KOEPP, W., Das wirkliche ‚Letzte Blatt' Johann Georg Hamanns, in: Wissenschaftliche Zeitschrift der Universität Rostock, 3 (1952/53), Gesellschafts- und sprachwissenschaftliche Reihe, Heft 1, 71–79.

–, Johann Georg Hamanns ‚Letztes Blatt' im Verhältnis zu seinem Schrifttum, in: Forschungen und Fortschritte. Nachrichtenblatt der deutschen Wissenschaft und Technik 28 (1954), 312–315.

–, Der Magier unter Masken, Versuch eines neuen Hamannbildes, Göttingen, 1965.

LUMPP, H. M., Philologia crucis. Zu Johann Georg Hamanns Auffassung von der Dichtkunst. Mit einem Kommentar zur ‚Aesthetica in nuce' (1762), Tübingen 1970 [= Studien zur deutschen Literatur, Bd. 21].

MANEGOLD, I., Johann Georg Hamanns Schrift „Konxompax". Fragment einer apokryphischen Sibylle über apokalyptische Mysterien. Text, Entstehung und Bedeutung. Diss. Heidelberg 1963 [= Heidelberger Forschungen, 8. Heft].

METZKE, E., J. G. Hamanns Stellung in der Philosophie des 18. Jahrhunderts, Halle 1934 [= Schriften der Königsberger Gelehrten Gesellschaft 10. Jahr, Geisteswissenschaftliche Klasse, Heft 3], ND Darmstadt 1967.

–, Hamann und Kant, in: Coincidentia oppositorum. Gesammelte Studien zur Philosophiegeschichte, hg. v. K. Gründer, Witten 1961, 294–319.

MÖLLER, H., Aufklärung in Preußen. Der Verleger, Publizist und Geschichtsschreiber Friedrich Nicolai [Einzelveröffentlichungen der Historischen Kommission zu Berlin, Bd. 15], Berlin 1974.

NADLER, J., Die Hamannausgabe. Vermächtnis-Bemühungen-Vollzug [Schriften der Königsberger Gelehrten Gesellschaft, Geisteswissenschaftliche Klasse, 7. Jahrgang, Heft 6, 271–509], Halle 1930. Zitiert nach: Faksimiledruck nach der Ausgabe von 1930 mit der Findliste zu Josef Nadlers Hamann-Nachlaß in der Universitätsbibliothek Münster/Westfalen von S. KINDER und einem Vorwort von B. GAJEK, Bern-Frankfurt-Las Vegas 1978.

–, Johann Georg Hamann. Der Zeuge des Corpus mysticum, Salzburg 1949.

PATZIG, G., Die aristotelische Syllogistik, Göttingen 1969.

RÜTTENAUER, I., Hamann und die Fürstin Gallitzin, in: Hochland. Monatsschrift für alle Gebiete des Wissens, der Literatur und Kunst 36 (1938/39), 203–213.

SALMONY, H.-A., Johann Georg Hamanns metakritische Philosophie, Bd. 1: Einführung in die metakritische Philosophie J. G. Hamanns, Zollikon 1958.

SCHMIDT, K. L., Art.: βασιλεία, in: Theologisches Wörterbuch zum Neuen Testament, hg. v. G. Kittel, Bd. I, 1933¹, Stuttgart 1957, 579–595.

SCHOLZ, H., Hauptschriften zum Pantheismusstreit zwischen Jacobi und Mendelssohn, Berlin 1916.

SEILS, M., Theologische Aspekte zur gegenwärtigen Hamanndeutung, Göttingen 1957 [= Theologische Dissertation Rostock 1953].

–, Die Grundlage von J. G. Hamanns ‚Letztem Blatt' im Stammbuch der Fürstin Gallitzin, in: Forschungen und Fortschritte. Nachrichtenblatt der deutschen Wissenschaft und Technik 29 (1955), 178–184.

SIMON, J., Johann Georg Hamann. Schriften zur Sprache. Einleitung und Anmerkungen von Josef Simon, [Suhrkamp Theorie 1] Frankfurt 1967.

STRUBE, W., Artikel „Kunstrichter", in: Historisches Wörterbuch der Philosophie, Bd. 4, hg. v. K. Gründer, Darmstadt 1976, 1460–1463.

SUDHOF, S., Artikel „Münster, Kreis von", in: Reallexikon der deutschen Literaturgeschichte, 2. Aufl. hg. v. W. Kohlschmidt und W. Mohr, Bd. 2, Berlin 1965, 439–443.

–, Von der Aufklärung zur Romantik. Die Geschichte des „Kreises von Münster", Berlin 1973.

TILLIETTE, X., Spinoza préromantique. Aspects de la première renaissance, in: Lo Spinozismo ieri e oggi (Archivio de Filosofia), Padova 1978, 217–229.

TIMM, H., Gott und die Freiheit. Studien zur Religionsphilosophie der Goethezeit, Bd. 1: Die Spinozarenaissance [= Studien zur Philosophie und Literatur des neunzehnten Jahrhunderts, Bd. 22], Frankfurt 1974.

WARDA, A., Zu einem Stammbuchblatt von J. G. Hamann, in: Altpreußische Monatsschrift 45 (1908), 606–614.

WILD, R., ‚Metacriticus bonae spei'. Johann Georg Hamanns ‚Fliegender Brief'. Einführung, Text und Kommentar, Bern-Frankfurt, 1975 [= Regensburger Beiträge zur deutschen Sprach- und Literaturwissenschaft, Bd. 6].

–, Die neueren Hamann-Kommentare, in: Johann Georg Hamann [Wege der Forschung, Bd. 511], hg. v. R. Wild, Darmstadt 1978, 402–439.

VI. Register

1. Sachen

2. Namen

3. Bibelstellen